Eileen Caddy · Flug in die innere Freiheit

Eileen Caddy

FLUG IN DIE INNERE FREIHEIT

Autobiographie der Mitbegründerin
der Findhorn-Gemeinschaft Eileen Caddy

Unter Mitarbeit von Liza Hollingshead

Greuth Hof

Titel der englischen Originalausgabe
Flight into Freedom

Erschienen bei Element Books, Shaftesbury, Dorset, England

Flug in die innere Freiheit

Übersetzt von Erika Ifang
Umschlagfoto und Gestaltung: Simon

1. Auflage 1988
ISBN 3-923662-12-2
Druck und Bindung: Kösel, Kempten
Printed in Germany

Einzelexemplare des Buches können vom Greuth Hof Verlag bezogen werden durch Einzahlung von DM 29,50 (enthält DM 1,50 für Porto und Verpackung) auf das Postgirokonto Frankfurt 382265-602 (BLZ 500 100 60) mit dem Kennwort: „Bestellung: . . . Expl. Flug in die innere Freiheit“ auf dem Empfängerabschnitt oder durch Einsendung eines Verrechnungsschecks.

Greuth Hof Verlag und Vertrieb
D 8966 Kimratshofen

Gerne senden wir Ihnen unser aktuelles Gesamtverzeichnis zu.

Inhalt

Eileen Caddy, 1982

Einleitung

Zum ersten Mal bin ich 1974 für ein Wochenende zur Findhorn-Gemeinschaft gekommen. Ich war nicht eigentlich ein »spiritueller Typ«, aber ich war doch ganz klar auf der Suche nach etwas. Meine Heimat Südafrika hatte ich in tiefer Trauer über die Teilung verlassen, die sich in allen Aspekten der südafrikanischen Gesellschaft zeigt, und ich träumte von einem idyllischen Utopia, wo alle in Eintracht leben und ein gemeinsames Ziel haben. Welche Kraft konnte dadurch freigesetzt werden! Ich wußte allerdings nicht, wie die Harmonie erreicht werden sollte, die ich für meine Welt ersehnte, und darum hielt ich danach Ausschau.

Mein erster Eindruck von der Gemeinschaft, die in Findhorn entstand, war der, daß die 150 Leute dort wie ich in Harmonie leben wollten und dieses Ziel selbst zu verwirklichen suchten. Also blieb ich das Wochenende . . . ein paar Wochen . . . ein Jahr . . . schließlich zehn Jahre . . . und länger.

Was auf den ersten Blick nur eine Gruppe netter Leute war, die glücklich zusammen lebten, stellte sich als viel mehr heraus. Das Leben der Gemeinschaft war höchst geschäftig – zweimal täglich wurden in einer blitzblanken Küche köstliche vegetarische Mahlzeiten zubereitet, das Gemeinschaftszentrum wurde tadellos sauber gehalten, in wunderschönen Blumen- und Gemüsegärten wurde umgegraben, gepflanzt und gejätet, andere arbeiteten in Kunstwerkstätten oder im Verlag, zu dem Dunkelkammer und Druckerei gehörten und in dem etliche Bücher publiziert wurden. Außerdem war die Gemeinschaft dabei, den Boden für den Bau eines neuen Gemeinschaftshauses vorzubereiten, das die wachsende Zahl von Mitgliedern fassen konnte. Das Ganze hatte eine besondere Atmosphäre, die ich mir nicht erklären konnte – etwas magisch Anziehendes. Bei meiner Suche nach Harmonie hatte ich einen Pfad betreten, der mich zu Welten weit jenseits meiner Träume bringen sollte – zu einem neuen Verständnis des Selbst und des Lebenssinns.

Einer der ersten Schritte auf diesem Weg als neues Mitglied der Findhorn-Gemeinschaft bestand darin, allmorgendlich Peter und Eileen Caddys Bungalow zu reinigen. Erst Jahre später erfuhr ich, daß ich dort nur eingesetzt worden war, weil Eileen Caddy nach einer schweren Operation noch sehr schwach war. Und ich mit meiner südafrikanischen Vergangenheit hatte gedacht, ein Diener sei das mindeste, was die Gründungsmitglieder dieser Gemeinschaft beanspruchen könnten!

Es war mir eine Ehre, diese Arbeit zu tun, und ich wunderte mich, wie Peter und Eileen mich in jedes Gespräch in ihrem Bungalow miteinbezogen. Ich sperrte Augen und Ohren auf, wenn ich ein paar Sätze über das innere Funktionieren der Gemeinschaft sowohl in spiritueller wie auch in praktischer Hinsicht aufschnappen konnte – über eine besonders wichtige Meditationsversammlung »zur Erdung der Kräfte des Lichts« zum Beispiel oder auch über ebenso wichtige Pläne, alle mit dem Gemeinschaftswagen mittags zum Schwimmen an den Strand zu bringen, um den Körper genauso gesund zu erhalten wie den Geist.

Meine spirituelle Erziehung unter den Adleraugen von Peter und Eileen begann am Herd. »Du mußt lernen, gern zu sein, wo du bist, und gerne zu tun, was du tust, sonst kommst du nicht weiter«, sagte dann vielleicht einer der beiden zu mir. »Laß auch nicht einen Hauch von Staub zurück. Alles muß makellos sein. Gott hat uns vollkommen geschaffen, und nur Vollkommenheit ist gut genug für Gott. Es wird nichts unter den Teppich gekehrt!«

Das galt auch für die zwischenmenschlichen Beziehungen innerhalb der Gemeinschaft. Die Offenheit der Leute machte einen starken Eindruck auf mich – sie teilten bereitwillig und rückhaltlos selbst ihre tiefinnersten Gedanken, Ängste und Träume miteinander. Eileen pflegte mir von ihren Schwierigkeiten mit Peter zu erzählen oder von ihrem letzten persönlichen Erfolg, während ich gerade die Halbedelsteine und Kristalle auf dem Regal abstaubte. Gott war so *normal*! Jeder akzeptierte offenbar ohne den mindesten Zweifel, daß alles belebt und beseelt sei – sogar die Steine im Regal.

Peter und Eileen machten äußerlich den Eindruck eines ganz normalen englischen Ehepaares mittleren Alters. Man sah es ihnen nicht an, daß sie 1962 mit ihrer Freundin Dorothy Maclean zusammen eine spirituelle Gemeinschaft gegründet hatten, die den Höhenflug eines neuen Denkens anzeigte, das in jenen Jahren vorwiegend der Hippie-Bewegung zugeordnet wurde. Eileen, ganz Dame, stets sorgfältig und elegant gekleidet, mit gepflegtem dauergewelltem weißen Haar, war ruhig, gelassen und mütterlich. Peter, groß und stämmig, mit einem frischen, geröteten rundlichen Gesicht und braungebrannter, von einem Kranz weißer Haare eingerahmter Glatze, strahlte Kraft und dynamischen Optimismus aus. Dorothy Maclean hatte Findhorn bereits verlassen, als ich zur Gemeinschaft stieß. Bei unserer ersten Begegnung viele Jahre später wirkte sie auf mich als intelligente, offene Frau mit einem erfrischend praktischen Sinn für das Leben, besonders auch für das spirituelle Leben.

Jeden Abend zog Eileen ein langes Abendkleid und hochhackige Schuhe an, ehe sie die hundert Meter zum Essen im Gemeinschaftshaus ging. Damals bestanden Peter und Eileen noch darauf, daß sich jeder zum Abendessen umzog, das bei Kerzenlicht serviert wurde. An dieser schönen Sitte hielten sie jahrelang fest und wirkten damit der Formlosigkeit entgegen, die junge Kalifornier allmählich einführten.

Die Zeit verging; ich wechselte zu einer anderen Arbeit über, schaute jedoch oft auf ein halbes Stündchen bei Eileen vorbei, um mit ihr zu reden. Wir waren immer offen füreinander und haben uns gegenseitig gemocht, obwohl wir bald neben unseren Stärken auch unsere jeweiligen Schwächen kannten.

Durch Eileen wurde ich mit der Vorstellung vertraut, Gott im eigenen Innern zu finden. Sie wußte mir ihren Glauben so zu vermitteln, daß es mir leichtfiel, ihn auch auf mich selbst zu beziehen. Wann immer ich Probleme hatte oder in meinem Leben Anleitung brauchte, wies sie mir sanft den Weg nach innen, wo ich meine eigenen Antworten finden konnte. Ihr Glaube daran, daß Gott im Innern existiert, hat mich stille werden und auf mich selbst horchen lassen.

Mit der Arbeit an Eileens Lebensgeschichte haben wir 1976 begonnen. Sie sollte damals mit einem anderen Buch zusammen erscheinen, einer mehr »esoterischen« und aus ihrem persönlichen Blickwinkel geschriebenen Geschichte der Gemeinschaft. Eileen war zu jenem Zeitpunkt ziemlich angegriffen und nicht sehr begeistert von dem Projekt, aber da Peter die Sache gut fand, machte sie schließlich mit.

Zuerst ging ich daran, all die Botschaften zu lesen, die ihre innere Stimme ihr seit 1958 übermittelt hatte. Von diesen »Weisungen« ist einiges bereits in einer Serie von Büchern veröffentlicht worden, die mit *Gott sprach zu mir* begann. Außerdem gab es aber noch Dutzende von kleinen Notizbüchern, in denen sie mit ihrer winzigen Schrift Botschaften aufgezeichnet hatte, die überwiegend persönlicher Art und speziell dazu gedacht waren, ihr zu helfen, an jedem Ereignis ihres Lebens zu wachsen. Davon war bisher überhaupt noch nichts getippt worden.

Das, was ich las, nahm allmählich die Konturen eines Lehrgangs zur spirituellen Erziehung an. Eileen hatte Schritt für Schritt eine einfache Lektion nach der anderen lernen müssen. Ihre innere Stimme war so intim und jede Lektion so eng mit dem Alltagsleben verknüpft, daß sich die Vorstellung eines gütigen Vaters aufdrängte, der über sein Kind wacht, während dieses seine Lektionen wieder und wieder durchgeht, bis es sie endlich begriffen hat. Dann kam meist ein Erlebnis, mit dem sie auf die Probe gestellt wurde, und schließlich ein Kommentar darüber, wie sie abgeschnitten hatte: »Gut gemacht, mein Kind, du weißt nun, wie das geht!« oder: »Autsch! Nicht ganz. Versuch's nochmal!«

Sobald sie eine Lektion gelernt hatte, wurde ihr eine neue Aufgabe gestellt, die sie noch tiefer ins eigene Innere führte, sie noch mehr herausforderte. Das alles war äußerst spannend zu lesen – um so mehr, als ich merkte, daß die Weisungen durchgängig auch für mein Leben zu diesem Zeitpunkt relevant waren. Mir wurde dadurch sozusagen die gleiche spirituelle Erziehung zuteil wie Eileen. Wenn das bei mir möglich war, warum nicht auch bei jedem anderen Menschen, der diese Worte las? Ich brauchte das Material im Grunde nur leicht zu bearbeiten und mit dem in Beziehung zu setzen, was jeweils gerade in Eileens Leben geschah, und schon hatten wir eine faszinierende Geschichte.

Wochen und Monate hindurch trafen Eileen und ich uns jeden Tag und redeten und redeten. Ich bat Peter, auch seine Version der Geschehnisse wiederzugeben, die manchmal völlig abweichend war! Ich begann mit der ersten Niederschrift dessen, was einmal die Biographie Eileen Caddys werden sollte. Ein paar Kapitel hatte ich bereits geschrieben, als die Arbeit zum Stillstand kam – jemand hatte Eileen gesagt, sie müsse ihre Lebensgeschichte doch selbst schreiben. Damals fühlte sie sich dazu noch nicht in der Lage, unter anderem deshalb, weil sie sich nicht mit einigen schmerzlichen Erinnerungen näher auseinandersetzen wollte. Jetzt waren auch bei mir die Kraft und Begeisterung, mit dem Buch fortzufahren, wie weggeblasen. Ich sammelte all meine Aufzeichnungen in einem Karton, zuversichtlich, daß sie eines Tages von Nutzen sein könnten.

Einige Jahre später schrieb mir Eileen aus Neuseeland, ihre innere Stimme sage ihr, daß sie nun endlich ihre Autobiographie schreiben solle, und sie bat mich, ihr dabei zu helfen. Ich war hocherfreut.

Dieses Mal teilten wir die Begeisterung für das Projekt. Eileen schrieb bereitwillig alles nieder, was ihr aus frühester Kindheit bis jetzt in Erinnerung war. Die Botschaften und Weisungen waren ihr eine Gedächtnisstütze, und sie erzählte mir alles, was ihrer Erinnerung nach mit ihrer spirituellen Entfaltung in Zusammenhang stand. Wie schmerzlich auch die eine oder andere Erinnerung war, sie erlaubte mir, zu fragen und nachzufassen, bis wir beide die Bedeutung einer Abfolge von Ereignissen oder einer Beziehung vollkommen verstanden hatten. Dann sammelte ich all unsere Notizen, und daraus wurde *Flug in die innere Freiheit.*

Die Aufgabe war nicht einfach, denn ich mußte ein Bild zeichnen, das vollkommen Eileens Blickwinkel wiedergab, und der Versuchung widerstehen, eine eigene Interpretation der Ereignisse miteinfließen zu lassen. Ich hoffe, das ist mir gelungen. Wenn Eileen ein Kanal für das Wirken Gottes ist, habe ich scherzhaft gesagt, dann bin ich ein Kanal für Eileen.

Nach so langen Jahren der engen Zusammenarbeit mit Eileen bin ich schier überwältigt von ihrem ungeheuren Mut und Gottvertrauen. Wie groß auch ihre Angst, wie stark ihr Widerstand gegen eine Veränderung sein mag, wenn ihre innere Stimme ihr gebietet, etwas zu tun, so tut sie's. Zu Anfang, als ihr Glaube an Gott noch schwach war, war auch ihr Glaube an sich selbst schwach. Ich habe im Laufe der Jahre beobachten können, wie ihr Selbstvertrauen in dem Maße wuchs, wie sich ihre Beziehung zu Gott aus einem hoffnungsvollen Glauben in die feste Überzeugung wandelte, daß Gott im Innern wohnt.

Eileens Liebe zur ganzen Menschheit ist ebenso ehrfurchtgebietend wie ihre Bereitwilligkeit, sich fortwährend zu verändern und zu wachsen, nicht nur zu ihrem eigenen Besten, sondern in erster Linie zum Wohle der Menschheit. Ihr Leben und ihre innere Verbindung zu Gott machen deutlich, daß wir durch die Kraft der Gedanken, durch die Macht der Liebe und des Geistes alles erreichen können, was wir nur wollen. Eileen Caddy zeigt uns mit ihrer Lebensgeschichte einen Weg, wie wir in unserer Welt Harmonie herbeiführen können.

Liza Hollingshead

Kapitel 1

Einst sah ich in einer Vision
einen eben flügge gewordenen Vogel,
der fliegen lernte.
Seine ersten Versuche waren noch schwach,
doch als er die Schwingen
mehr und mehr gebrauchte,
wurden sie stärker,
bis er die Freiheit des Fliegens entdeckte,
zu großer Höhe aufstieg
und lange Strecken mühelos zu fliegen vermochte.
Ich hörte die Worte:
»Glaube kommt durch Übung.
Lebe im Glauben,
bis er felsenfest und unerschütterlich ist,
und erlange die wahre Freiheit des Geistes.«

Ich holte tief Luft und schaute auf das Meer von Gesichtern da vor mir. *Viertausend Leute.* Sie alle blickten mich an, in der Erwartung einer Rede über den Frieden. Ich hatte ein flaues Gefühl, als gaukelten Schmetterlinge in meinem Bauch herum, und die absurde Bemerkung eines Freundes fiel mir ein, der gesagt hatte, Schmetterlinge im Bauch seien o. k., solange sie nur im Verband flögen! Eine Sekunde lang stand ich völlig reglos. »Bitte, Gott, hilf mir«, flüsterte ich leise. »Ich habe gleich gesagt, ich könnte dies nur mit deiner Hilfe tun.« Es klappte. Ich betrachtete auf einmal die Tausende als meine Familie und hatte keine Angst mehr. Liebe für jeden einzelnen Menschen in dieser Halle in Indien durchströmte mich, und ich wußte, daß ich nur weiterzugeben brauchte, was in meinem Herzen war.

»Wie leicht fällt es doch«, begann ich,

». . . jedem von uns, zu sagen: ‚Natürlich will ich den universellen Frieden, aber ich selbst kann ja nichts tun. Ich bin schließlich nur ein einzelner Mensch. Ich überlasse das den Politikern.‘ Was machen wir also? Wir ziehen uns in unser Schneckenhaus zurück und verdrängen das Thema Weltfrieden in den Hintergrund, weil wir machtlos zu sein glauben.

Was könnte *ich denn als einzelner Mensch dafür tun? Wo liegt meine Verantwortung? Ich kann zwar über den Weltfrieden reden, aber das führt ihn nicht herbei. Ich kann darüber schreiben, Flugblätter verteilen und an Protestmärschen teilnehmen, doch damit schaffe ich auch keinen Frieden. Wir können sogar internationale Friedenskonferenzen abhalten, und trotzdem geschieht nichts.*

Wir alle sehnen uns nach Frieden, packen die Sache jedoch völlig falsch an. Statt von oben auszugehen, müssen wir unten anfangen. Wie wir denken, so sind wir. Wie ein Volk denkt, so ist es. Hat es eine aggressive oder defensive Einstellung, wird es sicherlich einen Krieg verursachen. Wohnen im Herzen einer Nation Eifersucht, Gier und

Haß, nützt alles Reden vom Frieden nichts. Verändere das Denken, das Bewußtsein eines ganzen Volkes, und seine Außenpolitik verändert sich ebenfalls. Die Welt kann nur durch eine Bewußtseinsänderung vor der Selbstvernichtung bewahrt werden. Ein solcher Wandel vollzieht sich aber nicht durch Belehrung der Leute oder durch Kritik an den Regierungen. Es sind nicht die anderen, die sich verändern müssen, sondern wir selbst.

Der Weltfrieden nimmt im Innern jedes einzelnen seinen Anfang. Er beginnt in mir und in dir. Er ist wie ein Stein, der ins Wasser geworfen wird. Die Wellenkreise breiten sich immer weiter aus, aber sie entstehen in der Mitte.

Wir können gleich jetzt etwas tun. Schauen wir in unser eigenes Herz. Wie steht es mit unserem Leben? Mit der Familie? Mit unseren Kollegen? Was ist die Folge des ärgerlichen Krachs, den ich gestern mit meinem Mann hatte? Was ist mit der Frau, die du vorige Woche getroffen hast und mit der du nie wieder ein Wort wechseln wolltest, weil sie deine Auffassung nicht geteilt hat? Hier ist es, wo der Friede aufhört, der Krieg beginnt. Wenn wir nicht einmal in unserem Alltagsleben Harmonie zu schaffen und unsere Mitmenschen zu lieben vermögen, wie können wir da hoffen, den universellen Frieden in die Welt zu tragen? Liebe, Verständnis und Toleranz sind es, die Frieden schaffen.

Wir haben die Wahl, an der Krankheit oder an deren Heilung mitzuwirken. Es steht uns frei. Die Welt ist voller Negativität. Man braucht nur in die Zeitung zu schauen oder das Fernsehen anzuschalten, und schon wird man mit negativen, zerstörerischen Gedanken bombardiert. Überaus wichtig ist, wie man darauf reagiert. Du kannst alles in dich aufnehmen und dich davon niederdrücken lassen, bis du selbst Teil der Negativität um dich herum bist, oder du erfüllst alles mit deiner Liebe und hilfst, die Situation zu verwandeln.

Negativität ist wie eine dunkle Wolke, die dich so lange einhüllt, bis das Licht in dir stark genug ist, um sie aufzulösen. Laß dein Licht leuchten allezeit. Je mehr von uns das tun und einsehen, wie wichtig es ist, um so schneller wird alle Negativität und Finsternis weichen und Friede auf der Erde herrschen. Laßt Licht und immer mehr Licht in jedem von uns leuchten.

Ein Mensch des Friedens leistet nicht etwa dem Krieg Widerstand, sondern praktiziert den Frieden. Wenn wir Partei ergreifen, beteiligen wir uns praktisch an der Auseinandersetzung. Verteidigungsbereitschaft führt zum Krieg, denn im Geiste liegen wir schon im Streit. Wir können nicht für den Frieden kämpfen. *Wir wissen nichts vom Frieden, ehe er nicht in unser eigenes Herz eingekehrt ist. Das aber erreichen wir nur im unermüdlichen Gebet. Das ist es, was ich die ‚innere Arbeit' nenne, die wir alle tun müssen – nicht nur dann und wann, sondern immerfort. Nur das bringt den Frieden.*

Wer die wahre Bedeutung des Friedens verstehen will, muß den Blick von den äußeren Erscheinungen abwenden, die Augen schließen und stille sein. Laß die Sinne zur Ruhe kommen und atme tief. Laß friedliche Gedanken in dein Bewußtsein strömen. Laß dein Herz voll werden von Liebe und Dankbarkeit. Überflute die Welt mit Liebe und sieh sie in Gedanken vor dir, wie sie ganz von Frieden und Freude erfüllt ist. Laßt uns den Frieden dadurch praktizieren, daß wir den Tag in friedlicher Stimmung beginnen, indem wir mit friedfertigen Gedanken erwachen, die wir ins tägliche Leben hinaustragen.

Ohne Liebe gibt es keine Einigkeit. Die Liebe ist der Schlüssel, der alle Türen öffnet. Die Liebe ist der Balsam, der alle Wunden heilt. Die Liebe ist das Licht, das die Dunkelheit erhellt. Die Liebe verbindet, macht ganz, vereint. Die Liebe macht, daß wir immer mehr geben wollen – unsere Fähigkeiten, unsere Dienste, unser Leben. Die Liebe macht das Leben lebenswert.

Wo Liebe waltet, herrscht Frieden. Wenn wir einander lieben, stehen wir nicht länger abseits und kritisieren die Lebenweise anderer, ihre Religion, Rituale, Überzeugungen und Traditionen. Wenn wir im Frieden mit uns selbst sind, versuchen wir nicht länger, andere zu ändern, und erschrecken nicht mehr über unsere Unterschiedlichkeit.

Sowie wir uns entspannen und Frieden in unsere Herzen und unseren Geist einkehren lassen, gehen wir über das Äußere hinaus und gelangen zum Herzen selbst, das nichts Trennendes kennt. Und wenn wir diese Veränderungen durchmachen, merken wir, daß sie auch bei den Menschen in unserem Umkreis stattgefunden haben.

Wenn wir den vollkommenen inneren Frieden gefunden haben, lösen sich alle Konflikte auf, sehen wir die Menschheit mit den Augen der Liebe. Dann wissen wir, daß wir vor Gott alle eins sind. Denn Gott ist *die Liebe. Erinnern wir uns daran, daß wir sind, was wir denken, und erschaffen, was wir denken. Wir sind wahrhaftig Mitschöpfer Gottes.«*

Einen Augenblick lang war es still. Dann brandete Beifall auf, und ich klammerte mich ans Podium und starrte in 4000 nach oben gewandte Gesichter.

War das wirklich ich vor dieser Riesenmenge Leute – ausgerechnet in Indien?

Zwei Monate vorher hatte ich bei der Durchsicht meiner Post in dem kleinen Wohnwagen, der mein Heim in der Findhorn-Gemeinschaft in Nordschottland ist, ein Einladungsschreiben gefunden, auf einer großen internationalen Friedenskonferenz in Indien zu sprechen. Bei meinen Gebeten und Meditationen in letzter Zeit hatte ich gelobt, mich zu ändern, mich spirituell zu entfalten und alles zu tun, um dieses Ziel zu erreichen. Aber das war zuviel! Nach Indien gehen? Allein? Das konnte ich doch unmöglich, und so lehnte ich die Einladung höflich ab.

Dann geschah etwas Merkwürdiges: Ich bekam schlimme Rückenbeschwerden. So schmerzhaft waren sie, daß ich einige Tage das Bett hüten mußte. In meiner Qual suchte ich in meinem Innern nach der Ursache des Problems oder zumindest nach einem Anhaltspunkt, wie ich mir Erleichterung verschaffen konnte. Alles, was dabei herauskam, war: »Geh nach Indien.« »Lächerlich«, dachte ich, »das ist ein weiter Weg, und ich habe kein Geld für ein Flugticket. Ich weiß gar nicht, was ich dort sagen soll – und allein kann ich sowieso nicht nach Indien fahren.« Ich ersann unablässig neue Hinderungsgründe. Doch meine Rückenschmerzen wollten nicht verschwinden . . .

Schließlich gab ich in meiner Verzweiflung meinen Widerstand auf und willigte ein, nach Indien zu reisen. »Aber allein kann ich das nicht«, dachte ich im stillen, »dazu brauche ich Gottes Hilfe.«

Sobald ich meinen Entschluß gefaßt und brieflich meine Zustimmung erklärt hatte, verloren sich die Schmerzen in meinem Rücken allmählich, und alles fügte sich wie von selbst: Ticket, Geld, sogar die richtige Begleitperson für mich. Jetzt war ich von der Richtigkeit dieser Reise überzeugt und wußte, daß meine ablehnende Haltung die Rückenschmerzen hervorgerufen hatte.

Die Friedenskonferenz übertraf an Größe alle meine Erwartungen. Die weite Reise zu unternehmen war schon schwierig genug für mich, aber als ich dort eintraf, hörte ich, daß ich Ehrengast sei, und man bat mich, sowohl den Eröffnungssegen zu sprechen als auch eine Rede zu halten. Es war eine schwere Prüfung, die vielen Stufen zum Podium hinaufzusteigen und die Blumengirlande durchzuschneiden, hinter mir drängende und schiebende Menschenmassen. Die Tatsache, daß ich eine verständliche Rede zustande brachte, machte mir erneut bewußt, daß ich von mir aus gar nichts, mit Gottes Hilfe jedoch alles zu tun vermag.

Zu lernen, nach innen auf die Weisungen Gottes zu lauschen, ist der Sinn und Zweck meines Lebens geworden. Eine sichtbare Folge davon war die Gründung der Findhorn-Gemeinschaft 1962, denn sie beruhte ganz und gar auf den Weisungen Gottes, die ich in meinem Innern empfing.

Als ich 1984 nach Indien ging, war die Gemeinschaft 22 Jahre alt und hatte sich von einer kleinen familiären Gruppe, die in einem einzigen Wohnwagen lebte, zu einer Gemeinschaft von rund 250 festen Mitgliedern entwickelt, die alljährlich etwa 3000 Gäste beherbergte. Sie lebt auch heute noch immer auf dem gleichen Campingplatz wie zu Anfang, aber inzwischen besitzt die Gemeinschaft den Grund und Boden und wächst in neue Formen der Beziehung zu ihrer Umgebung hinein. Trotz dieses Wachstums hat sich die Integrität der ursprünglichen Gruppe erhalten, die ein spirituelles Zentrum mit dem Ziel bleibt, mit allem Lebendigen auf diesem Planeten in Harmonie zu leben. Kern der Überzeugung der Mitglieder ist nach wie vor der Glaube, daß Gott, die schöpferische Lebenskraft, in allem und jedem gegenwärtig ist und daß es möglich und allein entscheidend ist, Frieden und Harmonie in alle Lebensbereiche hineinzutragen. Was einige wenige »Spinner« an Seltsamem, Verdächtigem begannen, ist mittlerweile zu etwas geworden, das Substanz und Festigkeit hat und vielen Menschen in aller Welt ein Symbol der Hoffnung ist.

Ich habe mich dazu entschlossen, dieses Buch zu schreiben, weil ich glaube, daß wir alle uns tief innerlich nach Freiheit sehnen – nach geistiger Freiheit und Freude. Auf diesen Seinszustand bewegt sich mein Leben zu. Ich habe es mir schwergemacht, auf Gott in meinem Innern zu lauschen – durch Unglauben und Widerstand gegen Veränderung, Wachstum und neue Ideen. Jetzt hat mein Geist eine Freiheit erlangt, die so herrlich ist, daß ich mich frage, was mein Widerstand eigentlich sollte.

Ich hoffe, ihr, die ihr meine Lebensgeschichte lest, merkt, daß ihr genau wie ich mit Gottes Hilfe siegreich aus den unmöglichsten Situationen hervorgehen könnt. Ich habe mein Leben dem Allerhöchsten gewidmet, komme was mag. Meine Geschichte erzähle ich in der Hoffnung, daß ihr daraus etwas lernt, was euch den Weg zu euch selbst und zu Gott in eurem Innern leichter und erfreulicher macht. Wenn irgend etwas in meinem Leben einen Wert für euch hat, nehmt es von mir – in Liebe.

Kapitel 2

Du kannst nicht erwarten, spirituell zu wachsen, ohne zur Veränderung bereit zu sein. Solche Veränderungen sind zu Anfang kaum zu merken, aber je weiter du dich ins Neuland wagst, um so drastischer und einschneidender werden sie. Manchmal bereitet nur ein totaler Umsturz den Weg für eine neue Lebensweise. Bisweilen ist das, was grausam erscheint, die reine Freundlichkeit, muß das Alte herausgeschnitten werden, um das Neue zu enthüllen. Darum widersetz dich nicht den ungeheuren Veränderungen, die stattfinden, sondern bereite dich darauf vor und gehe mit, so daß sie sich noch schneller vollziehen.

Ich bin 1917 als zweites von vier Kindern in Alexandria in Ägypten zur Welt gekommen, in eine sehr glückliche Familie hinein. Wir wohnten am Rande der Stadt in einem großen, geräumigen Haus, das in einem herrlichen Garten mit Palmen und einer hügeligen Rasenfläche lag, auf der meine Eltern Feste abzuhalten pflegten. Sie gaben viele Gesellschaften, da mein Vater Direktor der Barclays Bank war.

Ich betete meinen Vater an; er war mein Abgott. Wir liebten und verstanden einander. Ich half ihm oft im Garten oder ging mit ihm angeln; dann saß ich mucksmäuschenstill neben ihm auf einem Felsen. Am meisten Spaß machte es mir jedoch, mit meiner Mutter im Pferdewagen zu ihm zu fahren und ihm in der Bank bei der Arbeit zuzuschauen. Wie ich bemerkte, hatte er stets Zeit für Leute, die ihn sehen wollten, und er behandelte alle gleich, wer immer sie auch waren. Er liebte und achtete seine Mitmenschen ganz offensichtlich. Ich wollte so werden wie er, wenn ich groß war.

Schon als kleines Mädchen war ich angetan von der Liebe, die meine Eltern füreinander hatten. Meine Mutter war still, zart und wunderschön. Ihr Lebensinhalt war mein Vater, dem sie mit Leib und Seele verbunden war. Er war warmherzig, vital und energiegeladen, spielte Rugby, Tennis und Kricket und stand allmorgendlich früh auf, um sein Pferd zu bewegen; er umsorgte aber auch meine Mutter zärtlich, wenn sie unter einem ihrer Migräneanfälle litt. Sie stand in allem hinter meinem Vater. Obgleich sie sehr scheu war und die vielen Geselligkeiten gar nicht schätzte, war sie doch eine gute Gastgeberin. Die Saat der Liebe wurde mir nicht durch Worte ins Herz gepflanzt, sondern durch die Art und Weise, wie meine Eltern miteinander umgingen. Diese frühe Erfahrung der Liebe hatte einen starken Einfluß auf mich und weckte den Wunsch in mir, eine ebenso glückliche Ehe zu führen wie sie.

Sonntags gingen wir statt in die Kirche zum Strand. Mein Vater war als Junge gezwungen worden, jeden Sonntag dreimal in die Kirche zu gehen, und hatte sich geschworen, das seinen eigenen Kindern zu ersparen. Trotzdem war er ein tief religiöser Mensch, was er dadurch bewies, wie er seine Familie und andere behandelte.

Ich war sechs, als der Friede meiner Kindheit zum ersten Mal zerrissen wurde. Meine Eltern erklärten mir, mein Bruder Paddy und ich müßten in Irland zur Schule gehen. Bisher hatten wir eine kleine Schule in der Nachbarschaft besucht, die einer meiner Vettern leitete, und mir gefiel es dort. Jetzt sollten wir die weite Reise nach Europa antreten und mit Hunderten von lärmenden fremden Kindern an einem Ort zusammenkommen, wo uns nichts vertraut war. Die Schulen in Ägypten galten als ungeeignet für britische Kinder, aber sie hätten wahrhaftig keine schlimmere Wirkung auf mich haben können als der Abschied von daheim. Meine Eltern wünschten, daß Paddy die alte Schule meines Vaters besuchte, und wollten lieber uns beide zusammen als ihn allein reisen lassen. Sie fühlten sich zutiefst verantwortlich für unsere Schulbildung, aber obwohl ich wußte, daß sie uns aus den lautersten Beweggründen fortschickten, war ich vollkommen verzweifelt.

Der erste Abschied ist mir noch immer in lebhafter Erinnerung. Es war gegen Ende eines Familienurlaubs in der Schweiz; eine irische Tante, die sich uns angeschlossen hatte, nahm uns im Zug mit. Ich stand völlig niedergeschlagen auf dem Bahnsteig, während mein Vater Schweizer Schokolade für uns aus dem Automaten zog und uns aufzuheitern versuchte. Er hatte auch Erfolg damit, bis das Abfahrtssignal ertönte und wir wirklich Abschied nehmen mußten. Mir war, als ginge die Welt unter. Ich lehnte mich aus dem Fenster, als der Zug aus dem Bahnhof fuhr, schluchzte verzweifelt und winkte mit einem durchnäßten Taschentuch dem einsamen Paar auf dem Bahnsteig zu. Stundenlang weinte ich vor mich hin, ohne daß meine Tante mich hätte trösten können.

Als wir in Irland waren, gingen mein Bruder und ich auf verschiedene Schulen. Meine war riesig und vollgestopft mit lauten Jungen und Mädchen. Ich war entsetzt. Ich fing an, jeden Morgen ein Unwohlsein vorzutäuschen, um nicht dorthin zu müssen, bis meine Tante endlich merkte, daß ich unglücklich war, und mich auf eine

Links: Als Achtjährige in Irland mit meiner geliebten Puppe Nanouche.
Rechts: Mit 13 Jahren an Bord unseres Schiffes nach Ägypten; auf der langen Reise von Irland, wo wir zur Schule gingen, heim nach Ägypten für die Sommerferien war ich für meine Brüder Paddy und Rex sowie meine jüngere Schwester Torrie verantwortlich.

kleinere Schule schickte. Ich lebte bei ihr, bis ich elf Jahre alt war, und fuhr einmal im Jahr während der Schulferien nach Ägypten. Fünf Tage war ich dann mit Bahn und Schiff unterwegs; Paddy war zwar älter als ich, aber ich trug die Verantwortung für die Pässe und später, als sie alt genug waren, um mit uns zu fahren, auch für die anderen beiden Geschwister.

Noch schlimmer waren die Internate, auf die meine Schwester Torrie und ich kamen. Ich weiß nicht, warum wir so oft die Schule wechseln mußten, aber ich blieb jedesmal mehr zurück, und meine Abneigung gegen die akademische Bildung wurde immer stärker. Ich mochte Handarbeiten, hatte jedoch Hemmungen wegen meiner Lernschwierigkeiten, besonders bei einem Vergleich mit Torrie, die alles gut konnte.

Auf sie war ich vom Tag ihrer Geburt an eifersüchtig, weil ich die Liebe meines Vaters mit ihr teilen mußte. Sie durfte noch zu Hause bleiben, als ich in die Schule kam, sie wechselte die Schulen weniger häufig und ging später aufs College, um Lehrerin zu werden, während ich nur Hauswirtschaft studierte.

Mein einziges Glück fern von daheim waren die Stunden, die ich mit meiner Tante verbrachte. Wir hatten ein gutes, liebevolles Verhältnis, und ich hing sehr an ihr. Sie war es, die mir die erste religiöse Erziehung mitgab. Sonntags ging sie immer gern in die Kirche, und ich begleitete sie. Die Sonntagsschule mochte ich allerdings nicht, weil ich allein dorthin gehen mußte. Das Zusammensein mit meiner Tante weckte in mir eine tiefe Sehnsucht, mehr über Gott zu erfahren. Sie lehrte mich Gebete und las mir zu meiner Freude Geschichten aus der Bibel vor. Zu meiner Überraschung fiel es mir recht leicht, den Katechismus und Verse aus dem Neuen Testament auswendig zu lernen. Aber obwohl ich die Bibel lieben lernte, fühlte ich mich doch nie zur Kirche hingezogen, und als ich mit meinen Altersgenossinnen von der Schule zusammen zur Firmung gehen sollte, weigerte ich mich. Ich wollte es nicht nur deshalb tun, um wie alle anderen zu sein.

Mit 16 Jahren kam ich mit Torrie zusammen in ein Internat in England. Eines Abends rief mich die Schulleiterin in ihr Arbeitszimmer. Ich stand vor ihrem Schreibtisch und fragte mich, womit ich wohl diese unerwartete Aufmerksamkeit verdient hatte.

»Setz dich, mein liebes Kind«, sagte sie. Ich ließ mich beunruhigt auf der Stuhlkante nieder. »Hast du kürzlich Nachricht von zu Hause erhalten?«

»Ich bekam letzte Woche einen Brief von meinem Vater«, antwortete ich.

»Ich habe leider schlechte Nachrichten für dich«, sagte sie teilnahmsvoll. »Das hier ist vor einer Stunde angekommen.«

Sie gab mir ein Telegramm. Da stand in nüchternen Großbuchstaben: EILEEN UND TORRIE JESSOP. PAPA PLÖTZLICH AN BAUCHFELLENTZÜNDUNG GESTORBEN. BEERDIGUNG MONTAG. IN LIEBE MAMI.

Ich wollte meinen Augen nicht trauen. Vater tot? Das war doch nicht möglich! Vor wenigen Monaten hatte ich ihn doch noch gesehen, quicklebendig und voller Energie! Jemand mit soviel Vitalität konnte einfach nicht *sterben.* Ich brachte keinen Ton hervor. Ich konnte auch nicht weinen. Irgendwie war mir mein Vater jetzt noch gegenwärtiger als zuvor. Ich rief mir das letzte Mal ins Gedächtnis zurück, wo ich ihn gesehen hatte – ich stand auf dem Bahnsteig und winkte zum Abschied, bis sein Zug aus dem Bahnhof gefahren war. Wir hatten uns schon so oft auf diese Weise getrennt, daß kein Abschiedsschmerz mehr aufkam. Wir sahen uns ja in den nächsten Ferien. Sein Tod schien mir ein ebensolcher Abschied zu sein. Ich hatte das Empfinden, als sei er zu einem fernen Gestade fort, und wußte, daß ich ihn eines Tages wiedersehen würde. Es war nur eine Frage der Zeit. Ungeheure Liebe zu ihm durchströmte mich auf einmal, als sei er körperlich zugegen.

Als ich zu meiner Mutter nach Ägypten fuhr, fiel mir auf, daß sie völlig verändert war. Sie sah aus, als wäre alle Lebenskraft von ihr gewichen. Mein Vater war ihr Lebensinhalt gewesen, ohne ihn hatte sie nichts mehr, wofür sie leben konnte. Mir war sofort klar, daß ich mich um sie kümmern mußte; es war fast so, als hätte mich mein Vater darum gebeten. Glückselig verließ ich die Schule, um mich der Pflege meiner Mutter und meines jüngeren Bruders Rex zu widmen.

Seit einem Tauchunfall litt Rex unter epileptischen Anfällen. Er war im Grunde auf meine Mutter angewiesen und verehrte sie genauso wie sie ihn. In dem Bemühen, ihm zu helfen, schloß sie sich der *Christian Science* an, weil sie glaubte, die Krankheit ihres Sohnes durch die Kraft des positiven Denkens heilen zu können. Ich weiß nicht, ob es Rex etwas nützte, aber meiner Mutter verschaffte es den spirituellen Rückhalt, den sie nach dem Tode meines Vaters brauchte. Sie wollte unbedingt, daß auch ich mich der Christian Science zuwandte, und ich leistete ihr, obgleich mich die Sache nicht so sehr interessierte, doch bereitwillig Gesellschaft beim Bibellesen und begleitete sie zu ihrer Kirche.

Meiner Mutter wurde schließlich geraten, Rex in ein Christian-Science-Heim in England zu geben, woraufhin sie sich entschloß, mit uns allen dorthin zu ziehen, damit wir weiter als Familie zusammenleben konnten. Ein Jahr später erkrankte sie schwer an Gehirnhautentzündung. Ich pflegte sie zu Hause, so lange ich konnte, aber ich sah, wie sie allmählich verfiel, und merkte, daß sie keinen Lebenswillen mehr hatte. Ich saß bei ihr, hielt ihre abgezehrte Hand in der meinen und erzählte ihr, wir würden nach Alexandria zurückkehren, sobald es ihr besser ginge, dabei wußte ich, daß es nie so kommen würde. Kaum zwei Wochen nach ihrer Erkrankung starb meine Mutter. Ich wußte zwar nicht, was nun aus uns allen werden sollte, aber ich konnte trotzdem nicht um sie trauern. Ihr Körper war nur noch eine Hülle; ihr Wesen, ihr wahres Selbst, war längst zu meinem Vater hinübergegangen, wo es sich hingesehnt hatte.

Innerhalb von zwei Jahren hatte ich beide Eltern verloren. Da ich noch immer sehr stark die Nähe meines Vaters spürte, hatte ich das bestimmte Gefühl, daß der Tod nichts anderes sei, als einen alten Mantel auszuziehen, beiseite zu legen und ein Tor zu einem anderen Ort zu durchschreiten. Der Tod war für mich nichts Beängstigendes, Schreckenerregendes. Er stand mir so klar vor Augen. Vier Jahre später starb auch Rex. Er war meiner Mutter so eng verbunden gewesen, daß es schon bei ihrem Tode schien, als wollte er nur wieder mit ihr zusammenkommen.

Ich war keine 19 Jahre alt und wußte nicht im mindesten, was ich jetzt anfangen sollte. Ich schrieb mich am College für Hauswirtschaft ein; in den praktischen Fächern war ich gut, aber die Theorie wollte mir nicht in den Kopf. Schließlich fand ich Arbeit als Köchin, bis Paddy vorschlug, von unserem Erbe ein Gasthaus zu kaufen und es gemeinsam zu betreiben. Ich willigte ein, obwohl ich im stillen auf einen Mann hoffte, der mich heiraten und immer für mich sorgen würde. Wir erstanden ein Gasthaus in der Nähe eines Luftwaffenstützpunktes in Oxfordshire. Wir rannten uns zwar die Hacken ab, hatten aber auch viel Freude an dem geselligen Leben, das die Nähe des Stützpunktes mit sich brachte. Bevor der Krieg ausbrach, lernte ich einen Offizier der Luftwaffe kennen, der schließlich um meine Hand anhielt. Ich war es leid, allein zu sein und mich durchs Leben zu kämpfen, und so sagte ich ja. Andrew Combe und ich heirateten am 13. Mai 1939.

Ich war nie »verliebt« in Andrew, aber ich habe ihn geliebt. Er hat mir ein Zuhause gegeben, Kinder und die Sicherheit, nach der ich mich immer gesehnt hatte, und im großen und ganzen war ich zufrieden mit unserem gemeinsamen Leben. Er war groß und sah gut aus in seiner Uniform, und er zeichnete sich dadurch aus, daß er den er-

Hochzeit 1939 mit dem heimgekehrten Helden, Fliegermajor Andrew Combe, in Kensington, London, ein gesellschaftliches Ereignis im Blickpunkt der Öffentlichkeit.

sten Langstreckenflug nach Australien in einem einmotorigen Bomber unternahm, was ihn zu einer Berühmtheit machte.

Andrew war ein großer Mann und hatte etwas für große Dinge übrig – Autos, Boote, Häuser. Ich war mehr für kleine Dinge. Er war überdies bestimmend und hatte unverrückbare Überzeugungen, doch das störte mich nicht, denn ich fühlte mich bei ihm sicher. Ich lebte in seinem Schatten wie meine Mutter bei meinem Vater. Und dann hatte ich Kinder. Mitten im Krieg bekam ich nacheinander drei Kinder, und ich war's zufrieden. Das vierte wurde in Amerika geboren, und das letzte wieder in England. Sie kamen an erster Stelle, alles übrige erst an zweiter.

Nach unserer Heirat entdeckte Andrew seine Vorliebe für die *Moralische Aufrüstung* (MA). Er war förmlich davon besessen und bestand darauf, daß ich mitmachte. Wie schon bei meiner Tante und meiner Mutter fügte ich mich, um ihn glücklich zu machen und die

Familie zusammenzuhalten, obwohl die MA mich persönlich nicht gerade ansprach. Ich nahm an ihren »Zeiten der Stille« teil, wo jeder dasaß und nach innen lauschte, um dann aufzuschreiben, was er »hörte«. Von jedem Teilnehmer wurde erwartet, in dieser Stille etwas hervorzubringen, und wenn nichts kam, halfen die anderen, ihn von seinen »Blockierungen« zu befreien. Mit alledem konnte ich nichts anfangen, zumal ich keine »Weisungen« erhielt, die ich hätte niederschreiben können. Obwohl ich mich als Heuchlerin fühlte, gab ich schließlich vor, etwas zu vernehmen, und schrieb einfach auf, was mir gerade in den Sinn kam, um mich vor einem weiteren Eindringen in meine Innenwelt zu schützen.

Bei einem Aufenthalt mit einer MA-Gruppe in Amerika wurde ich in ein kleines Zimmer geführt und gebeten, »mein Leben Gott zu weihen«. Das konnte ich nicht. Es kam mir ja nicht aus dem Herzen. Mich Gott zu überantworten war etwas, das ich nur mit jeder Faser meines Seins und Wesens tun konnte, und ich wußte einfach, daß mein inneres Erleben nicht ihren Erwartungen entsprach. Mir war zumute wie damals, als ich mich mit elf Jahren weigerte, mich firmen zu lassen.

Ich war ein einfacher Mensch mit einer einfachen christlichen Erziehung und Anschauung. Ich hatte mitbekommen, wie innig meine Tante ihre Kirche liebte, und sehnte mich nach einer ähnlichen Verbindung mit Gott. Irgendwie kam sie nicht zustande, außer in seltenen Augenblicken – in der Stille einer Kirche, wo ich gerade Blumen ordnete, oder bei der Kommunion am frühen Morgen, wo ich neben dem Geistlichen die einzige Anwesende war. Es war mir wichtig, morgens früh aufzustehen, um die Kommunion zu erhalten. Danach fühlte ich mich stets gut. Warum, das wußte ich nicht. Aber es war etwas völlig anderes, als dem Sonntagsgottesdienst beizuwohnen. Ich brauchte Stille und Ruhe. Ich wußte noch nichts von Meditation, aber es war, als müßte ich allein in einer Kirche sein, um über Gott nachzudenken.

Da Andrew sehr häufig fort und zudem von der MA in Anspruch genommen war, blieb die Kindererziehung weitgehend mir überlassen. Ich hatte nichts dagegen einzuwenden, denn ich hatte die Kinder von Herzen lieb und ging ganz in ihrer Erziehung auf. Während der Kriegsjahre in London gingen wir trotz schwerer Luftangriffe nicht einmal in einen Luftschutzbunker. Wenn wir die Bombeneinschläge und die Geschütze im Park hörten, die auf deutsche Flugzeuge schossen, sagte mein Sohn Richard etwa mit schläfriger Stimme: »Mami, müssen diese Geschütze all den Lärm machen? Ich will doch schlafen!« Dann blieb ich ganz ruhig, und er und seine Schwestern hatten nie Angst. In manchen Nächten fielen die Bomben in nächster Nähe, so daß ich mich fragte, wie es wohl am Morgen draußen aussehen würde, aber ich glaubte fest, daß wir nicht getroffen würden. Ich war vollkommen überzeugt, daß wir alle noch eine Rolle zu spielen hatten in der Zukunft und daß meine Familie unversehrt bliebe.

Ich ließ die Kinder an allem teilnehmen, was ich tat. Oftmals halfen mir drei von ihnen in der Küche bei der Essenszubereitung. Eins saß dann auf einer Kiste neben dem Spülstein und schälte Kartoffeln, das zweite rührte die Füllung für eine Siruptorte, und das dritte half mir beim Stew. So dauerte es zwar immer etwas länger, aber dafür hatten wir auch alle unseren Spaß, und die Kinder lernten so viel dabei, daß es die Mühe wert war.

Ich hatte ungeheure Freude an meinen Kindern. Immer stand irgendein Geburtstag vor der Tür, und für jedes Kind gab es dann ein besonderes Fest. Es machte mir Spaß, meine Phantasie spielen zu lassen und mir immer etwas Neues auszudenken. Besonders gern mochte ich Kostümfeste. Wir stellten unsere Verkleidungen gemeinsam zusammen und hatten großes Vergnügen daran, im ganzen Haus nach Sachen zu suchen, die wir anziehen oder als Requisiten gebrauchen konnten. Aus einer Schuhcremedose wurde eine Taschenuhr, und aus einem alten schwarzen Rock der Umhang eines Straßenräubers.

Da Andrew wenig zu Hause war, mußte ich selbst den Kindern gegenüber gelegentlich streng auftreten, obwohl es mir weh tat, einen Klaps auszuteilen. Ich lernte aber, mich erst einmal zu beruhigen, ehe ich zu einer solchen Maßnahme schritt. Dann konnte ich nämlich erklären, warum sie nötig war, und die Wirkung vergrößern. Gefallen habe ich nie daran gefunden, aber meinem Gefühl nach waren Liebe *und* Disziplin wesentlich für die Kindererziehung. Wenn ein

Kleines nicht lernte, ein deutliches »Nein« zu respektieren, konnte es nur zu leicht den ganzen Haushalt durcheinanderbringen, und darunter hatten letztlich alle zu leiden.

Von London gingen wir für ein paar Jahre nach Amerika und dann in den Irak. Dort erkrankte Jennifer, meine älteste Tochter, an Kinderlähmung. Ich war verzweifelt und betete wie nie zuvor. Kinderlähmung war damals eine gefürchtete Krankheit, von der sich viele nie wieder erholten. Nach zwei Monaten Krankenhausaufenthalt sah Jennifer aus wie ein Gerippe. Sie konnte kaum die Hand zum Munde führen, um etwas zu essen. Eines Tages, als sie wie ein Häuflein Elend am Rande des Schwimmbeckens saß, fragte ich mich, ob sie wohl je wieder schwimmen könnte. Da verkündete sie mir, daß sie bald wieder die Strecke von einer Meile schwimmen werde. Ich wünschte ihr von ganzem Herzen Erfolg, hatte aber auch Angst, weil sie auf ärztlichen Rat hin lange Zeit äußerst vorsichtig sein sollte. Als sie das erste Mal ins Wasser glitt und kraftlos davonschwamm, ließ ich sie nicht aus den Augen. Ich betete unablässig. Welch ein Triumph, als sie endlich ihre Meile schaffte! Mein Herz floß über vor Dankbarkeit, und ich fragte mich, ob meine Gebete wohl geholfen hatten.

Die Kinder dienten mir als eine gute Entschuldigung, nicht mehr als unbedingt notwendig an dem Gesellschaftsleben teilzunehmen, das untrennbar zum Aufenthalt auf einem Luftwaffenstützpunkt gehört. Wie meine Mutter hatte ich nicht viel für Cocktailpartys und gesellige Betriebsamkeit übrig, überwand aber wie sie meine Schüchternheit, setzte ein freundliches Gesicht auf und kam meinen Pflichten nach. Die MA-Satzung verbot ihren Mitgliedern jeglichen Alkoholgenuß und den Frauen jegliches Make-up, so daß ich mich in der Gesellschaft anderer Luftwaffenfrauen schrecklich fühlte. Es hatte keinen Zweck, mit Andrew darüber zu streiten, denn er bestand auf der gewissenhaften Einhaltung der Regeln. Um des lieben Friedens willen gab ich nach und ging pflichtschuldigst nur dann mit ihm aus, wenn es sich nicht umgehen ließ.

Wir lebten schon eine Zeitlang im Irak, da stellte Andrew mich einem jungen Mann vor, den er als Mitglied für die MA gewinnen wollte. Er hieß Peter Caddy. Andrew war tiefbeeindruckt von einem

Artikel, den Peter im Luftwaffen-Journal über moralische Führung geschrieben hatte. Ich mochte Peter. Bei dem archäologischen Vortrag, bei dem wir uns kennenlernten, machten seine sachlichen, intelligenten Fragen einen starken Eindruck auf mich. Irgend etwas an seinem lebhaften Interesse für alles und jedes faszinierte mich.

Von da an war Peter ein häufiger Gast bei uns daheim. Er schneite immer herein, wenn er in Habbanya war, und ich fühlte mich geschmeichelt, daß er sogar kam und sich mit mir unterhielt, wenn niemand sonst im Hause war.

Verschiedene Male saßen wir auf der Veranda, und während ich nähte und stopfte, erzählte Peter mir tolle Geschichten. Ich hörte still zu, obwohl ich nicht die Hälfte von dem verstand, was er erzählte. Aber ich forderte ihn auf, weiterzureden. Tief in meinem Innern schwang etwas mit, wenn er erzählte, nur war ich mir dessen damals noch nicht bewußt.

Er sagte, er gehöre einer Gruppe an, die alte Mysterien und spirituelle Wahrheiten studiere, und er sei von einem Meister der Weisheit unterrichtet worden. Er sagte auch, Gott sei in jedem von uns, in allem. Das kam mir direkt frevelhaft vor. Davon war in der Kirche nie die Rede gewesen. Vieles von dem, was Peter sagte, widersprach der orthodoxen Religion, mit der ich aufgewachsen war, aber ich ließ mich nicht auf ein Streitgespräch mit ihm ein und unterbrach ihn auch nicht, weil es sich so gescheit anhörte und ich ohnehin nicht viel Ahnung hatte.

Eines Tages erzählte Peter mir von seiner ersten spirituellen Lektion, die er als kleiner Junge erhalten hatte. »Mein Vater, ein willensstarker, strenger Mann, war schon einige Zeit krank gewesen«, begann er. »Er hatte Ärzte, Homöopathen, Chiropraktiker und viele mehr aufgesucht, damit sie ihn von seiner rheumatischen Arthritis befreiten. Irgendwann hörte er von Lucille Rutterby, Geistheilerin und Trance-Medium. Zur ersten Sitzung nahm mein Vater mich mit. Ein amerikanischer Indianerhäuptling sprach aus ihr, was mich zutiefst beeindruckte. Dann wurde ich gefragt, ob ich Fragen hätte. Ich fragte: ‚Wie kann ich den morgigen Boxkampf in der Schule gewinnen?‘ Alles lachte, aber der Indianerhäuptling sprach weiter aus dem Medium. ‚Sieh ihm gerade in die Augen, und du merkst, wann er zuschlagen will.' Ich hielt mich daran, und es klappte tatsächlich! Von da an wußte ich, daß die Geisterwelt existierte, denn ich hatte ja die Bestätigung.«

Darauf konnte ich mir keinen Reim machen. Peter log zwar sicher nicht, aber das alles klang doch ziemlich seltsam, wenn es auch spannend war. Ich hatte noch nie jemanden kennengelernt, der etwas mit Sensitiven, mit Spiritismus und Okkultem zu tun hatte. Als er mir von spirituellen Meistern auf »höheren Ebenen« erzählte, die sich der Menschen bedienten, um spirituelles Wissen weiterzugeben, und Namen wie Kut-Humi, Moria und Hilarion erwähnte, war ich vollends verwirrt.

Peter stand in dem Ruf, ein Playboy zu sein, aber bei unseren Gesprächen war er ein ganz anderer. Er war attraktiv, dynamisch, aktiv und positiv. Er war auch ernsthaft – und unkonventionell; es war ihm gleich, daß seine Ideen im Widerspruch zu dem standen, was gesellschaftlich allgemein anerkannt war. Ich sah in ihm einen spirituellen Menschen, obwohl ich nicht genau wußte, was das eigentlich hieß. »Religiös« war nicht das richtige Wort. Ich wußte, daß er nicht in die Kirche ging, spürte aber eine Bindung an etwas Spirituelles, das ich nicht verstand.

Ich mochte Peters Offenherzigkeit. Er hatte einen klaren Blick und nannte das Kind beim rechten Namen. Er war sehr rücksichtsvoll, was ich genoß, da Andrew mir doch wenig Aufmerksamkeit schenkte, aber unsere Beziehung war alles andere als eine Romanze. Peters Art war so sachlich, daß romantische Gefühle gar nicht aufkamen, und außerdem war ich verheiratet und hatte fünf Kinder. Ich war einfach froh, einen guten Freund zu haben.

Einmal, als Peter auf dem Weg von Akaba bei uns hereinschaute, humpelte er mit einem Fuß in Gips herein.

»Was hast du angestellt?« fragte ich.

Etwas verlegen antwortete er: »Ich war zum Tauchen am Persischen Golf und bin in einen Seeigel getreten. Der Arzt konnte die feinen Stacheln nicht herausholen und hat mir deshalb den Gipsverband angelegt, damit meine Ferse nicht belastet wird, in der Hoffnung, daß sie von selber herauskommen. Es tut sehr weh.«

»Darf ich ein Rezept ausprobieren, das meine griechische Kinderfrau bei mir angewendet hat, als ich noch klein war?« fragte ich. »Sie aß furchtbar gerne Seeigel, und wir sind oft zusammen losgezogen, sie einzusammeln. Wenn Stacheln in unseren Fingern staken, hat sie immer Olivenöl daraufgerieben, um sie aufzuweichen.«

»Ich bin so weit, daß ich nach jedem Strohhalm greife«, sagte Peter.

Also verfuhr ich genauso wie meiner Erinnerung nach meine Kinderfrau seinerzeit und hatte Erfolg. Innerhalb von wenigen Tagen waren die Schmerzen weg, und Peter konnte wieder laufen. Er war entzückt.

»Der Gips hat mich wirklich an meiner Entfaltung gehindert«, scherzte er, als er wieder davonsauste. »Tausend Dank!«

Peter war ständig auf Reisen. Er war immer unterwegs und nahm die Gelegenheit wahr, sich während seiner Luftwaffenzeit die Welt anzusehen; dabei hatte er das deutliche Gefühl, nichts sei Zufall, sondern alles Teil seines Lebensplans. Was ich mit am meisten an ihm bewunderte, war sein nie versagender Optimismus. »Es hat keinen Zweck, in trüben Gedanken zu schwelgen«, sagte er oft. »Uns ist ein so herrliches Leben geschenkt worden. Warum sollten wir es in Zweifeln und Ängsten hinbringen?« Er wagte sich an die unmöglichsten Aufgaben; ein »Nein« gab es für ihn nicht, deshalb konnte er wohl auch alles bewerkstelligen, was er sich einmal in den Kopf gesetzt hatte. Das schrieb er der Übung in positivem Denken bei seinem »Meister« zu, dem Lehrer, der ihn in frühester Jugend spirituell unterwiesen hatte. Es erinnerte mich entfernt an die Lehren der Christian Science vom Heilen durch positives Denken oder von der Herrschaft des Geistes über die Materie, die ich von meiner Mutter her kannte.

Als Peter von einem Kloster hoch oben in den Bergen Tibets hörte, das ein altes Zentrum der östlichen Weisheitslehren sein sollte, beschloß er, sich mit einem Suchtrupp auf den 350 Meilen langen Fußweg zu machen.

»Diese Reise zu machen gehörte zu meinem spirituellen Training«, erklärte er mir danach. »Mir wurde zwar gesagt, es sei völlig unzugänglich, es sei unmöglich, Transportmöglichkeiten für Menschen und Vorräte zu bekommen, der Aufstieg sei außerordentlich schwierig, aber ich wollte es unbedingt finden. Und wir haben es gefunden. Ich habe es durch reines Beharrungsvermögen und Ausdauer geschafft, die Reise zu organisieren. Die anderen Offiziere haben gestaunt«, setzte er mit heimlichem Stolz hinzu. »Sie hätten nie geglaubt, daß ich das zuwege bringe. Wir haben 15 Tage für den anstrengenden Aufstieg zum Kloster in Gyantse gebraucht. Der Abt war eine Seele von Mensch, bescheiden und mit einem wunderbaren Sinn für Humor. Der Ort war wie verzaubert, und die Disziplin im Kloster bewundernswert, aber meiner Ansicht nach gehörte es der Vergangenheit an. Die Gebräuche waren erstarrt, und mir war klar, daß hier eine alte Ordnung herrschte, die sich nicht erneuerte. Ich hatte Tibet für das Zentrum der spirituellen Weltherrschaft gehalten, mußte jedoch einsehen, daß das keine Gültigkeit mehr hatte. Ich weiß auch, daß es nicht der spirituelle Pfad meiner Zukunft ist.«

»Das war bestimmt eine Enttäuschung für dich«, sagte ich mitfühlend.

»Überhaupt nicht!« rief Peter. »Der Zweck der Reise war, mir die Kraft des positiven Denkens und der Beharrlichkeit zu beweisen, also das, was ich in der Theorie gelernt hatte, in die Tat umzusetzen. Außerdem habe ich etwas sehr Wichtiges gelernt: Die Macht, die Jahrhunderte, Jahrtausende im Besitz von geheimen Lehrern in den abgelegenen Bergen Tibets war, ist der Welt freigegeben worden, und bei diesen freigesetzten Energien spiele ich eine Rolle. Mir ist gesagt worden, daß ich mehrere Lebensspannen lang auf diese Arbeit vorbereitet wurde, und dies gehört zum Abschluß meiner Ausbildung.«

»Lebensspannen – wie meinst du das?« fragte ich verwirrt.

»Meine früheren Leben.«

»Du glaubst doch nicht im Ernst, daß du schon einmal gelebt hast?« wunderte ich mich.

»Doch«, sagte er einfach, aber mit Überzeugung, »so ist es mir von verschiedenen Leuten mit Zugang zu höheren Bewußtseinsebenen gesagt worden.«

»Aber Peter«, protestierte ich schwach, »das widerspricht allem, was die Kirche lehrt.«

»Die frühen Christen haben daran geglaubt«, erwiderte er, »aber 500 n. Chr. wurde beschlossen, jede Äußerung über die Reinkarnation zugunsten einer Stärkung der Kirche aus der Bibel zu tilgen. Es sind bei näherem Hinsehen trotzdem noch Hinweise darauf vorhanden. Für mich ist die Reinkarnation absolut einleuchtend. Was wäre denn sonst der Zweck des spirituellen Wachstums? Lebte man nur einmal, hätte es keinen Sinn, aus seinen Fehlern zu lernen. Wenn eine Seele in mehreren Lebensspannen verschiedene Male Gelegenheit erhält, sich weiterzuentwickeln und zu lernen, wird sie zurückkehren, um Gott und der Menschheit zu dienen. Wir stehen in einem viel größeren Zusammenhang als nur in unserem kleinen Leben hier auf der Erde.«

Was Peter da sagte, klang für meine Ohren gotteslästerlich, aber er sprach mit solcher Bestimmtheit, daß ich nicht zu widersprechen wagte. Überdies hatte ich Angst, er könnte mich für dumm oder unwissend halten.

Kurz danach kam Peter noch einmal zu Besuch. Als wir auf dem Sofa saßen, er an dem einen, ich an dem anderen Ende, sagte er: »Ich muß dir von einem außergewöhnlichen Erlebnis berichten.« Er vermochte kaum seine Aufregung zu verbergen. »Ich war letzte Woche in Jerusalem und folgte einer Eingebung, auf einen Aussichtsberg mit Blick auf die Stadt zu klettern. Wie ich oben auf der Erde lag, kam mir zu Bewußtsein, daß du meine andere Hälfte bist. Es war tatsächlich so, als hörte ich eine innere Stimme.« Er schaute mich erwartungsvoll an. Ich blickte von meiner Näharbeit auf, um zu sehen, ob er scherzte, und als ich seine blauen Augen durchdringend auf mich gerichtet sah, fing ich an zu lachen.

»Das kann doch nicht dein Ernst sein, Peter«, protestierte ich. »Mit einem Mann und fünf Kindern bin ich wohl kaum deine andere Hälfte. Außerdem bist du auch verheiratet!« Jetzt schaute er so geknickt drein, daß ich die Hand auf seinen Arm legte und etwas freundlicher sagte: »Peter, was kommt, kommt. Belassen wir es dabei, ja?«

Von diesem Gespräch habe ich Andrew nie etwas erzählt. Ich war zwar nicht in Peter verliebt, hatte jedoch Angst, Andrew könnte etwas mißverstehen. Wie auch immer, Peter hatte mir seine Geschichte so objektiv, so nüchtern erzählt, daß eigentlich keinerlei Bezug zu meiner Ehe gegeben war. Es gab keine Romantik, keine Schmeicheleien, keine Leidenschaft. Peter stand mit beiden Beinen auf dem Erdboden.

Er blieb allerdings mit mir in Verbindung, und es stand auch fest, daß er eine Beziehung zu mir aufrechterhielt und nicht zu meinem Mann. Als ich mit den Kindern vor der Hitze in eine Luftwaffensommerfrische flüchtete, ließ Peter mir durch andere Gäste Bücher zukommen. Manchmal brachte Andrew selbst sie mit, aber er stellte nie irgendwelche Fragen, so daß ich annahm, es interessierte ihn überhaupt nicht.

Einmal jedoch war Andrew ein Paket für mich mitgegeben worden, in dem ein paar Fotos waren, die Peter von mir und den Kindern gemacht hatte, und ein Brief. Aus unerfindlichen Gründen widerstrebte es mir plötzlich, ihn Andrew vorzulesen, und so verschwand ich damit im Badezimmer und las ihn dort. Dann zerriß ich ihn in kleine Fetzen und spülte ihn in der Toilette fort. Ich weiß bis heute nicht, warum ich das getan habe, denn es war alles andere als ein Liebesbrief. Peter hatte auf 16 Seiten seine Gedanken über die seltsamen esoterischen Dinge dargelegt, von denen er mir erzählt hatte. Aber ich hatte auf einmal Angst. Ich dachte, Andrew würde es womöglich als Schwarze Magie bezeichnen. Vielleicht hielt er dann Peter davon ab, mich zu besuchen. Mir wurde bewußt, daß mir diese Besuche sehr wichtig geworden waren, daß ich jedoch mit Andrew nicht darüber reden konnte, weil er das sicher nicht verstehen würde. Ich fühlte mich sehr einsam. All diese sonderbaren neuen Ideen gingen mir im Kopf herum, und ich konnte mit niemandem darüber sprechen.

Zu unserem letzten Weihnachtsfest im Irak gab es besonders viele gesellschaftliche Verpflichtungen, und die Partys wollten kein Ende nehmen. Eines Abends, ich kleidete mich gerade zum Ausgehen an, war ich es plötzlich leid, solche schlichten, langweiligen Kleider zu tragen und kein Make-up aufzulegen, nur um Andrews Geboten der Moralischen Aufrüstung zu entsprechen. Voller Widerspruchsgeist legte ich etwas Lippenstift und Puder auf, was ich seit Jahren nicht getan hatte. Dann erschien ich und sagte strahlend: »Können wir jetzt gehen?«

Andrew sah mich kurz an, und seine Miene verfinsterte sich.

»Reib dir sofort das ekelhafte Zeug vom Gesicht, Eileen! Du weißt, daß ich keine Schminke in deinem Gesicht sehen will.« In mir zersprang etwas.

»Ich werde nichts dergleichen tun!« erwiderte ich scharf. Ich konnte kaum glauben, daß ich in dieser Weise gegen Andrew zu opponieren wagte, aber ich hatte wirklich genug von seiner beherrschenden Art.

»Eileen, du gehst jetzt und wäschst dir das Gesicht. Und beeil dich, sonst kommen wir zu spät.« Wir standen uns Auge in Auge gegenüber, Willen gegen Willen. Ich hielt durch.

»Na schön, dann gehe ich nicht mit«, sagte ich. »Du kannst allein gehen.« Und ich setzte mich an den Schreibtisch und fing an, einen Brief zu schreiben. Andrew schwieg, er war wie versteinert. Ich war ihm nicht böse, aber fest entschlossen, nicht nachzugeben und etwas gegen meinen Willen zu tun. Die Zeit verging, und Andrew sah voller Unbehagen auf die Uhr. Gegen Mitternacht merkte er, daß es mir ernst war mit meiner Weigerung, mich seinen Bedingungen zu fügen. Schweren Herzens ließ er sich erweichen.

»Also wie du willst«, sagte er schroff, »dann gehen wir jetzt besser, sonst gibt es Gerede über unsere Abwesenheit.«

Als wir sehr spät bei dem Fest eintrafen, verschwand Andrew gleich inmitten einer Schar Freunde und begann eine Diskussion über die Moralische Aufrüstung. Peter kam herüber und forderte mich zum Tanzen auf. Er machte ein paar Bemerkungen über meinen gespannten Gesichtsausdruck und lachte in sich hinein, als ich ihm die Szene schilderte. »Komm, gehen wir etwas trinken«, schlug er vor. »Was möchtest du haben?«

»Einen Tom Collins«, sagte ich herausfordernd. »Es ist mir egal, ob Andrew etwas dagegen hat!«

Peter grinste, ihm machte die Rolle des Verschwörers bei meinem kleinen Freiheitskampf Spaß. Ich war wie neubelebt durch meinen kleinen Schritt in Richtung Unabhängigkeit und genoß das Fest in vollen Zügen, tanzte, lachte und scherzte bis in die frühen Morgenstunden hinein. Peter war die Aufmerksamkeit in Person und gab mir genau die richtige Unterstützung. Zum ersten Mal seit Jahren fühlte ich mich attraktiv und lebendig.

Danach habe ich Peter monatelang nicht gesehen. Andrew und ich hatten uns auf einen unbefriedigenden Kompromiß geeinigt, und das Leben ging weiter wie gewohnt. Bei seinem nächsten Besuch in Habbanya war Peter ganz erfüllt von einer »Zufalls«-Begegnung, die er auf den Philippinen gehabt hatte.

»Nach dem herrlichen Abend mit dir bat ich Gott, mit dir in Habbanya bleiben zu dürfen, weißt du, aber zu meiner Überraschung ging mein Flugzeug planmäßig«, sagte er und konnte seine Aufregung kaum verbergen. »Ich hatte eine Empfehlung für einen Major und seine Frau auf den Philippinen und schaute bei ihnen vorbei. Als ich anklopfte, öffnete eine ältere Dame mit weißem Haar die Tür. Ihr Schwiegersohn und ihre Tochter waren noch nicht heimgekehrt, also bat sie mich herein und bot mir einen Drink an. Kaum zu glauben, aber schon wenige Minuten später erzählte ich ihr, Naomi, doch tatsächlich von meinen Erlebnissen in Tibet! Wir entdeckten, daß wir spirituell vieles gemeinsam hatten, und ich merkte bald, daß sie ebenfalls ein Kanal für höhere Bewußtseinsebenen war!«

»So wie das Medium, zu dem du als Junge hingegangen bist?« fragte ich behutsam.

»Nein, nicht ganz. Sie hat wie meine Frau Sheena Zugang zu höheren, feineren Bewußtseinsebenen. Sie fungiert als Kanal für einige der Wesen, die im Besitz der Macht sind und von denen ich dir erzählt habe. Als sie davon sprach, liefen mir kalte Schauer den Rücken hinauf und hinunter. Ich wußte, daß diese Begegnung äußerst wichtig war.« Peter erzählte weiter, und die Worte sprudelten nur so aus ihm heraus. »Wir haben gemeinsam meditiert, und Naomi empfing eine Botschaft von einem hohen Geistwesen, das ihr sagte, sie und ich seien viele Leben hindurch zusammen gewesen und jetzt aus den am weitesten voneinander entfernten Gegenden dieser Erde zusammengekommen, um eine besondere Arbeit zu verrichten.«

Ich äußerte mich nicht dazu und nähte ruhig weiter. Das war Peters Welt, nicht meine. Ich hatte keine Erfahrungen in meinem Leben gemacht, nach denen ich seine beurteilen konnte, und so hörte ich ihm einfach zu und unterdrückte die leichte Unruhe, die mich befiel.

Im Spätsommer des Jahres 1953 ging Andrews Dienstzeit im Irak zu Ende. Er beschloß, mich und die Kinder rechtzeitig zum Schulbeginn nach England zurückzuschicken und später nachzukommen. Der Flugtermin lag schon fest, als Peter davon hörte und sagte, er wolle versuchen, in Tripoli zuzusteigen und mir mit den Kindern zu helfen. Ich hatte das ungute Gefühl, es würde etwas Schreckliches passieren, wenn ich das betreffende Flugzeug nähme. Was es genau war, konnte ich nicht ausmachen, aber ich spürte es so stark, daß ich versuchte, Andrew zu einer Flugterminänderung zu überreden. Ich konnte ihm natürlich nichts von meiner Vorahnung sagen, die doch recht töricht gewirkt hätte, und er fegte meine Einwände beiseite. Die Nacht vor unserem Abflug lag ich wach im Bett und hatte ein flaues Gefühl im Magen. Am nächsten Tag verließen wir Habbanya. Peter stieß in Tripoli zu uns. Er hatte alles für unseren Zwischenaufenthalt arrangiert, einschließlich eines wunderschönen Blumenstraußes für mein Zimmer. Wir verbrachten den Tag am Swimmingpool, und die Kinder tollten mit ihm herum. Für den Abend hatte er jemanden zum Kinderhüten engagiert, um mit mir zum Essen ausgehen zu können. Wir fuhren in einem Pferdewagen am Strand entlang, und dann lud er mich zu einem köstlichen Essen ein. Es war herrlich, so umsorgt zu werden. Peter war der perfekte Gentleman und verhielt sich in jeder Hinsicht korrekt. Ich entspannte mich.

Obgleich ihm gesagt worden war, daß das Flugzeug nach England bereits eine Tonne Übergewicht hatte, wollte er unbedingt mitfliegen. Zum ersten Mal erlebte ich, welche Macht Peters positives Denken hatte. Er erschien morgens auf dem Flugplatz und stellte fest, daß ausgerechnet neben mir ein Platz frei war. So saßen wir die ganze Strecke nach England nebeneinander, und er hatte seinen Spaß mit den Kindern. Als wir am Luftwaffenstützpunkt Lyneham ankamen, stand schon sein Auto, ein weißer Lagonda, bereit, um uns zu unserem Haus in Cheam zu bringen. Daraufhin kehrte Peter nach London zu seiner Frau Sheena zurück.

Einige Wochen später rief er an, um mich einzuladen, mit ihm und seiner Frau zu dinieren und anschließend in eine Show zu gehen. Es war mein 35. Geburtstag. Ich nahm die Einladung voller Freude an. Im letzten Moment fiel Sheena wegen heftiger Kopfschmerzen aus, so daß Peter mit mir allein loszog.

An diesem Abend verliebte ich mich zum ersten Mal in meinem Leben. Mein Herz war zum Bersten voll mit Liebe und Zärtlichkeit, und Peter war ebenfalls sichtlich bewegt von der Intensität unserer Gefühle. Aber ich war auch innerlich zerrissen. Es erschien mir unmöglich, daß ich, eine verheiratete Frau, mich in einen verheirateten Mann verliebt hatte. Doch gleichzeitig kam es mir so vor, als sollte es so sein. Ich wußte ohne den mindesten Zweifel, daß ich zu diesem Mann gehörte, und wußte jetzt auch, was er mit den zwei Hälften eines Ganzen gemeint hatte.

Peter begleitete mich nach Hause, und wir verbrachten die Nacht zusammen. Zum ersten Mal in meinem Leben fühlte ich mich absolut vollkommen. Ich war zu allem bereit, was ein Leben mit Peter Caddy mir bringen mochte, ohne auch nur einen Augenblick die Tragweite dieser Entscheidung zu überdenken. Ich vermochte einfach dieser Liebe nicht zu widerstehen , die mich ganz einhüllte.

Dann fiel mir Andrew ein. Ich mußte ihm sofort reinen Wein einschenken, wie groß der Schock auch sein mochte, und alles offenlegen. Peter zeigte eine merkwürdige Unbekümmertheit, was Sheena betraf. »Wir haben schon länger nicht mehr wie Mann und Frau zusammengelebt«, erklärte er. »Ich habe sie genauestens auf dem laufenden gehalten, und sie hat mir bestätigt, daß du meine andere Hälfte bist.« Das war mir zu hoch, es ergab für mich keinen Sinn. Ich schrieb an Andrew und bat um die Scheidung. Mir war ganz schwindelig von der Stärke meiner Liebe zu Peter, und ich *mußte* bei ihm sein.

Ich mußte auch meiner Familie mitteilen, was geschehen war. Peter sorgte dafür, daß Sheena und eine Freundin ein paar Tage im Haus bei den Kindern blieben, während er mich nach dem Norden zu meiner Tante und meiner Schwester fuhr. Meine Familie war entsetzt, und mein Schwager hatte sofort etwas gegen Peter. Dann kam ein Anruf. Es war Andrew. »Sobald ich deinen Brief hatte, habe ich aus dringenden familiären Gründen Urlaub genommen und bin nach England geflogen«, sagte er. »Ich traf zwei fremde Frauen in meinem Haus an und habe sie hinausgeworfen. Eileen, du hast alles kaputtgemacht. Was du getan hast, ist eine Schande. Komm bloß nicht mehr hierher! Du wirst nie wieder einen Fuß in mein Haus setzen. Und bleib den Kindern fern – du bist ungeeignet, ihre Mutter zu sein.«

Ich war wie betäubt. Ich hatte den Kindern gesagt, ich sei nur für drei oder vier Tage fort. Ich hatte gedacht, die Scheidung sei ein langsamer Prozeß, in dessen Verlauf Andrew und ich alles bereden und ordnen würden. Die Plötzlichkeit des Bruchs war zuviel für mich. Ich wußte nicht, wohin ich mich wenden sollte.

Peter brachte mich nach London zu Sheena, und ich weinte und weinte. Das ging Sheena offenbar auf die Nerven, und Peter schlug vor, wir sollten für ein paar Tage nach Glastonbury fahren. Mir war es gleichgültig, wohin wir fuhren, ich klammerte mich an Peter, als hinge mein Leben von ihm ab. Das Leben war plötzlich ein Alptraum geworden.

Glastonbury ist eine alte Stadt mit sagenumwobener Vergangenheit. Das eine Mal wird sie mit König Artus in Verbindung gebracht, und einer anderen Legende zufolge soll Joseph von Arimathaia das Kind Jesus auf seinen Reisen dorthin gebracht haben. Die Stadt ist übersät mit heiligen Brunnen und geweihten Stätten, und ich hatte Peter oft sagen hören, sie sei ein besonderer Ort der Kraft. Mich in meiner Verfassung berührte das alles jedoch überhaupt nicht, ich ließ mich einfach von Peter herumführen.

Eine Stätte, die wir besichtigten, war ein stilles Heiligtum des Gebets und der Meditation. Als ich eintrat, gab mir die friedvolle Atmosphäre einen gewissen Halt. Der Raum war sehr schlicht, nur einige Stühle, die im Kreis standen, und ein paar merkwürdige Bilder an den Wänden. Ich setzte mich hin, noch immer benommen von der Qual der letzten 24 Stunden. Noch vor wenigen Tagen hatte ich fünf reizende Kinder, einen Mann und ein Heim samt allem gehabt, was ich mir nur wünschen konnte. Und jetzt nichts mehr.

Es war eindeutig meine eigene Schuld. Ich hing an meinen Kindern und hatte sie doch verlassen – alles nur, weil ich mich in Peter verliebt hatte, diesen außergewöhnlichen, starken Mann. Eine solche Liebe hatte ich noch nie erlebt. Mein Herz zog sich zusammen, als ich zu ihm hinübersah, wie er da neben Sheena saß. Doch dann schauderte ich gleich wieder zusammen bei dem Gedanken an das, was ich getan hatte. Wie konnte ich bloß – ausgerechnet ich – in diese Zwangslage geraten? Ich hatte immer eine so klare Auffassung von der Ehe gehabt. Scheidung hatte ich empörend gefunden, und mit einem anderen Mann zu schlafen undenkbar. Und doch hatte ich das alles getan.

Als es passierte, wußte ich nur, daß ich zum ersten Mal in meinem Leben wirklich liebte und mit Peter zusammen sein mußte. Jetzt wurde ich dafür mit der Trennung von meinen Kindern bestraft. Mir war nie in den Sinn gekommen, ich könnte sie verlieren. Sie mußten denken, ich hätte sie im Stich gelassen, sie angelogen. Ob Penny wohl weinte? Wie ums Himmels willen würde Jennifer damit fertig werden? Sie war erst 14. Nicht auszudenken, was sie jetzt durchmachten.

Und ich, was tat ich eigentlich hier in Glastonbury, in diesem Heiligtum? Wie ich dort saß und die Atmosphäre des Raums in meinem Schmerz auf mich wirken ließ, wurde ich an die frühmorgendlich leeren Kirchen erinnert, die ich früher so gerne gemocht hatte. Ich begann zu beten, auf die einzige Art, die ich kannte, als sei Gott eine Person, die mich hören konnte. Das Gesicht meines Vaters tauchte auf, freundlich, stark und voller Liebe, und ich wünschte mir, er sei bei mir. Er hätte mich verstanden und mir gesagt, was ich tun sollte. Aus tiefstem Herzen rief ich um Hilfe. Ich konnte mich an niemanden mehr wenden als an Gott.

»Sei still und erkenne, daß Ich Gott bin.«

Die Stimme war ziemlich klar, und ich drehte mich nach dem Sprecher um. Peter und Sheena konnten es nicht sein, und sonst war niemand da. Die Stimme erklang in meinem Kopf. War ich etwa verrückt? Ich saß ganz still, starr vor Angst, die Augen fest geschlossen. Die Stimme fuhr fort: »Du hast einen sehr großen Schritt getan in deinem Leben. Aber wenn du Meiner Stimme folgst, wird alles gut. Ich habe dich und Peter in einer bestimmten Absicht zusammengeführt, damit ihr eine spezielle Aufgabe für Mich erfüllt. Ihr werdet wie *ein* Mensch arbeiten, das werdet ihr mit der Zeit erkennen. Nur wenige sind auf solche Weise zusammengeführt worden. Hab keine Angst, denn Ich bin bei dir.«

Draußen vor dem Heiligtum sagte ich zitternd: »Ich hatte gerade ein seltsames, schreckliches Erlebnis. Eine Stimme sprach zu mir. Sie war in mir. Ich fürchte, ich werde verrückt.« Dann erzählte ich Peter und Sheena alles, in der Erwartung, daß sie mich nun als gemütskrank bezeichnen würden. Aber statt dessen hörten sie eifrig zu.

»Das ist ja wunderbar, Eileen!« war Sheenas Reaktion, als ich geendet hatte. »Das ist die Bestätigung. Jetzt bin ich sicher, daß Gott dich und Peter zusammengeführt hat.«

Ich war entsetzt. Begeisterung fand ich völlig fehl am Platz.

»Wiederhol nochmal die Worte, die du gehört hast«, drängte Peter.

»Sei still und erkenne, daß Ich Gott bin«, sagte ich langsam. »Die Worte kenne ich. Das muß irgendwo in der Bibel stehen.«

Peter und Sheena waren davon überzeugt, daß ich die Stimme Gottes gehört hatte. Ich war da nicht so sicher, aber wenn ich akzeptierte, was ich gehört hatte, mußte es die Stimme Gottes gewesen sein. Je mehr ich darüber nachdachte, um so mehr beschäftigte es mich. Mir fielen die Menschen der Bibel ein, zu denen Gott gesprochen hatte. Aber das waren ganz besondere Menschen mit speziellen Aufgaben. Warum sollte er zu einer Frau sprechen, die ihren Mann und ihre Kinder verlassen hatte, um mit einem anderen Mann »in Sünde zu leben«? Und doch hallte diese klar vernehmbare Stimme in mir nach und sagte, ich solle auf sie hören, und alles würde gut werden. Meine Gedanken kreisten um die Zehn Gebote. Das Wort »Ehebruch« peinigte mich. Die Stimme sagte, ich täte das Richtige, aber wie *konnte* denn alles gut werden?

Peter sagte, Sheena solle meine Lehrerin sein, wie sie die seine gewesen sei. Ich konnte Sheena einfach nicht begreifen. Wie konnte sie behaupten, glücklich zu sein, daß Peter und ich »einander gefunden hatten«, wo er doch ihr Mann war? Unter der Oberfläche mußte sie eifersüchtig auf mich sein, und früher oder später würde sie versuchen, Peter von mir wegzulocken. Sie machte mir Angst, und ich vermochte ihr kaum zu trauen. Aber ich konnte nirgendwo sonst hin. So schritt ich denn, nur meine Liebe zu Peter im Herzen und diese seltsame Flüsterstimme im Kopf, der schlimmsten Zeit meines Lebens entgegen.

Kapitel 3

Mein liebes Kind, sieh doch das Muster, das sich durch alles zieht, was gerade geschieht. Jede Erfahrung, jede Vision, jede Offenbarung kommt von Mir und verfolgt einen bestimmten Zweck. Du magst den Grund noch nicht erkennen; du magst dich über das Seltsame so verwundern, daß du an deinem Verstand zweifelst. Lerne, mitzugehen. Widersetz dich nichts und niemandem. Fürchte nichts. Dein Glaube an Mein Wort wird auf die Probe gestellt; du mußt herausfinden, wo deine Sicherheit liegt. Nichts zählt, nur deine Beziehung zu Mir. Gib dein Leben ganz in Meine Hände. Ich bin deine einzige Sicherheit. Vertraue dich Meiner Führung an und wisse, wie gewunden auch der Weg, so kommt doch alles an seinen richtigen Platz. So groß ist Meine Liebe zu jedem von euch, daß Ich alles tun will, um sicherzugehen, daß ihr wirklich nur Mir in absoluter Treue verbunden bleibt und nichts und niemandem sonst.

Schon bald nach unserem Aufenthalt in Glastonbury kehrte Peter zu seinem Stationierungsort im Mittleren Osten zurück und ließ mich in Sheenas Obhut. Ich fühlte mich vollkommen verlassen. Sheena war eine starke, kraftvolle Frau, die mir Angst machte. Wenn mir irgend etwas eingefallen wäre, wohin ich sonst hätte gehen können, wäre ich schleunigst ausgerissen. Aber ich saß in der Falle. Überdies bestätigte mir die Stimme, daß Sheena meine Lehrerin sei.

Meine Tante, mein Bruder und meine Schwester, die einzigen Verwandten, die ich hatte, waren schockiert darüber, daß ich eine »Affäre« mit Peter hatte, und mißbilligten meine Trennung von Andrew über alle Maßen. Das durfte bei der Erziehung, die wir genossen hatten, einfach nicht vorkommen. In ihren und in den Augen der Gesellschaft war ich schuldig und Andrew in vollem Recht, wie hart das auch mir gegenüber erscheinen mochte.

Ich hatte sogar selbst Schuldgefühle. Die Vorstellung, »in Sünde zu leben«, wühlte mich tief auf, aber mit der Liebe zu Peter hatte ich alle Brücken hinter mir abgebrochen. Mir blieb nichts anderes übrig, als in London bei Sheena zu bleiben und ihr in allem Folge zu leisten. Ich war eine Ausgestoßene und auf Gnade und Ungnade Peters Frau ausgeliefert.

Sheena war eine gutaussehende Frau, größer als ich, mit schwarzen Haaren und hübschen Augen. Ich habe sie als ernsten, besonders mit mir sehr strengen Menschen in Erinnerung. Sie wirkte sehr reserviert, als hielte sie sich abseits, und dabei hatte sie einen starken Einfluß auf die Menschen in ihrer Umgebung. Peter liebte sie zutiefst und hätte alles in der Welt für sie getan. Wie sie sich kennengelernt hatten, war einer jener merkwürdigen Zufälle, an denen Peters Leben so reich war. Er war mit dem Zug nach London gefahren und hatte Sheena gegenüber gesessen, die gerade *Das Wassermann Evangelium von Jesus dem Christus* von Levi las, ein Buch, das Peter erst vor kurzem selbst gelesen hatte. Sie kamen ins Gespräch und merkten, daß sie vieles gemeinsam hatten. Daraufhin besuchte Peter sie regelmäßig in ihrer Wohnung in der Lupus Street und schloß sich der wachsenden Zahl ihrer Anhänger an.

Sheena hatte eine Lebensaufgabe: die Welt durch Liebe zu verwandeln. Ich habe diese Liebe zwar nie gespürt, bin jedoch überzeugt, daß sie da war, denn ich sah, wie sie Leuten auf der Suche nach spiritueller Wahrheit weiterhalf. Je mehr Menschen sich zu ihr hingezogen fühlten, um so stärker wuchs Sheena in die Rolle einer spirituellen »Lehrerin« hinein. Sie gab den Leuten nie gute Ratschläge, sondern empfahl ihnen nur, ihre eigene innere Stimme zu finden. Genauso verfuhr sie auch mit mir. Sie war fest davon überzeugt, daß Gott in jedem von uns wohnt, daß Gott sich durch uns ausdrückt. Ihre »Übung« bestand darin, uns in dem Glauben an diesen inneren Gott zu bestärken und dazu zu ermutigen, unser Leben nach ihm auszurichten.

In meinem Fall stieß Sheena auf erheblichen Widerstand. Ich war nicht aus freien Stücken zu ihr gekommen und suchte auch nicht bewußt nach dem Sinn, den Gott in meinem Leben haben konnte. Ich war mir nicht einmal sicher, ob es wirklich Gottes Stimme war, die ich weiterhin vernahm. Und am allerwenigsten glaubte ich, daß die lebhaften Visionen, die ich jetzt hatte, göttlicher Eingebung zu verdanken waren. Nach allem, was ich wußte, konnten sie ebensogut das Werk des Teufels sein oder von meinem emotionalen Elend herrühren. Der einzige Grund für mein Hiersein war Peter.

Einen Großteil der Zeit, die ich bei Sheena verbrachte, war sie krank, so daß ich mich um sie kümmern und ihr das Essen zubereiten mußte. Sie war sehr anspruchsvoll. Alles mußte perfekt sein, und außerdem bestand sie auf absoluter Pünktlichkeit. Einmal beeilte ich mich sehr, um ihre Mahlzeit rechtzeitig fertigzustellen. Ich richtete ein Tablett her mit einem weichgekochten Ei, einer Avocado und ein paar dünnen Scheiben Brot mit Butter, das ich ihr nach oben ins Zimmer brachte.

Sheena saß aufrecht im Bett und schaute sich das Tablett an. »Du hast die Butter auf den Brotscheiben nicht bis zum Rand verstrichen«, sagte sie ungerührt. »Nimm es wieder mit und mach's ordentlich!«

Wutschnaubend nahm ich das Tablett mit nach unten und strich die Butter gehorsam bis an den Rand des Brotes. Dann brachte ich es wieder zu ihr.

»Das Ei hat zu lange gekocht. Es sollte genau vier Minuten kochen. Koch mir ein neues.«

Hatte ich das zu ihrer Zufriedenheit erledigt, fragte sie: »Wo ist die Zitrone für die Avocado?« Dann stapfte ich ein drittes Mal die Treppe hinab und suchte ein Stück Zitrone.

Endlich war sie zufrieden und aß ihre Mahlzeit. Ich hatte ganz entschieden etwas gegen diese Behandlung einzuwenden, aber sie sagte einfach: »Laß es dir eine Lehre sein, daß etwas, das es wert ist, getan zu werden, auch wert ist, perfekt getan zu werden. Gott macht alles vollkommen, und wir müssen lernen, es ihm gleich zu tun.« Danach versuchte ich, alles so perfekt wie möglich auszuführen – allerdings mehr in dem Bestreben, Sheenas spitzer Zunge zu entkommen, als Gott gleich zu werden!

Während dieser Übungszeit sollte ich dreimal täglich, um 6 Uhr, um 12 Uhr und um 21 Uhr, eine gewisse Zeit darauf verwenden, auf meine innere Stimme zu horchen. Bei der Sitzung am frühen Morgen war ich allein, mußte aber meine Aufzeichnungen Sheena zeigen, sobald sie wach war und im Bett gefrühstückt hatte. Meistens wurde ich um 11 Uhr wieder in ihr Zimmer gerufen, mußte mich setzen und achtgeben, ob meine innere Stimme etwas für sie bereit hatte. Mittags meditierte ich wieder allein, desgleichen am Abend. Sheena bestand darauf, daß ich alles aufschrieb, was ich erlebte, ob es sich um Visionen, Träume oder Worte handelte, und sie Einblick nehmen ließ. Zuerst hörte ich viele verschiedene Stimmen, die mich ganz durcheinander brachten. Sheena sagte mir: »Horch auf die allererste, die du in Glastonbury gehört hast. Versuch, andere Stimmen auszublenden, und konzentrier dich nur auf die eine, dann werden die anderen von selbst verschwinden. Darum möchte ich, daß du alles aufschreibst, was du hörst. Dann kann ich dir bei der Unterscheidung der Stimmen helfen, bis du nicht den mindesten Zweifel mehr hast, welche die Stimme Gottes ist, und keiner anderen Folge leistest.«

Was die Pünktlichkeit betraf, kannte Sheena kein Pardon. Wenn ich einmal auch nur einen Augenblick zu spät kam, schimpfte sie mich aus. Sie konnte sehr ärgerlich werden. »Du kommst zu spät zu deiner Verabredung mit Gott«, sagte sie oft. »Sich so zu verspäten ist höchst unhöflich. Es ist wichtiger als alles andere, was du den Tag über erledigen mußt. Was auch geschieht, du darfst dich nie verspäten.«

Diese Standpauken machten mich so fertig, daß ich nur den einen Wunsch hatte, allein zu sein und mich einmal richtig auszuweinen. Statt dessen sagte Sheena ohne jedes Mitgefühl: »Reiß dich zusammen und hör auf, dich zu bemitleiden. Sei lieber voll und ganz bei dem, was du tust, dann kommt es ja nicht wieder vor. Setz dich jetzt und öffne dich der Stimme Gottes.«

Nach einigen Zurechtweisungen dieser Art lernte ich meine Lektion und achtete darauf, den jeweils gefragten Zeitpunkt exakt einzuhalten und eher sogar ein paar Minuten zu früh zu kommen. Dadurch lernte ich Pünktlichkeit, und bald merkte ich, daß mir die Meditationsstunden wichtiger waren als alles übrige.

Bevor ich auf den Plan trat, hatte Sheena selbst Weisungen empfangen, aber seit meinem Erscheinen hatte es damit offenbar ein Ende, denn sie verließ sich nur noch auf mich. Es gab andere, die ebenso mit ihr arbeiteten, darunter Dorothy Maclean, eine Kanadierin, die in London lebte. Sheena und Dorothy kannten sich schon viele Jahre und hatten im 2. Weltkrieg beim Nachrichtendienst zusammengearbeitet. Dorothy war nett, aber wir waren so verschieden wie Feuer und Wasser. Ich fühlte mich ihr unterlegen, da sie eine Intellektuelle und mit Künstlern und Schriftstellern befreundet war. Ohne die gemeinsame Beziehung zu Sheena wären wir nie auf die Idee gekommen, uns miteinander anzufreunden.

Dorothy war aus eigenem Antrieb zu Sheena gekommen. Sie mochte Sheena gern und achtete sie, und sie erlebte Sheena als Lehrerin ganz anders als ich. Sie hatte kein Angst vor Sheena und folgte der Anweisung, Selbstbeherrschung zu üben, mit Hingabe und Begeisterung. Oft schneite sie nach Feierabend herein, um mit Sheena über die Weisungen zu reden oder einfach nur zu plaudern, dieweil ich das Abendessen zubereitete. Manchmal speisten die beiden zusammen in Sheenas Zimmer, ich hingegen alleine unten. Es kam ganz darauf an, was den Tag über zwischen Sheena und mir vorgegangen war. Ich konnte noch immer nichts Gutes an ihr finden, während Dorothy sie sehr gern hatte und sie Dorothy auch.

Peter empfing trotz aller meditativen Anstrengungen keine Weisungen durch eine innere Stimme – außer das eine Mal auf dem Berg in Jerusalem. Seine Weisungen kamen aus seiner Intuition, und er übte sich darin, seinen intuitiven Eingebungen spontan zu folgen, wie abwegig sie auch wirken mochten. Sheena empfahl ihm, weiterhin nach innen zu lauschen, um die Stimme zu vernehmen, betonte jedoch gleichzeitig, daß er unbedingt auf seine Intuition vertrauen solle, die, wie sie sagte, ebenfalls den Willen Gottes deutlich kundtue.

Ich wußte nie, in welcher Stimmung Sheena war, wenn ich mit ihrem Frühstück hinaufging. Ich mußte auch warten, bis das Telefon klingelte, das ihr Zimmer mit dem meinen verband, denn sie mochte nicht zum Frühstück aufgeweckt werden. An manchen Tagen war sie honigsüß, an anderen wieder konnte ich ihr nichts recht machen, und dann tadelte sie mich scharf. Ich fing an, das Telefonklingeln zu fürchten. Es konnte zu jeder Tages- und Nachtzeit ertönen, und dann mußte ich sofort alles stehen und liegen lassen und zu ihr eilen.

»Du bist 24 Stunden am Tag im Dienst«, sagte sie mir. »Für Gott mußt du allzeit bereit und willens sein, zuzuhören und zu tun, was immer von dir gefordert wird. Äußere nie Zweifel an dem, was von dir verlangt wird. Handle unverzüglich, und du wirst später sehen, warum es so wichtig war.«

Oft rief sie mich abends oder mitten in der Nacht per Telefon an ihr Bett und bat um Heilung. Ich hatte keine Ahnung, was sie von mir erwartete, kniete jedoch nieder und hielt meine Hände über ihren Körper, wie sie mich anwies. Bisweilen mußte ich stundenlang in dieser Haltung verharren, mit schmerzenden Armen und müden Augen, die immer zufielen, verzweifelt bemüht, mich zu konzentrieren und wach zu bleiben. Wenn ich einmal einnickte oder meine Hände auf die Bettdecke sinken ließ, rügte sie mich streng. Sie ließ mir nichts durchgehen. Ich lernte schnell, daß es nichts brachte, ihr die Stirn zu bieten oder das Telefonklingeln zu überhören, da sie dann ohne jedes Bedenken ihre Wut an mir ausließ.

Nach diesen erschöpfenden Nachtsitzungen ging ich oft voller Entrüstung und Widerwillen in mein Zimmer. »Mit alledem will sie mich nur quälen«, klagte ich im stillen. »Das mache ich nicht eine Minute länger mit. Ich gehe, und dann kann sie die Butter selbst richtig auf ihre Schnitten schmieren! Ich will sie überhaupt nicht heilen, ich will sie auch nicht als Lehrerin! Ich hasse sie! Und wie ich sie hasse!« Und ich schluchzte vor Enttäuschung in mein Kissen, voller Angst, jemand könnte mich hören und der Sache nachgehen. Danach pflegte sich mein Verstand wieder einzuschalten: »Wohin soll ich denn gehen? Zur Tante? Nein, die denkt nicht im Traum daran, mich aufzunehmen, nachdem ich meine Kinder im Stich gelassen habe. Und Torrie oder Paddy auch nicht. Sie halten mich ohnehin für undankbar. Sie würden bloß versuchen, mich mit Andrew zu versöhnen, und das kommt gar nicht in Frage. Außerdem habe ich kein Geld. Ich kann nicht einmal den Bus nach London nehmen, wenn ich will.« Zum Schluß kam mir die gräßliche Wirklichkeit wieder quälend ins Bewußtsein: »Wenn ich fortginge, würde Sheena garantiert dafür sorgen, daß ich Peter nie wiedersähe. Das halte ich nicht aus nach allem, was ich getan habe, um bei ihm zu sein. Ich darf nichts tun, wodurch ich ihn verlieren könnte.«

Also gab ich mich ganz und gar in Sheenas Gewalt. Ich hing vollkommen von ihr ab, weil ich meinte, nirgendwo sonst hingehen, aber durch sie von Peter getrennt werden zu können, wenn es ihr beliebte. Ich kämpfte mich durch und tat zähneknirschend, was sie mir gebot, aber mit tiefstem Widerstreben und ungeachtet der Tatsache, daß sie eine Kranke war und meine Hilfe brauchte; ich pflegte sie Tag und Nacht ohne Liebe oder irgendein Gefühl der Befriedigung.

Heute bin ich sicher, daß mein Widerstand alles so qualvoll gemacht hat. Einmal war ich so erschöpft, daß mein rechter Arm eine Woche lang gelähmt war. Die Ursache war bestimmt psychosomatischer Natur, aber es war trotzdem beängstigend. Ein andermal hatte ich einen lebhaften Traum, aus dem ich weinend erwachte. Mir träumte, Eiter flösse aus meinem Mund und ich litte furchtbare Schmerzen. Ich erzählte es Sheena, der ich ja alles erzählen mußte, und sie erklärte mir, jetzt käme all das Gift aus mir heraus, damit ich geläutert würde, und der Traum diene meiner Vorbereitung. Drei Tage später bildete sich eine Beule in meinem Mund, die nach etwa einer Woche aufbrach und Eiter herausließ, wie in meinem Traum.

Ich sehnte mich unablässig nach den Tagen, an denen Peter Urlaub hatte und kam. Dann ließ Sheena in ihren Forderungen ein wenig nach, und es war ein Segen, mit ihm zusammen zu sein. Mir graute davor, wenn er wieder abreiste. Seine Besuche waren immer zu kurz; ohne ihn hatte ich das Gefühl, mein Leben sei sinnlos. Er war der einzige Mensch auf Erden, der mich liebte. Aber ich konnte ihm nie meine Schwierigkeiten mit Sheena anvertrauen, da er kein Wort gegen sie hören wollte.

»Sheena ist das liebevollste Wesen, das ich je kennengelernt habe«, sagte er. »Ich vertraue ihr vollkommen, und du solltest das auch tun. In den fünf Jahren meines Zusammenlebens mit ihr hat sie immer gewußt, was ich dachte und fühlte, und sie hatte stets in allem recht.«

»Ich halte sie nicht gerade für liebevoll«, brummte ich. »Sie kritisiert ständig an mir herum und sagt mir, daß ich nicht gut genug bin.«

»Das liegt daran, daß sie das Schwert der Wahrheit meisterhaft zu führen versteht«, erwiderte Peter. »Sie hat es auch gegen mich geschwungen, um mein Ego, mein kleines Selbst, zu zerstören. Es schneidet alle Illusionen fort. Es ist sehr wirkungsvoll – und kann vernichtend sein.«

Sheena vermochte Peter durch Liebe zu lehren, denn er wäre für sie bis ans Ende der Welt gegangen. Da ich Sheena jedoch nur Widerstand entgegensetzte und keine Liebe zwischen uns herrschte, lernte ich einzig durch meine große Angst vor ihr.

Nach einigen Monaten traf Sheena die Feststellung, ich sei in zu große Abhängigkeit von Peter geraten. »Du gibst den wichtigen Dingen nicht den gebührenden Vorrang«, sagte sie. »Für dich und Peter kommt eure Beziehung noch vor Gott, und das kann ich nicht zulassen. Es ist besser, wenn ihr euch eine Weile nicht seht. Außerdem ist es an der Zeit, daß ihr aufhört, an euch selbst und eure Probleme zu denken, und anfangt, anderen etwas zu geben.«

Meine größte Angst war Wirklichkeit geworden. Ich war untröstlich, aber Peter zweifelte nicht im mindesten an der Weisheit von

Sheenas Beschluß und kehrte vergnügt und munter zu seinem Stützpunkt im Mittleren Osten zurück.

Für die Dauer von Peters Abwesenheit hatte Sheena mir eine Bleibe bei einem jungen Paar mit einem Säugling verschafft, das sehr wenig Geld hatte. Ich bekam dort eine Dachkammer. Sie war sparsam möbliert mit einer Apfelsinenkiste, die als Toilettentisch diente, und das Dach war undicht. Die Leute waren jedoch sehr nett zu mir, obwohl sie in bitterer Not lebten, und ich mochte sie bald sehr gern. Meine besondere Liebe gehörte dem Baby. Allmählich entspannte ich mich ein wenig und wurde aufgeschlossener.

Als Peter das nächste Mal kam, wohnte er nicht bei Sheena, sondern irgendwoanders in London. Ich wußte nicht, wo. Eines Tages ging ich im Battersea-Park spazieren, um allein zu sein und mit mir ins reine zu kommen. In tiefster Verzweiflung saß ich auf einer Bank, da kam Peter auf einmal auf mich zu.

»Peter, du hast mich gefunden!« rief ich voller Entzücken und umarmte ihn. »Woher wußtest du, daß ich hier bin?«

»Ich wußte es gar nicht«, erwiderte Peter mit leichtem Erstaunen. »Ich hatte heute morgen einfach das zwingende Gefühl, in den Battersea-Park zu müssen, und nahm den Bus hier heraus. Meine Unterkunft ist weit von hier entfernt, aber ich habe gelernt, diesen inneren Eingebungen zu gehorchen, und da bin ich.«

Ich seufzte erleichtert auf. Das war mit Sicherheit ein Zeichen dafür, daß wir zusammengehörten. Wenn es Gottes Wille war, würden wir immer voneinander angezogen wie Eisen von einem starken Magneten.

Peter zog für den Rest seines Urlaubs in meine Dachkammer, und dorthin kam ein Detektiv, um sich vom Tatbestand des Ehebruchs zu überzeugen und Andrew die Scheidung zu ermöglichen. Dieser Mann erschien eines frühen Morgens, und wir nahmen ihn mit hinauf in die Dachstube, wo nicht zu übersehen war, daß Peter und ich zusammen geschlafen hatten. Es war eine gemeine, erniedrigende Angelegenheit.

Nicht lange danach entdeckte ich zu meinem Schrecken, daß ich schwanger war. Ich war einfach entsetzt. Damals, Mitte der fünziger Jahre, galt ein uneheliches Kind als schlimmste Schande gegenüber der Gesellschaft. Und die Scheidung von Andrew lag noch in weiter Ferne.

Peter war schon wieder fort, und so schrieb ich ihm und fragte mich, was er wohl zu dieser Wendung der Ereignisse sagen würde. Er war entzückt! Sheena war ebenfalls ganz begeistert. Dann erzählte sie mir von einer Fehlgeburt, die sie zur Zeit ihrer Ehe mit Peter gehabt hatte und durch die sie keine Kinder mehr bekommen konnte. »Dein Baby ist das Kind, das ich haben sollte«, sagte sie. Widerwille stieg in mir auf, aber ich schwieg. Ich hatte nichts zu sagen.

Kurz bevor das Kind geboren wurde, fuhren Peter und ich noch einmal nach Glastonbury. Dieses Mal war ich glücklicher als beim vorigen Besuch, denn ich war mit dem Mann zusammen, den ich liebte, und das Kind, das ich unter dem Herzen trug, war in reinster Liebe gezeugt worden. Allerdings machte es mir doch Sorgen, daß wir noch nicht verheiratet waren, und als wir in die St.-Patricks-Kapelle nahe der Abtei gingen, kniete ich nieder, um zu beten. Ich empfing eine wunderbar beruhigende, rückhaltgebende Botschaft, und ich fragte Gott, wie denn das Baby heißen sollte. »Sein Name soll Christopher Michael sein«, wurde mir gesagt. »Und wenn es ein Mädchen wird?« wandte ich ein. Es wiederholten sich die gleichen Worte. Also wurde es so genannt. Sheena wollte, daß wir noch »John« hinzufügten, aber ich war mir sicher, daß Gott ihm seinen Namen gegeben hatte, und dem war nichts hinzuzufügen.

Sheena war gerade in Irland, als das Kind geboren wurde, und Peter kam heim, um bei mir zu sein. Christopher, mein sechstes Kind, hatte die schönste Geburt von all meinen Kindern. Zum ersten Mal war der Vater meines Kindes während der ganzen Geburt anwesend, und wir brachten Christopher in lauterster Liebe zur Welt. Peter gab mir die Kraft und Unterstützung, das Kind ohne jede Schwierigkeit zu bekommen, wobei ihm ein Arzt und eine Gemeindeschwester zur Seite standen. Ich war rundum glücklich und zufrieden.

Christopher war eben sechs Wochen alt, da rief Sheena bei Peter an und schlug vor, ich sollte nach Irland kommen und ihr das Neugeborene zeigen. Da Peter bald wieder in den Orient zurück mußte, fand er die Idee gut. Ich hatte Angst davor. Alles mögliche konnte passieren, wenn ich bei Sheena war. Aber ich gehorchte und packte die Koffer für ein paar Wochen in der Fremde. Sheena war begeistert von Christopher und liebte ihn vom ersten Augenblick an. Zu Anfang war sie nett zu mir, und ich dachte schon, es hätte sich zwischen uns etwas verändert, aber mit der Zeit wurde sie übellaunig und schweigsam. Immerhin konnte sie von Christopher nicht genug bekommen. Er brachte die weicheren, liebreicheren Seiten ihres Wesens zum Vorschein, und so ließ ich es gern geschehen, daß sie ihn badete, wickelte und im Kinderwagen spazierenfuhr.

Ich war ein paar Wochen dort, da rief Peter an und sagte, er hätte 48 Stunden Urlaub und wollte mich in Dublin treffen. Ich war in einer verzwickten Lage. Christopher war noch nicht entwöhnt, und doch wollte ich Peter unbedingt sehen. Mit einem Säugling eine so lange Busreise nur für ein Wochenende zu unternehmen war absolut lächerlich. Als Sheena nun vorschlug, ich solle ihn auf Flaschenkost umstellen und ihr überlassen, nahm ich ihr Angebot dankbar an. In der Eile stillte ich ihn zu schnell ab und hatte mehrere Tage unter Brustdrüsenentzündung zu leiden, aber ich dachte nur noch an das Wiedersehen mit Peter.

Peter erzählte mir, er habe bei der Royal Air Force um seinen Abschied ersucht. Er wollte ausschließlich für Gott leben und war überzeugt, daß jeder unserer Schritte gelenkt werde. Er mußte jedoch erst einmal nach London ins Luftfahrtministerium kommen, und so überredete er mich, ihn dorthin zu begleiten. Er bat Sheena, Christopher nach London zu bringen.

Die darauffolgenden Monate sind mir als ein einziger wirrer Alptraum in Erinnerung. Nach London zurückgekehrt, verweigerte Sheena mir den Aufenthalt in ihrer Wohnung und wollte mir Christopher nicht zurückgeben; ich durfte ihn nicht einmal sehen! »Du bist nicht geeignet, Mutter zu sein«, wiederholte sie dauernd. Allmählich begriff ich, was sie damit gemeint hatte, daß Christopher eigentlich ihr Kind sei. Der Gedanke daran, ihn zu verlieren, machte mich wahnsinnig. Peter war keine große Hilfe. Er hatte nichts dagegen, daß Sheena Christopher ein Weilchen bei sich behielt.

»Sie hat ihn ja nicht für immer«, sagte er begütigend. »Du brauchst dir keine Sorgen um ihn zu machen. Sheena spürt eine tiefe spirituelle Verbindung zu ihm, und er ist recht gut bei ihr aufgehoben. Sie hat mir gesagt, sie wolle ihn behalten, bis du gelernt hättest, Gott den ersten Platz in deinem Leben einzuräumen.«

Ich zog in Dorothys Wohnung, und Peter, der inzwischen von der Luftwaffe entlassen worden war, ging auf Sheenas Empfehlung hin nach Irland, wo er in einem kleinen Hotel eine Anstellung als Koch fand. Mir kam es so vor, als lebten wir alle von Sheenas Gnaden. Offenbar hatte niemand etwas dagegen einzuwenden – bis auf mich. Peter tat, was Sheena sagte, wie immer ich darüber denken mochte, und lieferte mich erneut ihren Verrücktheiten aus. Ich versuchte noch einmal, Christopher von Sheena zurückzuholen, aber sie machte mir die Tür nicht auf, und wenn ich anrief, legte sie gleich den Telefonhörer auf.

Ich konnte das nicht mehr aushalten. Ich beschloß, allem ein Ende zu machen. Ich besorgte mir eine Packung Schlaftabletten, und als ich allein in der Wohnung war, zog ich die Vorhänge zu, legte Kissen vor die Außentür, damit das Gas nicht entweichen konnte. Gerade wollte ich die Tabletten schlucken und das Gas andrehen, als die Türglocke schellte. Ich reagierte nicht darauf, aber es schellte und schellte. Schließlich nahm die Neugier überhand bei mir, und ich öffnete die Tür.

»Paddy! Was machst du denn hier?« rief ich.

»Ich war in London zu einer Hochzeit eingeladen und habe deine Adresse in Erfahrung gebracht«, sagte mein Bruder und umarmte mich herzlich. »Ich wollte nur sehen, wie es dir geht.«

Ich brach in Tränen aus und weinte mir an seiner Schulter das ganze angestaute Leid und Elend vom Herzen, das sich über die Monate angesammelt hatte. »Mir reicht's, Paddy; ich habe genug«, schluchzte ich. »Jetzt ist Schluß damit. Das ist kein Leben mehr – ich kann einfach nicht mehr.«

Er hielt mich auf Armeslänge von sich ab und sah mir geradewegs in die Augen. »Eileen, du bist eine Närrin! Sei nicht albern. Du wirst nichts dergleichen tun. Geh jetzt und hol deine Sachen. Ich nehm' dich mit nach Hause.«

Wir fuhren zu seiner Farm. Paddy und seine Frau sorgten für meine fünf Kinder, weil Andrew so oft fort war, und deshalb brachte er mich nicht bei sich, sondern in der Nähe unter. Ich sehnte mich danach, meine Kinder wiederzusehen, aber Paddy wollte es ohne Andrews Erlaubnis nicht gestatten. Andrew bewohnte ebenfalls ein zur Farm gehöriges Häuschen, wenn er Urlaub hatte, und war zufällig da, als ich eintraf. Nach ein paar Tagen ließ er sich erweichen. Obwohl ich klargestellt hatte, daß ich nur der Kinder wegen gekommen war und nicht seinetwegen, glaube ich doch, daß er gehofft hatte, ich sei anderen Sinnes geworden und würde unser altes Leben wieder aufnehmen. Das lag mir jedoch fern.

War das ein Wiedersehen mit den Kindern! Drei Jahre war ich von ihnen fort gewesen, und sie hatten sich alle verändert und waren so gewachsen! Penny, die bei meinem Fortgang zwei war, kannte mich nicht mehr, aber mit den Älteren war es, als hätte es nie eine Trennung gegeben. Als wir uns wieder aneinander gewöhnten, schöpfte Andrew neue Hoffnung und nahm mich eines Tages sogar auf Haussuche mit. Im tiefsten Herzen wußte ich, daß ich noch immer mit Peter zusammen sein wollte, aber ich war auch sehr kurzsichtig und hatte keine Ahnung, was die Zukunft bringen mochte. Nur eins war mir inmitten dieser Wirren klar: daß ich mein Leben nicht mehr nach Sheena ausrichten würde.

Als Peter hörte, daß ich zu meinen Kindern zurückgekehrt sei, dachte er, das hieße auch zu Andrew. Er eilte von Irland herbei und nahm Kontakt zu mir auf. Er konnte jedoch nicht einfach kommen und mich in aller Öffentlichkeit treffen, da weder mein Bruder noch Andrew das je gestattet hätten, und so erfand ich immer neue Ausreden, um ins Dorf gehen und ihn von einer öffentlichen Telefonzelle aus in London anrufen zu können. Es war mir unbegreiflich, warum er so bestürzt war, denn schließlich war er ja fortgegangen und hatte mich allein gelassen. Er bot seine ganze Überredungskunst auf, um mich dazu zu bringen, wieder zu ihm nach London zu kommen, aber ich ließ mich nicht umstimmen. Ich mochte weder zu Sheena zurück noch meine Kinder erneut verlassen. Allerdings vermißte ich Peter über die Maßen. Ich sehnte mich krank nach ihm, wagte es aber nicht, ihn zu treffen. Als ich nach Christopher fragte, sagte er mir, Sheena kümmere sich um ihn und es ginge ihm gut. Mein Blut kochte. *Nie mehr* würde sie mir in mein Leben hineinreden.

Eines Morgens, die Kinder waren in die Schule gegangen und meine Schwägerin und ich allein im Haus, kam Peter herein. Ich war entsetzt, wie er aussah. Er war dünn und ausgemergelt, und sein Haar war ziemlich weiß geworden, seit ich ihn zuletzt gesehen hatte. Da er die Nacht in einem Graben gegenüber dem Haus zugebracht hatte, um aufzupassen, wann alle fort waren, sah er noch grauer und zerzauster aus.

»Peter, was ums Himmels willen ist geschehen? Was machst du hier?« rief ich voller Freude, ihn wieder bei mir zu haben, aber auch erschüttert über sein Aussehen.

»Ich will dich abholen«, sagte er.

»Du mußt verrückt sein, Peter. Ich kann nicht einfach mit dir gehen und die Kinder wieder zurücklassen.«

»Du mußt, Eileen. Du weißt ja nicht, wie wichtig das ist. Wenn du vor deinem Schicksal davonläufst, baust du dir schwerwiegendes Karma auf, und ich kann ohne dich Gottes Plan nicht erfüllen. Wir müssen zusammen sein, sonst ist unser beider Leben ganz und gar vergeudet.« Zu meinem Erstaunen sprach er mit tränenerstickter Stimme. »Es steht viel mehr auf dem Spiel als nur dein oder mein Glück. Wir müssen gemeinsam an die Arbeit, spirituelle Arbeit, die niemand anders tun kann. Ich allein auch nicht. Ich brauche dich dazu. Wir sind eines Geistes. Gott hat uns zusammengeführt. Deshalb bin ich in dieser Verfassung.«

Jetzt war auch ich in Tränen. »Das Karma ist mir gleichgültig«, schluchzte ich, »ich will nur bei meinen Kindern sein. Ich will mein Baby zurückhaben und ein normales Leben ohne all das Theater und den blöden Unterricht führen.«

»Willst du denn auch mich?« fragte Peter, und seine blauen Augen drangen mir auf den Grund der Seele.

Ich schaute ihn an, und mein Herz flog ihm zu, diesem Mann, für den ich so vieles durchgemacht hatte. »Natürlich! Du weißt selbst, daß ich bei dir sein will«, sagte ich kläglich.

»Dann pack deine Sachen und komm jetzt sofort mit mir«, befahl er.

Vor meinem inneren Auge erstand für eine Sekunde das Bild Sheenas mit Christopher auf dem Arm. »Peter, ich gehe keinesfalls zu

Sheena zurück. Ich möchte nichts mit ihr und ihren Lehren oder Weisungen zu tun haben. Ich komme nur mit, wenn ich mit dir allein sein kann.«

»Du brauchst nicht mit Sheena zusammenzutreffen«, versicherte Peter mir. »Wir ziehen irgendwohin und suchen uns Arbeit. Komm nur mit, das ist das einzige, was zählt.«

Ich gab nach. Meine Schwägerin war völlig entgeistert, aber sie konnte mich durch nichts mehr von meinem Vorsatz abbringen. Peters Entschlossenheit war zwingender als alles andere, und so packte ich meinen Koffer und ging mit ihm davon. Genau sechs Wochen waren verstrichen.

Ich wußte, daß meine Rückkehr zu den Kindern und jetzt mein erneuter Fortgang das Schlimmste war, was ich uns allen antun konnte. Die Kinder kamen völlig durcheinander dabei; erst hatten sie gelernt, ohne mich mit dem Leben zurechtzukommen, und jetzt waren sie dabei, sich wieder an mich zu gewöhnen. Ich war erneut aufgewühlt und in Unruhe. Andrew glaubte mittlerweile fest daran, ich sei von Peter und Sheena behext worden. Das bestärkte ihn nur in seiner Überzeugung, die Kinder von meinem Einfluß fernhalten zu müssen, und er erwirkte einen richterlichen Erlaß, der mir den Kontakt mit den Kindern verbot, bis sie mündig waren.

Diese Erfahrung sollte mich etwas lehren, und als ich in die Stille ging, erfuhr ich sehr deutlich, daß ich wirklich die spirituelle Arbeit behindert hätte, sich mit der Zeit jedoch alles entfalten werde. Es war wie in der biblischen Geschichte von Lots Frau, die sich, Gottes Gebot zum Trotz, umgeschaut hatte und zur Salzsäule erstarrt war. Mir stand zwar nicht das Erstarren zur Salzsäule bevor, aber meine Stimme sagte mir, daß meine Heimkehr die zukünftige Vereinigung mit meiner Familie in Liebe und Harmonie auf längere Zeit hinausgeschoben hatte. Die Lektion lautete, gehorsam zu sein und Geduld zu üben. Aber es hatte keinen Sinn, nun voller Schuldbewußtsein in Reue und Selbstmitleid zu zerfließen. Ich war einfach gezwungen zuzugeben, daß ich einen großen Fehler gemacht, die Folgen zu tragen und meine Lektion zu lernen hatte, damit ich solche herzzerreißenden Erfahrungen nicht noch einmal machen mußte.

Peter hielt Wort und fand Arbeit für uns in einer Schule in Hampshire. Es war weit weg von Sheena, die uns auch nicht besuchte. Ich arbeitete in der Küche, und Peter half bei allem, was auf dem Gelände an Arbeit anfiel. Nach ein paar Monaten hörten wir von Sheena, daß sie mit Christopher nicht mehr zurechtkam und ihn uns zurückgeben wollte. Wir mußten nun der Schulleiterin von unserem sechs Monate alten Kind erzählen; zum Glück erlaubte sie uns, ihn bei uns aufzunehmen. Wie ich Arbeit und Kind schaffte, ist mir ein Rätsel, aber es ging. An schönen Tagen setzte ich Christopher in den Kinderwagen, von wo aus er fröhlich den anderen Kindern zuschaute, während ich in der Küche arbeitete. Regnete es, kam er in sein Laufställchen auf dem Doppelbett in unserem Wohnwagen, wo er spielte oder sich am Fenster aufrichtete, um hinauszusehen. War er müde, rollte er sich wie ein kleines Tier zusammen und schlief. Gemessen an dem, was er alles durchgemacht hatte, war er ein ungewöhnlich liebes Kind. Wenn er nicht so kooperativ gewesen wäre, hätte ich es nie so geschafft. Die Arbeit in der Küche war schwer und ermüdete mich sehr, doch nach ein paar Wochen empfand ich die Anstrengung nicht mehr allzu stark. Ich hätte auch alles dafür in Kauf genommen, daß ich mein Kind zurück hatte.

Kurz danach merkte ich, daß ich wieder schwanger war. Das bedeutete ein zweites illegitimes Kind. Inzwischen stand es mir frei, Peter zu heiraten, aber er fand eine standesamtliche Trauung überflüssig, da wir uns schließlich vor Gott miteinander verbunden hatten. Ehen würden im Himmel und nicht auf der Erde geschlossen, sagte er, und man sollte nicht aus Gründen der Sicherheit oder des Anstands heiraten. Wieder schluckte ich meinen Stolz hinunter und schickte mich in die Situation. Wieder hatte ich das Gefühl, keine Wahl zu haben.

Peter sah sich nach einer besseren Arbeit um und wurde Speisen- und Getränkelieferant für mehrere tausend Leute an der Luftfahrtuniversität in Hamble, Hampshire. Also schleppten wir unseren Wohnwagen auf einen Platz in der Nähe, und dort wurde Jonathan geboren. Obgleich Peter und eine Hebamme bei mir waren, verlief die Geburt nicht ganz so leicht und harmonisch wie die vorige. Kurz vor dem mutmaßlichen Geburtstermin war Peter nach Schottland gefahren, um nach einem Häuschen für Sheena zu suchen, und das hatte mich beunruhigt. Ich hatte Sorge, Sheena könnte Peter wieder von mir fortlocken, und das belastete mich emotional sehr. Peter beteuerte, Sheena könne mir und der Familie nichts anhaben, brauche jedoch seine Hilfe. Ich mußte ihn ziehen lassen, tat es aber schweren Herzens.

Als Jonathan etwa sechs Wochen alt war, lud Sheena uns ein, sie in Schottland zu besuchen. Sie hatte ein Häuschen auf der Insel Mull vor der Westküste. Peter bat mich, die beiden Kinder mitzunehmen. Ich wollte gar nicht gehen, aber Peter drängte so sehr, daß ich schließlich nachgab. Er hoffte immer noch, Sheena und ich würden miteinander ins reine kommen und Freunde werden, wovon er mich auch halbwegs überzeugte. Es war ihm so wichtig. Ich glaube, er war hin und her gerissen zwischen uns. Er liebte mich und wußte, daß er zu mir gehörte, aber er liebte auch Sheena. Sie hatte ihm viel gegeben, und nun wollte er auch ihr einmal beistehen.

Ich fuhr mit den Kindern im Zug nach Schottland. Als wir in Oban ankamen, war niemand da, um uns behilflich zu sein, folglich legte ich den Kleinen in den Kinderwagen, türmte unser Gepäck quer über den Wagen, setzte Christopher oben auf und schob zum Kai. Die Überfahrt mit der Fähre nach Mull verlief ohne Zwischenfall, doch als wir an der Insel anlegten, war wieder kein Mensch da, um uns abzuholen. Ich fand einen Bus zur anderen Seite der Insel und schaffte es irgendwie, mit Kindern und Gepäck einzusteigen. Die Fahrt auf der holperigen Straße war lang. Ungefähr auf halbem Wege hörten wir hinter uns lautes Lärmen und Hupen. Der Bus hielt, und Sheenas Neffe Douglas stieg ein. Er hatte uns abholen sollen. Ich schlug sein Angebot jedoch aus, da die beiden Kinder auf meinem Schoß eingeschlafen waren, und rumpelte mit dem Bus weiter. Douglas brauchte uns nur noch die zwei Meilen bis zu Sheenas Häuschen zu fahren. Kintra, das nächste Dorf, lag weit ab, und ich wußte nicht genau, wo wir eigentlich waren.

Sheena hieß uns herzlich willkommen und war entzückt, die Kinder zu sehen. Da etliche Leute bei ihr wohnten, herrschte eine angenehme Atmosphäre, und Sheena war sehr nett zu mir. Das Wetter war warm und sonnig, die Kinder glücklich, und nach ein paar Tagen entspannte ich mich allmählich und fing an, mich wohl zu fühlen. Mull ist eine wunderschöne Insel, besonders bei klarem Wetter. Das waren meine ersten Ferien seit langem.

Gerade machte ich mich zur Abreise fertig, als ein Brief von Peter eintraf, in dem er mir schrieb, er hätte seine Stellung bei der Luftfahrt-Universität gekündigt, weil er nicht für eine Institution arbeiten könne, bei der die Menschen erst an zweiter Stelle kämen. Er wollte sich jetzt darin üben, im Geist Gottes zu leben und seine nächsten Schritte von Gott lenken zu lassen. Mir sank das Herz. Ich sollte wieder bei Sheena bleiben. Peter wollte den Wohnwagen nach Schottland schleppen und dann weitersehen. Ich war wütend auf ihn, daß er mich in diese Lage gebracht hatte, fühlte mich jedoch absolut hilflos. Bis er eine andere Arbeit fand, saß ich bei Sheena fest.

Die Atmosphäre in dem kleinen Häuschen änderte sich zunehmend. Die Gäste reisten einer nach dem anderen ab, bis Sheena und ich alleine waren. Wir gingen einander bald auf die Nerven, und die Lage verschlechterte sich zusehends. Je mehr Sheena an allem, was ich tat, herumnörgelte, um so mehr verschloß ich mich; tief in meinem Innern gärte finsterster Groll. Sie hatte etwas an meiner Art der Kindererziehung auszusetzen und mochte mich nicht um sich haben, weil sie mich als »negativ« empfand. Ich glaube, in gewisser Weise hatte sie sogar recht, denn ich war in einer schlimmen Verfassung. Bisweilen haßte ich sie. Ich war großen Stimmungsschwankungen unterworfen, und wie sehr ich mich auch bemühte, vermochte ich ihr keinen Funken Sympathie entgegenzubringen oder gar nett zu sein.

Das Häuschen war ziemlich primitiv. Es gab kein fließendes Wasser, und so mußte jeder Tropfen im Eimer von einer Zapfstelle oben auf dem Hügel herangeschleppt werden. Wir hatten ein paar Petroleumlampen und einen Kochherd, der mit Torf gefeuert wurde. Das alles war den Sommer hindurch erträglich, solange die Abende lang waren und das Wetter schön, aber als die Tage kürzer wurden und es immer früher dunkelte, verschlechterte sich auch meine Gemütslage mehr und mehr. Ich sehnte mich nach der Nachricht von Peter, er habe endlich Arbeit gefunden, und wir würden wieder zusammen sein können. Statt dessen schrieb er, daß er in Glasgow nach Arbeit suchen und den Wohnwagen in Oban stehen lassen wolle. Das war ein reiner Sommerstellplatz, und folglich mußte ich bleiben, wo ich war, bis sich etwas anderes ergab.

Die Spannungen zwischen mir und Sheena nahmen schließlich so zu, daß sie eine Meile weit weg in ein anderes kleines Häuschen umzog. Ich war erleichtert, andererseits aber auch sehr einsam jetzt. Ich hoffte unentwegt, Peter würde etwas für uns finden, aber er hatte große Schwierigkeiten mit der Arbeitssuche. Er hatte kaum noch Geld, wollte jedoch auf jeden Fall die Miete für das Häuschen bezahlen und mir Geld schicken, sobald er konnte.

Ich fühlte mich elend. Der Winter machte mir Angst; das Wetter hatte sich bereits verschlechtert. Die Nächte wurden länger, und es war stürmisch und kalt geworden. Dann stand eines Tages wie aus heiterem Himmel Sheena in der Tür. Christopher rannte mit ausgestreckten Ärmchen zu ihr, und sie hob ihn auf und drückte ihn an sich. Mit fester, kalter Stimme sagte sie zu mir: »Eileen, du bist nicht geeignet, dich um dieses Kind zu kümmern. Ich nehme es zu seinem eigenen Besten mit.« Ich wollte protestieren, aber sie stieß mich zur Seite, trat hinaus in den heulenden Sturmwind und schritt den Hügel hinauf ihrem Häuschen zu. Voller Verzweiflung rannte ich hinter ihr her, da fing Jonathan zu schreien an, und ich lief wieder zurück. Ich war außer mir vor Wut. Ich zog Jonathan warme Sachen an; dann kam mir zu Bewußtsein, daß ich nicht beide Kinder auf einmal durch das Moor tragen konnte. Wütend und verbittert nahm ich mir vor, Sheena zur Rede zu stellen, wenn Jonathan im Bett war.

Sobald Jonathan an diesem Abend schlief, stapfte ich durchs Moor den Hügel hinauf. Es war pechfinster, und der Boden war uneben und tückisch. Oben angekommen, stürzte ich mich auf Sheena. Sie konterte voller Gehässigkeit und Wut, und schon kämpften wir miteinander wie zwei schreiende Katzen. In meinem Leben war ich noch nicht *so* wütend! Christopher schlief fest, und als ich draußen den Sturm heulen hörte, war mir klar, daß es eine Tortur werden würde, ihn bei diesem schauerlichen Wetter durchs Moor zu tragen, deshalb schrie ich Sheena an, ich käme am Morgen wieder, um ihn abzuholen, und stürmte hinaus.

Am nächsten Morgen machte ich mich gleich auf den Weg, ihn abzuholen. Das Haus war leer. Sie waren fort. Sheena hatte den Frühbus nach Oban genommen und die Insel verlassen.

Ich fiel in ein dunkles Loch. Wie konnte Peter mich nur in eine so schreckliche Lage bringen? Zweimal hatte er mich gebeten, Christopher zu Sheena mitzunehmen, und zweimal hatte sie ihn mir gestohlen. Da saß ich nun in dieser jämmerlichen kleinen Hütte und hatte nicht genügend Geld, um die Insel zu verlassen, ja kaum genug, um das Nötigste einzukaufen und uns am Leben zu erhalten. Mein Herz quoll über vor Bitterkeit und Groll, und dadurch wurde ich von meiner inneren Stimme abgeschnitten. Ich wollte sie auch gar nicht hören. Meinem Empfinden nach hatten mich Gott und Peter beide im Stich gelassen, und jetzt war ich hilflos und wütend.

Ich verfiel in Schwermut und Trübsinn. Der Wind heulte, und der Regen stürzte vom Himmel herab und prasselte auf das Blechdach. Es klang, als seien die Schleusen der Hölle geöffnet worden und Tausende kleiner Hände am Werk, das Dach abzureißen. Die Kerzen flackerten und gingen aus. Mein Nahrungsmittelvorrat schwand dahin. Ich kam an einen Tiefpunkt und dachte wieder einmal an Selbstmord. Aber dann lachte Jonathan mich an und hob seine kleinen Ärmchen, um aufgenommen zu werden, und ich wußte, daß ich es einfach nicht fertigbringen würde. Wäre er nicht gewesen, hätte mich nichts vom Freitod in den Wellen des Meeres abhalten können.

Völlig unerwartet kam mir Hilfe. Eines Abends erschien ein Mann an meiner Haustür. Wie sich sein dunkler Schatten dort abzeichnete, bekam ich es mit der Angst, aber dann steckte er die Hand in die Tasche und zog etwas in Zeitungspapier Gewickeltes hervor – ein wenig Brot und Butter. Er murmelte irgend etwas und verschwand dann, um am nächsten Abend zurückzukehren und mir wieder ein Päckchen mit guten Sachen mitzubringen. So ging es eine Zeitlang weiter. Er war ein sehr einfacher Mensch und wußte nicht viel zu sagen, aber ich merkte, daß er aus reiner Herzensgüte kam, und nahm das, was er mir darbot, voller Dankbarkeit an. Von Zeit zu Zeit brachte er mir auch ein wenig Torf, und als ich ihn schließlich hereinbat, setzte er sich ans Küchenfeuer und spielte Mundharmonika.

Mit der Zeit unterhielten wir uns auch, doch meistens saßen wir einfach still beieinander. Schon daß er an den Abenden da war, bewahrte mich vor dem Verrücktwerden. Er war der einzige Nachbar, der je nach mir sah. Es gab ohnehin nicht viele, und die wenigen blieben meist für sich. Mir war auch zu jämmerlich zumute, als daß ich versucht hätte, Freunde zu gewinnen.

Mein Freund Ian brachte mir weiterhin etwas zu essen und Torf. Zuerst wußte ich gar nicht, woher er eigentlich kam, aber allmählich stellte sich heraus, daß er bei seinen Eltern wohnte und seinem Vater half, das Land zu bestellen. Soweit ich sehen konnte, brachte er mir Essen vom Familientisch mit. Eines Abends konnte ich ihm vom Gesicht ablesen, daß er etwas ganz Besonderes dabei hatte. Er steckte die Hand in die Tasche, und dann wurde sein Gesicht lang. Als er die Tasche umkehrte und lauter geknickte Eier herausflossen, war er den Tränen nahe. Ich tröstete ihn, es sei doch nicht so schlimm, wusch die Tasche aus und trocknete sie am Feuer.

Er war zwar ein erwachsener Mann, in vieler Hinsicht jedoch wie ein Kind. Er war rücksichtsvoll und hilfsbereit, nicht mit Worten, sondern mit Werken. Woher er wußte, daß ich in Not war, werde ich nie begreifen, aber gewiß ist, daß er mich am Leben erhielt wie die biblischen Raben den Elias. Diese schlichte Seele war ein Geschenk Gottes. Ohne ihn hätte ich nicht gewußt, woher ich Nahrung und Torf nehmen sollte. Noch wichtiger war, daß er da und mir ein lieber Freund war, wenn meine Bitterkeit und mein Groll mich zu überwältigen drohten.

Nach vier oder fünf Monaten verlor sich mein Trübsinn so weit, daß ich endlich daran denken konnte, mein Leben selbst in die Hand zu nehmen. Ich beschloß, einen Weg zu suchen, von dieser Insel fortzukommen. Ian kaufte mir Zeitungen; ich sah die Stellenanzeigen durch und bewarb mich als Gesellschafterin und Haushälterin. Sobald ich jedoch erwähnte, daß ich ein kleines Kind hatte, erhielt ich eine Absage. Da ich auch nicht bei einem einsamen Bauern Haushälterin sein wollte, waren all meine Anstrengungen, von Mull wegzukommen, vergeblich. Ich wurde wieder schwermütig. Ich schrieb an Peter, aber er war mir keine Hilfe. Er hatte kein Verständnis für meine Erbitterung über die Sache mit Sheena und Christopher und blieb dabei, sie müsse gute Gründe für ihr Vorgehen haben. In meinen

Briefen an ihn schlug ich einen immer härteren, verbitterten Ton an. Ich war am Ende meiner Kräfte.

Peter hatte es allerdings auch nicht leicht. Er arbeitete als Vertreter für Reinigungsmittel in Glasgow und schlug sich damit durch. Es war eine geisttötende Arbeit. Wann immer er konnte, schickte er mir ein paar Pfund, damit ich die Milch für den Kleinen, Briefmarken, Kerzen und Lampenpetroleum bezahlen konnte. Ich sehnte mich danach, daß er kam und mich erlöste, aber er konnte nicht einmal das Geld für die eigene Zugfahrt aufbringen.

Dorothy kam und blieb eine Zeitlang in dem Häuschen oben auf dem Hügel. Sie sagte mir, sie brauche Zeit und Stille, um über ihr Leben nachzudenken und herauszufinden, was sie als nächstes tun sollte. Da sie aus freien Stücken in das kahle, kalte Häuschen eingezogen war, machte sie im Gegensatz zu mir keine schmerzlichen, sondern gute Erfahrungen. Sie versuchte, nach dem Willen Gottes zu leben, und sagte, sie sei darauf gefaßt, jeden Augenblick die Richtung wechseln zu müssen, genau wie Peter.

»Der auch, ja – auf meine Kosten«, sagte ich scharf.

Sonst kam nur noch der Postbote zu meinem Häuschen, vorausgesetzt, die See war so ruhig, daß der Dampfer nach Mull übersetzen konnte. Zu dieser Jahreszeit brach die Verbindung zum Festland aufgrund des Wetters bisweilen ab. Ich wartete sehnsüchtig auf Post von Peter, in der Hoffnung, dadurch endlich von meinem Gefängnis erlöst zu werden. Stand nichts davon da, versank ich wieder in Trübsinn, bis mein Blick auf Jonathan fiel, der strampelte und mich anlachte und mir das Herz erweichte. Es war so, als zeige er mir den Silberstreif am Horizont zwischen all den dunklen Wolken, die über mir hingen.

Weihnachten rückte näher, und die Nächte wurden immer länger und dunkler. Verschiedene Male klopfte es mitten im Tosen des Sturmwindes ans Fenster. Das war mein Freund, der nachsehen kam, ob alles in Ordnung sei. Dann winkte ich hinaus, und er verschwand wieder in die Finsternis. Mir war, als sähe ein seltsamer, aber wunderbarer Engel des Lichts nach mir. Da war jemand, der sich um meine Sicherheit sorgte. Ich war tief bewegt.

Sechs Monate hatte ich schon mit meinem Kind in dem Häuschen zugebracht. An den langen Abenden, wenn ich still allein war, hatte ich viel Zeit zum Nachdenken. Allmählich ließ meine Wut nach, hörte ich auf, mich selbst zu bemitleiden. Ich merkte, daß ich die feine, leise Stimme wieder hörte, wenn ich mich in der Stille sammelte. Sie war nie verstummt; ich hatte sie nur ausgeschaltet. Langsam fühlte ich, wie mich die Liebe Gottes sanft umhüllte. So manches Mal wehrte ich mich dagegen und wollte nichts damit zu tun haben. Aber sie hörte nicht auf und war da, sobald ich innehielt und lauschte. Ich war schrecklich allein, und es lag eine solche Liebe in der Stimme, daß mein verschlossenes, zorniges Herz beschwichtigt wurde. Zu Anfang kamen nur wenige Worte der Liebe und des Trostes. Ich horchte, und dann wurde ich aufgefordert, einmal die mir widerfahrenen Wohltaten zu zählen. Zuerst vermochte ich keine Wohltaten zu erkennen. Doch als ich darüber nachsann, wurde mir bewußt, daß es ein Segen war, ein Dach über dem Kopf zu haben, ein liebes, fröhliches Kind und einen schlichten Freund, der sich um mich kümmerte. Ich dankte für alles: das Essen, den Brennstoff, die Gesellschaft. Von da an erschien mir alles, wie unbedeutend auch immer, als ein Segen: das winzige Fleckchen blauer Himmel, eine Möwe auf dem Fensterbrett, der Postbote mit einem Brief von Peter. Meine Sichtweise änderte sich vollkommen.

Vor dieser Wandlung waren meine Gedanken düster und deprimierend gewesen, aber sowie ich meine Lage akzeptierte, hörte ich wieder die feine, leise Stimme in meinem Innern und freute mich an dem, was ich hatte, statt mich über das zu ärgern, was mir fehlte. Das Licht nahm zu. Ich spürte eine ungeheure Erleichterung. Ich schluckte meinen Stolz hinunter und schrieb an Peter, daß ich wieder auf die Stimme Gottes hörte. Er war außer sich vor Freude. An meinen Briefen, die jetzt liebevoller und weniger bitter waren, konnte er ablesen, daß eine Veränderung eingetreten war.

Wasser an der Zapfstelle oben auf dem Hügel zu holen war nunmehr Tropfen für Tropfen eine Freude statt einer Last; die rußende Petroleumlampe machte alles hell, und dafür war ich ihr dankbar und behandelte sie mit großer Liebe und Sorgfalt. Die kleinen Dinge des Lebens bekamen einen neuen Sinn, als ich sie mit Dank hinnahm. Ich fing an, allem etwas Gutes abzugewinnen, und es war erstaunlich, was durch meinen vollständigen Bewußtseinswandel alles geschah. Das Weihnachtsfest stand vor der Tür, und ich bereitete mich darauf vor, es ohne jeden Unwillen und ohne Bitterkeit allein mit Jonathan zu verbringen. Ich hatte einen inneren Frieden erlangt, der durch nichts zu erschüttern war. Und ich wußte tief innerlich, daß das Schlimmste vorüber war.

Es war Weihnachten, ein kalter, trostloser, stürmischer Tag. Der Regen klatschte an die Fenster und prasselte auf das Blechdach. Jemand klopfte an die Tür. Welch eine Überraschung, als ich aufmachte und Peter erblickte, strahlend, mit einem Huhn für den Weihnachtsschmaus unter dem Arm. War das eine Freude, ihn an diesem besonderen Tag bei mir zu haben! Er hatte in seinen Briefen nichts davon geschrieben, und unser Wiedersehen war einfach wundervoll. Jetzt wußte ich, daß wir nie mehr getrennt werden würden. Außerdem wurde mir klar, daß ich eine sehr wichtige Lektion gelernt hatte: Gott an die erste Stelle zu setzen. So lange hatte ich Peter den Vorrang gegeben. Er war mein Abgott gewesen, insbesondere nach meinem Bruch mit Sheena. Ich war vollkommen von ihm abhängig geworden, und er war mir wichtiger als alles andere, selbst als Gott. Mein Aufenthalt auf Mull hatte mich etwas gelehrt, was ich mein Leben lang immer von neuem lernen mußte: daß man auf dem spirituellen Pfad Gott allem voranstellen muß, um welchen Preis auch immer.

Meine innere Stimme bekräftigte die Erfahrung noch: »Um absolut frei zu werden, mußt du ganz nach dem Wort ‚Laß los und überlaß es Gott' leben. Wenn du das tust, weicht aller Druck und Widerstand, so daß du dich an nichts Selbstisches mehr klammerst. Dann erkennst du die wahre Bedeutung der absoluten Freiheit. Druck spürst du, wenn du an etwas festhältst, was dir doch genommen wird. Du stellst dich auf die Hinterbeine wie ein störrischer Esel und wunderst dich dann, daß du verspannt bist und dir jeder Muskel weh tut. Alles, was du hast, ist ein Geschenk von Mir. Nimm Meine guten und vollkommenen Gaben an, erfreue dich an ihnen, und dann laß sie los, um das nächste Maß an Gaben zu empfangen. Wenn du so mit allem umgehst, mit der Familie, mit Peter, deinem Heim, allen materiellen Gütern und allen spirituellen Gaben, wirst du wahrhaft frei und und von allem Bedrückenden erlöst sein. Du wirst herrlich und in Freuden im Hier und Jetzt leben und keinen Gedanken an die Zukunft verschwenden, weil du allmählich das größte Geheimnis des Lebens verstehst – daß wir eins sind.«

Am Neujahrstag verließen Peter und ich die Insel Mull. Wir mieteten ein Zimmer im obersten Stockwerk eines Mietshauses in Glasgow, wo wir Bad und Küche mit anderen Mietern, darunter Dorothy, teilten. Es war nicht gerade die beste Wohnung der Welt, aber Peter und ich waren zusammen, und das allein zählte für mich. Sowohl meine als auch Dorothys Stimme hatten deutlich gemacht, daß es für uns drei und unsere spirituelle Arbeit wichtig war, engen Kontakt miteinander zu pflegen und daß wir gemeinsam zu dem »Land, wo Milch und Honig fließen« geführt würden.

Peter und ich beschlossen, standesamtlich zu heiraten. Seltsamerweise war meine anfängliche Scham über zwei uneheliche Kinder verflogen. Der Schritt zur Legalisierung unserer Verbindung erschien eigentlich unnötig, da wir unserem Gefühl nach nicht noch mehr verheiratet sein konnten, als wir es schon waren. Vielleicht ließ Gott es nun geschehen, weil ich es nicht mehr aus Gründen der Sicherheit oder gesellschaftlichen Anerkennung ersehnte. Wir wurden in aller Stille von einem Friedensrichter getraut, und dann gab uns Sheena wunderbarerweise Christopher zurück. Mein Glück war vollkommen.

Peter ging wieder auf Arbeitssuche. Auf dem Arbeitsamt wurde ihm gesagt, es seien keine Stellen frei, nur ein Managerposten bei einem großen Hotelbetrieb. Der Beamte beim Arbeitsamt schätzte die Sache nicht sehr rosig ein, aber Peter bestand trotzdem auf einem Gespräch. Ich begleitete ihn zu seinem Treffen mit der Generaldirektorin Frau Bruce.

»Welche Erfahrungen haben Sie im Hotelmanagement?« fragte sie als erstes.

»Ich habe noch nie ein Hotel geführt«, antwortete Peter wahrheitsgemäß, »aber ich habe eine Menge Erfahrungen als Speisen- und Getränkelieferant der Royal Air Force sammeln können. Außerdem war ich im Krieg an der burmesischen Front kommandierender

Versorgungsoffizier mit 250 Offizieren unter mir, glaube also gewiß, ein Hotel führen zu können.«

»Das mag schon sein«, entgegnete Frau Bruce, »aber wir wollen damit Geld verdienen. Wer sagt uns, daß Sie sich aufs Geschäft verstehen?«

»Nun, ich habe durch jahrelange Erfahrung genug gelernt, um ein Unternehmen nach den spirituellen Grundsätzen der Liebe, Ordnung, Disziplin und Perfektion zu leiten«, sagte Peter, »und wenn ein Betrieb auf höherer, spiritueller Ebene funktioniert, wird das auch auf der materiellen Ebene einschließlich des Finanzsektors der Fall sein.«

Mir verschlug es den Atem. Wie konnte Peter es wagen, in einem Vorstellungsgespräch spirituelle Grundsätze zu erwähnen!

Zu meinem Erstaunen sagte Frau Bruce: »Ja, ich glaube Ihnen das gern, aber meine leitenden Angestellten wohl kaum.«

»Frau Bruce, vertrauen Sie mir die Leitung eines Hotels an, und ich werde es ihnen beweisen!«

Jetzt war ich sicher, sie würde Peter für verrückt halten, aber sie stellte ihn ein! Dann zeigte sie uns ein Foto von dem Hotel, das Peter leiten sollte. Es sah aus wie ein riesiges Lichtschloß und lag auf einem Hügel mit Blick über ein grünes Tal. Türmchen und allerlei Dächer ragten empor, und wir wußten sofort ohne jeden Zweifel, daß das unser Platz war. Als ich nach innen auf Gott lauschte, wurde mir gesagt, das sei unser »Land, wo Milch und Honig fließen« und das eine wichtige Rolle bei unserer zukünftigen Arbeit spielen würde. Es hieß Cluny Hill.

Kapitel 4

Dies ist ein besonderer Ort, weit wichtiger, als du dir vorstellen kannst. Ich, der Herr, dein Gott, bitte dich, zu bauen, an dem von mir erwählten Ort zu bauen. Was immer hier getan wird, soll vollkommen und mit Liebe getan werden. Achte die Atmosphäre hier nie zu gering. Es gibt hier Strahlungen, die unsichtbar, aber dennoch vorhanden sind. Wer hierher kommt, gerät in ihren Wirkungskreis, auch wenn er sich dessen nicht bewußt ist. An diesem Hotel wird deutlich, daß ein Betrieb mit Liebe perfekt zu leiten ist und daß jedes geschäftliche Unternehmen unter Meiner Führung geleitet werden kann.

Der Umzug nach Cluny Hill markierte einen Neubeginn. Die Zeit der »Übung« war vorbei; jetzt fing die wirkliche Arbeit an. Meine Zweifel über die Stimme Gottes, mein Aufbäumen gegen die inneren Weisungen Gottes waren wie weggeblasen. Ich lernte, in meinem Innern Trost, Stärkung und Rat zu suchen. Der innere Gott wurde mir Vater, Lehrer und Freund.

Wir kamen an einem frischen Vorfrühlingstag im März 1957 im Cluny-Hill-Hotel an. Die Luft war klar, und großer Friede erfüllte mich, als ich über die sanft gewellte Golfrasenfläche gegenüber dem Hotel blickte. Cluny Hill selbst war ein regionales Wahrzeichen, ein kegelförmiger Hügel, der sich in der Küstenebene erhob und weithin zu sehen war. Die landschaftlich reizvolle Umgebung mit dichten Buchen- und Birkenbeständen zog viele Spaziergänger an, besonders der gewundene Pfad zum Gipfel hinauf, wo ein zum Gedenken an Lord Nelson errichteter Turm Ausblick gewährte über den Moray Firth bis zur Black Isle nördlich von Inverness und auf Dornoch noch weiter im Norden. Ein großer Findling am Fuße von Cluny Hill erinnerte die friedlichen Spaziergänger an die Zeit, als hier noch Hexen in Fässern vom Berggipfel herabgerollt wurden.

Das Cluny-Hill-Hotel war ein majestätisches Bauwerk auf der Südseite des Hügels mit Blick über die mittelalterliche Stadt Forres, die am Anfang von Shakespeares *Macbeth* erwähnt wird. Ende des vorigen Jahrhunderts als Kurhotel erbaut, lockte es einst die englische und schottische Oberschicht an, die hierher kam, um die Heilkräfte des Wassers zu genießen. Die elegante Empfangshalle und der Speisesaal mit hohen Decken und großen Fenstern lagen der weiten Grünfläche des Golfplatzes gegenüber, die von Kiefern und Lärchen gesäumt war. Die Zimmer und Suiten, die Platz für etwa 100 Gäste boten, hatten alle eine schöne Aussicht, entweder auf den Golfrasen oder auf die herrlichen, das Hotel auf den drei Hangseiten umgebenden Wälder. Die Tennisplätze hatten offenbar einmal bessere

Zeiten erlebt, und ich konnte förmlich hören, wie Peter sich vornahm, hier sofort etwas zu ändern. Sie lagen wunderschön am Waldrand, mit einem Pavillon im viktorianischen Stil dahinter, einer Reminiszenz an die gute alte Zeit der Gartenfeste und der Damen in schwingenden Reifröcken.

Wir waren entsetzt über den Zustand des Personaltraktes. Die Räume, die uns zugewiesen wurden, waren kalt und düster und brauchten unbedingt einen neuen Anstrich. Es war nichts vorgesehen, wo sich das Personal nach Feierabend hätte entspannen können, und die Schlafräume waren nur über einen schäbigen, schwach beleuchteten Korridor ohne Teppichboden zu erreichen.

Glücklicherweise lag unsere Ankunft noch vor der Saison, so daß wir Zeit hatten, uns einzurichten und damit Maßstäbe zu setzen. Das wenige Geld, das wir besaßen, gaben wir für Farbe aus, hellten damit unsere ineinander laufenden Zimmer auf und brachten so zumindest etwas Licht in unser kleines Reich. Das Hotel war in den letzten Jahren heruntergekommen und brauchte dringend liebevolle Zuwendung. Dazu waren wir hier. Unsere Herzen hatten vom ersten Augenblick an für diesen Ort geschlagen.

Zum Glück konnten wir Dorothy dafür gewinnen, Peters Sekretärin sowie Empfangsdame für das Hotel zu sein, und unsere spirituelle Verbundenheit stärkte uns alle. Ich war in meinen Weisungen sofort auf die Bedeutung des Cluny-Hill-Hotels aufmerksam gemacht worden. Wiederholt wurden wir dazu angehalten, ihm unsere ganze Liebe und positive Schwingungen zuzuwenden. Der Umzug nach Cluny Hill entfernte uns auch von Sheena, was mir durchaus recht war. Zu den Vereinbarungen zwischen uns und Frau Bruce, der Generaldirektorin, gehörte die Absprache, außer dem Personal und den Gästen niemand sonst aufzunehmen. Folglich schieden sich unsere Wege endlich.

Ich hatte gelernt, alles, auch das Unbedeutendste, vor Gott zu bringen. Mein innerer Lehrer sagte mir: »Mein geliebtes Kind, ich brauche dich sehr nahe bei Mir, näher, als du je warst. Bleibe in ständiger Verbindung mit Mir; laß dir auch bei den geringfügigsten Dingen von Mir sagen, was zu tun ist. Das ist äußerst wichtig in der vor dir liegenden Zeit, und deine unmittelbare Hinwendung zu Mir wird den Unterschied zwischen Leben und Tod ausmachen, nicht nur für dich, sondern für Hunderte von Seelen.«

Jeden Tag, frühmorgens, ehe die Kinder erwachten, und abends, wenn sie schliefen, meditierte ich. Dann saß ich still allein da und wartete auf Gott. Stift und Notizbuch lagen bereit, und ich schrieb stets genau auf, was mir eingegeben wurde. Ich war wie ein Kind, und Gottes Stimme war die eines sehr gütigen, liebevollen Vaters, der mit mir sprach und mich leitete. Obgleich meine anfängliche Abneigung dagegen, Gott in meinem Innern zu akzeptieren, geschwunden war, erlebte ich Ihn doch immer noch als von mir getrennt.

Dorothy hielt ebenfalls regelmäßige Zeiten der Stille ein, in denen sie eigene Weisungen in ihrem Innern vernahm und genau wie ich niederschrieb. Peter allerdings vermochte nie eine Stimme zu hören, wie lange er auch still saß und wie angestrengt er auch horchte. Seine Weisungen erhielt er meist in Form einer spontanen Eingebung, die er dann mit mir abzuklären pflegte. Wie banal etwas auch sein mochte, er holte sich stets bei mir die Bestätigung. Er zweifelte nicht im mindesten an meinen Weisungen, rebellierte auch nie dagegen, wie ich es von Zeit zu Zeit tat. Sein Glaube an Gott war unumstößlich, und er tat gehorsam alles, was ihm durch mich geboten wurde. Er ging ganz in Gott und der Erfüllung seiner Pflichten im göttlichen Plan auf. Darum hatte er auch nur eins im Sinn: Cluny Hill zum vollkommensten Ausdruck des göttlichen Willens zu machen. Für persönliche Wünsche, Sicherheitsbedürfnisse und Vergnügungen war da kein Raum.

Manchmal kam es mir absurd vor, Gott um Weisung zu bitten, wenn der gesunde Menschenverstand eigentlich nur eine Antwort zuließ. Aber mir wurde gesagt: »Schäme dich nie und halte es nie für dumm, selbst mit dem kleinsten Problem zu Mir zu kommen. Dazu bin Ich da; Ich will dir die richtigen Antworten auf deine Fragen geben. Dann kannst du zur Tat schreiten.«

Ich mußte lernen, nicht gleich meiner natürlichen Regung zu folgen, sobald ich mich um etwas kümmern zu müssen glaubte. Wenn ich handelte, ohne zuvor um Weisung gebeten zu haben, wurde mir auf die Finger geklopft: »Mein liebes Kind, wenn du in die Küche kommst und siehst etwas, das erledigt werden müßte, brauchst du es ohne meine ausdrückliche Anweisung nicht zu tun. Du bist diesen Morgen über das Ziel hinausgeschossen, mit dem Ergebnis, daß du dich um die Mittagszeit ziemlich unwohl gefühlt hast. Ich weiß, daß dir diese Lektion schwer eingeht, aber sie ist überaus wichtig. Es ist völlig gleichgültig, was du früher gemacht hast. Jetzt mußt du lernen, genau das zu tun, was Ich von dir verlange, und kein bißchen mehr.«

Mir fiel es schwer, in einer Arbeit innezuhalten, um zu fragen, ob sie in Ordnung sei. Ich war so sehr in Anspruch genommen von zwei kleinen Jungen unter drei Jahren und einem Kind, das unterwegs war, daß mir die Zeit zum Innehalten zu kurz schien. Aber Gott ermutigte mich weiterhin: »Ich spreche von der Dringlichkeit unserer ständigen Gemeinschaft. Du verbesserst dich langsam, obwohl es dir bisweilen immer noch schwerfällt, innezuhalten und zu fragen. Das ist es jedoch, was Ich mit ständiger Gemeinschaft meine: daß wir zu jeder Zeit über jedes nur erdenkliche Thema miteinander reden können. Übe dich darin, bis es dir in Fleisch und Blut übergegangen ist.«

Einmal riß mir der Geduldsfaden. Ich verlor wegen der Kinder die Fassung, schnauzte Peter an und stürmte schließlich davon, um mich zu sammeln. Gott sagte zu mir: »Du läßt dir die Dinge über den Kopf wachsen. Komm mit jedem Problem, das auftaucht, zu Mir. Mein Kind, unsere enge Gemeinschaft ist so wichtig, daß nichts zwischen uns treten sollte, das sie unterbricht. Denk daran, daß der Feind entzückt ist, wenn er dich in Aufregung zu versetzen und uns dadurch voneinander zu trennen vermag.«

Ich war nicht ganz sicher, wer dieser »Feind« war, und verstand darunter jede Art von Negativität im Denken der Menschen oder im Äther, die einem die Sicht trübt und eine niederdrückende, trennende Wirkung hat. Eine solche Geistesverfassung bringt natürlich nichts Schöpferisches hervor. So erhielt ich jedesmal, wenn ich die Beherrschung verlor oder mich selbst bemitleidete, einen sanften Fingerzeig, doch das Gute an den Dingen zu sehen und Gott näherzukommen.

Daß Peter sich jeden Augenblick des Tages wegen irgendwelcher Kleinigkeiten an mich wandte und um Anleitung bat, war oft zum

Verrücktwerden. Er pflegte plötzlich im Zimmer zu erscheinen, ob ich nun gerade bügelte oder die Kinder fütterte.

»Kannst du um Weisung bitten, was ich mit diesen Leuten tun soll, die ein eigenes Bad haben wollen?«

»Peter«, sagte ich dann aufgebracht, »siehst du nicht, daß ich gerade beschäftigt bin? Kann das nicht warten?«

»Ich brauche sofort eine Antwort«, erwiderte er. »Du bittest um eine Weisung. Ich füttere derweilen Jonathan.«

Also meditierte ich und empfing die Botschaft: »Mach es klar, daß ein Bad 10 Pfund mehr kostet, und entschuldige dich dafür, daß du das in deinem ersten Schreiben nicht klargestellt hattest.« Daraufhin stürzte Peter gleich davon, um einen entsprechenden Brief abzufassen. Peter nahm keinen Rat von mir an, der nicht auf einer Weisung beruhte. Sie mußte niedergeschrieben sein, und dann handelte er sofort danach, ganz gleich, wie die Weisung lautete.

Ich hörte die Worte: »Mein Kind, sei nicht verstimmt, wenn Peter für jedes Problem von dir Antwort erwartet. Tief in deinem Herzen weißt du, wie wichtig es ist, mit allem zu Mir zu kommen, bringst es jedoch nicht immer fertig. Du hast Glück mit jemandem wie Peter, der kein Nein als Antwort akzeptiert. Und Dorothy ebenso. Niemand läßt gerne seine Fehler ins Rampenlicht rücken. Ich habe dich mit Peter zusammengeführt, damit er dir darüber hinweghelfen kann, darum verschließ dein Herz nicht vor ihm.«

So wurde das Cluny-Hill-Hotel ganz nach den Weisungen Gottes geführt. Da wir nichts von der Leitung eines Hotels verstanden, waren die Details, zu denen mich Peter befragte, zwar manchmal von entscheidender Bedeutung, aber oft auch recht prosaisch: »Stellt Wilkie noch ein Paar Tage extra ein und bringt die Wege in Ordnung.«

»Ja, Mein Sohn, gib den Pearsons und dem anderen Paar die Suite und dem Herzog von Bedford dein bestes Einzelzimmer mit Bad.«

»Mein Sohn, was den Abendanzug betrifft, nimm die beste Qualität. Für dich ist das Beste gerade gut genug.«

»Anerkennung zahlt sich aus. Vergiß nie, die Leistungen des Personals zu würdigen.«

Ich erhielt Weisung, welche Leute wir einstellen, wieviel wir ihnen zahlen und welche Zimmer wir ihnen geben sollten. Nach der ersten Saison kündigte unser Küchenchef, um einen Posten als Hotelmanager zu übernehmen, und wir gaben eine Anzeige auf, um einen Nachfolger für ihn zu finden. Als sich daraufhin ein Jüngling mit blauen Augen und langen Wimpern vorstellte, sagte Peter: »Tut mir leid, aber wir brauchen einen Küchenchef.« Er erschien uns viel zu jung, um eine so verantwortungsvolle Stellung anzutreten.

»Ich war vor drei Jahren hier Küchenchef«, erwiderte da der junge Bursche mit Namen Charles Campbell. »Ich bin arbeitseifrig und ein guter Küchenchef.«

»Aber Sie haben noch keine Erfahrungen als Küchenchef in einem Vier-Sterne-Hotel«, entgegnete Peter. Daß er selbst auch keine Erfahrungen im Management hatte, verschwieg er. Jedenfalls sprach er mit dem stellvertretenden Geschäftsführer, der ihm bestätigte, daß Charles zwei Jahre lang in Cluny Hill gearbeitet hatte und ein guter Küchenchef war. Peter zögerte noch immer, ihn einzustellen, da er den Rang des Hotels von drei auf vier Sterne anheben wollte und dafür die Qualität des Essens ausschlaggebend war. Also bat er mich um Weisungen betreffs Charles. Mir wurde gesagt: »Niemand kommt zufällig hierher. Ich habe meine Hand auf Charles gelegt, und er wird euch nie enttäuschen. Ihr werdet es nicht bereuen, ihn zu nehmen.« Da stellte Peter ihn ein.

Mit den Jahren entwickelte sich eine enge Beziehung zwischen uns und Charles, aber er war auch der Stachel in unserem Fleische. Er war Alkoholiker und bereitete uns manchen schlimmen Augenblick. Doch die Liebe zwischen uns wurde davon nicht berührt, und er war trotz seiner Trunksucht und seines schlechten Benehmens ein tief spiritueller Mensch. Er reagierte außerordentlich empfindlich auf die »Schwingungen« anderer Leute; Peter verließ sich schließlich auf seine leisen, zögernd gegebenen Winke, die und die Person sei nicht an der richtigen Stelle eingesetzt oder arbeite nicht in dem Geist, den wir für Cluny Hill erstrebten. Er verstand die tieferen Gründe für unsere Zusammenarbeit und unterstützte Peter und mich in allem.

Allerdings kamen gelegentlich auch die Schattenseiten bei Charles zum Vorschein. Eines Abends kam jemand vom Küchenpersonal voller Bestürzung zu Peter. »Tut mir leid, Sie zu belästigen, Sir«, sagte der Bursche, »aber der Chef ist nicht ganz in Form. Ich glaube nicht, daß er in dieser Verfassung etwas Eßbares zustande bringt.«

Das war sehr milde ausgedrückt! Als Peter in die Küche ging, fand er Charles stockbetrunken auf dem Boden liegen. Gleich darauf kam er zu mir gestürzt. »Schnell, Eileen, ich brauche eine Weisung. Finde bitte heraus, wie wir ihn wieder auf die Beine bringen.«

Ich ging in die Stille, den Stift in der Hand, und hörte zu meinem Erstaunen: »Sag Peter, er soll ihm noch einen Whisky geben.«

Keiner von uns hätte gedacht, ausgerechnet damit einen betrunkenen Küchenchef wieder auf die Beine zu bringen, aber wie immer befolgte Peter die Anweisung und goß Charles einen harten Drink ein. Er wirkte! Charles stand auf und machte sich an die Speisenzubereitung; es wurde ein Meisterwerk, und das sogar pünktlich! Gott betonte immer wieder: »Meine Wege sind nicht des Menschen Wege, aber Meine Wege sind vollkommen«, und das erwies sich in jener Situation als wahr.

An einem Wochenende kam die Polizei und behauptete, den Lieferwagen des Hotels voller aus dem Hotel gestohlener Lebensmittel gefunden und den Täter gestellt zu haben. Es war Charles. Meine innere Stimme sagte: »Laß den Küchenchef nicht strafrechtlich verfolgen, wenn das zu umgehen ist. Hilf ihm, so gut du kannst. Er ist es wert, für ihn zu kämpfen. Er wird dich niemals wieder enttäuschen.«

Die Polizei wunderte sich, als wir von einer Strafanzeige gegen Charles absahen. Wir warteten auf seine Rückkehr. Als er nicht auftauchte, war ich bestürzt und verärgert, aber ich erhielt die Weisung: »Was Peter für ihn getan hat, wird der Chef bis an sein Lebensende nie vergessen. Ich kann nicht versprechen, daß er zurückkommt, denn die Entscheidung liegt bei ihm. Den Menschen steht es frei, sich immer wieder neu zu entscheiden. Ihr dürft um keinen Preis den Kopf hängen lassen, und Peter darf die Sache nicht als Rückschlag auffassen. Wisse, daß in Charles trotz all seiner Fehler ein guter Kern steckt und Ich Größeres mit ihm vorhabe.«

Einen Monat später erschien Charles wieder bei uns. Dazu empfing ich die Botschaft: »Charles' Rückkehr ist ein großer Triumph. Sei aufrichtig dankbar. Er ist am rechten Platz. Lob und Preis!«

Charles war zurückgekehrt, um seine Sachen zu holen, traute sich nicht, Peter unter die Augen zu kommen, und erwartete fest, der Polizei übergeben zu werden. Er nahm an, wir hätten Anzeige wegen Diebstahls gegen ihn erstattet. Die Entdeckung, daß wir nichts dergleichen getan hatten, bewirkte eine tiefgreifende Verhaltensänderung bei ihm. Er war fortan Peter und mir und unserem Werk in Cluny Hill mit Leib und Seele ergeben und trank sogar eine Zeitlang etwas weniger.

Ich empfand eine besondere Liebe für Charles, und er hing an mir. Das lag, wie ich glaube, unter anderem daran, daß ich keine Angst vor ihm hatte und mit ihm auch dann zurechtkam, wenn er betrunken und außer Kontrolle war. Einmal, als er mich mit einem großen Tranchiermesser bedrohte, weil er sich aus irgendeinem Grund über Peter geärgert hatte, sagte ich zu ihm: »Nun mach schon, töte mich, wenn du das tun willst. Aber ich warne dich, denn das gibt eine Riesenschweinerei!« In seinem Innern klickte etwas, und dann ließ er sich von mir sanft wie ein Lamm zu seinem Zimmer führen.

In einigen Hotels wurde das Personal sehr schlecht behandelt, und wir hatten manch einen Strauß auszufechten, um der Hotelgesellschaft Geld zur Verbesserung der Personalquartiere abzupressen. All unsere Mitarbeiter wußten, daß sie uns am Herzen lagen, ob sie an unserem spirituellen Werk in Cluny Hill Teil hatten oder nicht, und das zeigte sich an ihren Leistungen. Eine Weisung für uns lautete: »Meine Kinder, ihr müßt euch darüber klar werden, wie ungeheuer wichtig es ist, alles, was ihr an diesem Ort tut, mit Liebe zu tun. Schaut euch das Personal an, das ihr hier habt, und ihr werdet sehen, daß jeder lernt, seine Arbeit mit Liebe zu tun. Wenn ihr sie fragtet, so wüßten sie selbst nicht, warum, aber der Grund dafür ist, daß ich hier nur die gebrauchen kann, die ihre Arbeit mit Liebe im Herzen verrichten. Die Atmosphäre ist so ungemein wichtig. Ihr werdet merken, daß alle, die hier bleiben, das tun, weil sie den Ort liebgewonnen haben. Charles trinkt, weil er unglücklich ist, aber er wird euch nicht enttäuschen. Mein Sohn, hilf ihm unauffällig, so gut du es vermagst. Seid stets dankbar für alle, denen Ich diesen Platz angewiesen habe. Behandelt sie wie Freunde, nicht wie Angestellte. Denkt daran, daß ihr aus Meiner Sicht eine Familie seid.«

Nach unserem ersten Sommer wurde das Hotel für die Wintermonate geschlossen. Da wir nirgendwoanders hingehen konnten, durften Peter, Dorothy und ich mit den Kindern im Hotel bleiben. Als die Mitarbeiter im darauffolgenden Frühling zurückkehrten, hatten wir in der Zwischenzeit ihre Zimmer frisch gestrichen und überall Blumen aufgestellt. Den Angestellten und ihren Bedürfnissen Aufmerksamkeit zu schenken und Geld für ihre Quartiere auszugeben war ganz und gar unüblich, und wäre nicht die entsprechende unmißverständliche Weisung gewesen, hätten wir wohl kaum gewagt, mit diesem Anliegen an die Generaldirektorin heranzutreten. Aber ich empfing häufig Botschaften, die Peter zum Handeln aufforderten: »Frau M. sollte ein behagliches Zimmer haben, denn das Personal hat keinen gemütlichen Aufenthaltsraum. Davon muß Frau Bruce in Kenntnis gesetzt werden. Ihr riskiert vielleicht Kopf und Kragen, solltet aber trotzdem keinen Zweifel daran lassen, daß euch das Wohl eurer Mitarbeiter am Herzen liegt.«

Das Cluny-Hill-Hotel, kurz nachdem Peter die Leitung übernommen hatte; die Gartenanlagen waren zu diesem Zeitpunkt noch nicht in Ordnung gebracht.

Peter mußte sehr fest und positiv auftreten, um die Forderungen zur Verbesserung der Baulichkeiten wie auch des Gartens durchzusetzen. Er erzählte Frau Bruce ganz offen, daß er in erster Linie für Gott arbeite und daß Gott von ihm verlange, nur zum Besten des Hotels zu wirken. Um etwas besonders zu unterstreichen, zeigte er ihr einmal sogar die Weisung, die er empfangen hatte. Sie war einen Moment lang völlig verdutzt. Dann lachte sie und sagte: »Nun, damit kann ich nicht konkurrieren, oder?«

Frau Bruce mochte Peter wegen seiner Energie und Begeisterung, hatte jedoch etwas einzuwenden gegen die Art und Weise, wie er auf sein Ziel losging. Auch die Art und Weise, wie er von Gott sprach, behagte ihr nicht. Ich erfuhr durch eine Weisung: »Frau Bruce ärgert sich über euren felsenfesten Glauben an Mein Wort. Sie ist selber sehr gläubig, mag jedoch nicht einsehen, daß Ich euch in jeder Kleinigkeit leite. Sie weiß, daß ihr keine Entscheidung ohne Meine Genehmigung trefft, also sprecht ihr besser nicht davon.« Es muß wirklich sehr merkwürdig auf den Generaldirektor einer großen Hotelkette wirken, wenn er gesagt bekommt, Gott habe einen Eimer Farbe für »Sein auserwähltes Haus« bestellt.

Wir wurden gewarnt, nicht jedem offen davon zu erzählen, wie wir das Hotel und unser Leben führten. »Redet nicht viel. Laßt die Leute einfach fühlen, spüren, was los ist, aber sprecht nicht darüber. Nur allzuleicht läßt man sich in seiner Begeisterung dazu hinreißen, sich nach ein paar Drinks einem besonders interessierten Menschen mitzuteilen, und richtet damit häufig großen Schaden an.«

Die meisten Mitarbeiter wußten, daß an unserem Stil und Management etwas anders war, besonders, da Peter so oft verschwand, um sich »mit Frau Caddy zu beraten«, aber im großen und ganzen bewiesen wir unseren Glauben lieber in der Praxis, als darüber zu predigen. Peter vermochte seine Begeisterung einige Male nicht zu zügeln, woraufhin in einer Zeitung die Schlagzeile zu lesen war: »Hotel von Gott geführt.«

Das gefiel den Geschäftsführern des Unternehmens überhaupt nicht, und sie statteten uns einen Besuch ab, wahrscheinlich in der Absicht, uns loszuwerden, aber Peter sprach so enthusiastisch und optimistisch von all den Verbesserungen, die er eingeführt hatte, daß sie ihre Absicht fallenließen.

Nach diesem Vorkommnis wurden wir noch vorsichtiger, was schließlich zu einer harten Auseinandersetzung mit Sheena führte. Eine der Absprachen, die uns den Aufenthalt im Hotel während der Wintermonate gestatteten, lautete, daß außer uns und Dorothy niemand dort wohnen dürfe. Eines Tages kurz vor unserem ersten Weihnachtsfest in Cluny Hill tauchte in Eis und Schnee Sheena auf. Sie sah schlecht aus und war heruntergekommen. Irgendwie hatte sie sich völlig verändert. Sie war nur noch ein Schatten ihrer selbst, als sei ihre starke Spiritualität von ihr gewichen und hätte lediglich eine leere Hülle zurückgelassen. Als Peter ihr sagte, sie könne nicht bei uns bleiben, wurde sie bitterböse. Sie wollte nichts von der Weisung wissen, die ich erhalten hatte und die besagte, daß sie gehen müsse. Peter sah sich schließlich gezwungen, sie hinauszuwerfen. Es brach ihm fast das Herz, sie die schneebedeckte Auffahrt hinuntertaumeln zu sehen in der Erkenntnis, ihr nicht mehr helfen zu können. Sie hatte in unserem Leben ausgespielt.

Einige Tage später fuhr Peter in die Stadt und kaufte Sheena ein Paar Schuhe, denn er hatte gesehen, daß ihre sehr abgetragen waren. Als er sie ihr in die Pension brachte, in der sie ein Zimmer gemietet hatte, nahm sie das Geschenk nur widerwillig an und beschuldigte ihn, sie fallengelassen zu haben und ihr die Schuhe nur aus Mitleid und Schuldgefühlen heraus zu bringen, nicht aus Liebe. Bei seiner Heimkehr war er sehr still. »Sie ist wie eine verlorene Seele«, sagte er traurig, »und ich kann ihr nicht helfen, wieder zu sich selbst zu finden. Ob sie sich wohl noch daran erinnert, daß sie mir einmal gesagt hat, ich müßte ihr eines Tages den Rücken zukehren, weil mein Glaube an Gott so stark sei? Damals habe ich ihr nicht geglaubt und keine Ahnung gehabt, daß es so kommen könnte.«

Peter erkannte später, daß Sheena darum so tief gefallen war, weil sie sich vom Licht abgewandt hatte und lieber ihre eigenen Wege gegangen war. Sie war überzeugt, die Welt würde nur durch die Liebe erlöst, und vermochte nicht länger daran zu glauben, daß Gott auch das helle Licht der Wahrheit ist, ohne das die Liebe nicht bestehen kann.

Unser erster Winter in Cluny Hill war hart. Das Haus besaß keine Heizung, und bis auf einen Wasserkran in der Portiersloge, die auf dem Weg zu unseren Zimmern lag, waren alle Leitungen abgestellt. Fortan benutzten wir diesen Raum als Küche und Speisezimmer. Allerdings war es richtig abenteuerlich, ein Bad zu nehmen. Jeder Tropfen Wasser mußte auf dem Gaskocher in der Portiersloge erhitzt, im Eimer in die Zimmer getragen und dort in eine Zinkwanne gegossen werden, die auf dem Boden vor einem elektrischen Heizofen stand. Wir badeten nicht allzuoft! Glücklicherweise erlaubte uns die Geschäftsleitung im nächsten Winter, als unser dritter Sohn, David, geboren wurde, den Wasseranschluß und einen Durchlauferhitzer in den an unsere Räume angrenzenden Badezimmern zu installieren.

Die Wochen vor Davids Geburt waren nicht leicht. Ich hatte dauernd heftige Kopfschmerzen und fühlte mich sehr unwohl, wodurch mir die Weisung, das Kind in Cluny Hill zur Welt zu bringen, bedenklich erschien, um so mehr, als unser Arzt strikt dagegen war. Ich wandte mich an Gott in dieser Sache und bekam die Antwort: »Mein liebes Kind, würde Ich, dein himmlischer Vater, der dich durch so viele Widrigkeiten geleitet hat, zulassen, daß dir jetzt etwas zustößt? Du bist hier ganz und gar am richtigen Platz. Um keinen Preis gehst du ins Hospital. Ich möchte, daß ihr beide, du und Peter, zusammenarbeitet, was dort nicht möglich wäre. Bleibe mit meinem Segen hier.« So blieben wir denn gegen den Rat des Arztes da; David wurde im Januar 1958 in einer eiskalten Nacht geboren. Die Geburt verlief ohne Komplikationen, wie Gott es mir zugesichert hatte.

Einige Zeit später vernahm ich die Worte: »Mein liebes Kind, Ich war es, der Peter und dich zu einem vollkommenen Ganzen zu Meiner Ehre zusammengeführt hat. Ich war es, der dir in dieser spirituellen Verbindung die drei Kinder Christopher, Jonathan und David bestimmt hat. Nichts davon ist zufällig geschehen. Ich habe noch viel für dich und Peter zu tun, und dieser Arbeit wegen sollst du keine weiteren Kinder mehr bekommen.« Kurz danach mußte ich mir den Blinddarm entfernen lassen und überredete den Arzt dazu, mich auch gleich zu sterilisieren. David war mein achtes und letztes Kind. Ich hatte die Vierzig überschritten.

Meine Arbeit im Hotel trat mehr und mehr in den Hintergrund. Ich mußte für die drei Kinder sorgen, was keine Kleinigkeit war, besorgte aber trotzdem noch alle Blumen im Haus. Beim Arrangieren der Blumen strahlte ich Liebe aus, denn Gott sagte: »Wenn du die Blumen mit Liebe im Herzen ordnest, läßt die Liebe sie in Schönheit erblühen. Ich habe vielerlei Verwendung für dich.« Wir wurden immer wieder aufgefordert, alles mit Liebe zu tun, damit sie in das Hotel ausstrahle und dort für alle fühlbar werde.

Es war nicht einfach für mich, in Liebe ruhig und gelassen zu bleiben bei drei kleinen Jungen, die herumtollten und -schrieen. Ich hatte offenbar nicht mehr soviel Kraft wie früher. Vielleicht machte es doch etwas aus, daß ich 40 und keine 25 mehr war. Meine Weisung lautete: »Du mußt lernen, dich um Hilfe wegen der Kinder an Mich zu wenden. Du brauchst unendlich viel Geduld, und die hast du alleine nicht. Geduld heißt nicht, sich alles von ihnen gefallen zu lassen und ihnen stets nachzugeben; vielmehr heißt es, etwas von ihnen zu verlangen und dann darauf zu bestehen, daß sie es auch tun. Aber versuche, nicht die Beherrschung zu verlieren. Ein Kind hat keinen Respekt vor jemandem, der dauernd aus der Haut fährt. Zähl bis zehn, ehe du voller Ärger etwas tust oder sagst. Und wenn es ein Fehler war, was du von einem Kind verlangt hast, dann bestehe nicht darauf. Sieh deinen Fehler ein. Kinder sind sehr feinfühlig; sie merken, wenn du unvernünftig bist.

Sei streng mit den Kindern, aber auch liebevoll. Wenn sie Liebe brauchen, gib sie ihnen unverzüglich. Das nächste Mal, wenn Jonathan einen seiner Wutanfälle hat, nimm ihn einfach auf den Arm. Nur Liebe wird ihn davon heilen. Streng und hart oder kalt und ruhig zu sein nützt überhaupt nichts. Mein Kind, du wirst immer wieder feststellen, daß Liebe ein Allheilmittel ist.«

Es machte mich auch nervös, die Kinder im Hotel aufzuziehen; ich versuchte, sie von den Gästen fernzuhalten oder zumindest dafür zu sorgen, daß sie sich gut benahmen, und tat zugleich mein Bestes, in der Familie eine Atmosphäre der Sicherheit und Liebe zu schaffen. In meinen Weisungen wurde ich schließlich dazu angehalten, in meiner Wachsamkeit ein wenig nachzulassen. »Hab keine Angst, die Kinder unter die Gäste zu lassen. Sie rühren an viele Herzen, also laß ihnen die Freiheit, zu gehen, wohin sie wollen. Du wirst sehen, sie stören die Gäste um so weniger, je freier sie sich bewegen dürfen. Paß nur fein auf, daß sie die Gäste nicht belästigen. Erlaube den Kindern nie, eine Last zu sein. Sie sind ein Geschenk von Mir, das allezeit Freude machen soll.«

Einmal traf eine ganze Schar von Leuten vor dem Essen ein, gerade zur Badezeit der Kinder. Ich setzte die Jungen in die Wanne und ließ sie für ein paar Minuten allein, um etwas zu erledigen. Als ich zurückkam, waren sie fort. Dann hörte ich lautes Gelächter aus der Küche und sah das nackte Trio den Gang hinunter in die große Empfangshalle flitzen, mitten unter die Neuankömmlinge. Dauernd führten die Kinder etwas im Schilde. Nur mein Sinn für Humor und Gottes ermutigende Worte bewahrten mich vor der totalen Verzweiflung!

An den Abenden mischte Peter sich in der Bar unter die Gäste, während ich die Kinder ins Bett brachte, und dann aßen wir gemeinsam das Abendbrot. Das war häufig die einzige Zeit des Tages, um miteinander zu reden, und selbst dann wurde Peter oft noch weggerufen. Nur selten konnten wir unsere Mahlzeit ungestört zu uns nehmen. Ansonsten hatten wir beide einen sehr unterschiedlichen Tagesrhythmus. Ich ging früh zu Bett, um morgens mit den Jungen munter zu sein, und Peter stets als letzter, weil er erst noch das ganze Haus überprüfte. Morgens früh schloß ich den Vorratsraum für das Küchenpersonal auf, damit Peter ein wenig länger schlafen konnte. Wir hatten es folglich nicht leicht, Zeit für uns allein zu finden und miteinander in Fühlung zu bleiben. In meinen Weisungen wurde ich an den Grund unserer Zusammenführung erinnert: »Denkt daran, wie überaus wichtig es für euch beide ist, bei der Arbeit für Mich vollkommen eins zu sein. Ich brauche euch in Meiner göttlichen Liebe vereint. Nur zu leicht nimmt einer den andern als selbstverständlich hin, und das hat eine üble Wirkung auf alle. Ich habe euch einander gegeben, damit ihr euch liebt und in Ehren haltet und vereint für Mich arbeitet. Durch euch kann Ich Wunder wirken.«

Im großen und ganzen schafften wir es, in Fühlung miteinander zu bleiben, aber als alle drei Kinder Keuchhusten bekamen, war ich mit meinen Kräften am Ende und fühlte mich von den übrigen isoliert. Peter war zu diesem Zeitpunkt besonders schwer beschäftigt, so daß wir uns kaum sahen. Wenn wir einmal zusammentrafen, hatte ich ein Dutzend Fragen zu allem, was außerhalb der Familie geschah, und dann wurde Peter sehr ungeduldig. Er hatte offenbar viel zuviel zu tun, um innezuhalten und mit mir zu reden. Schließlich empfing ich diese Weisung und teilte sie Peter mit:

»Ich habe viele Male von der Bedeutung der Einheit gesprochen und davon, daß der Feind alles tun wird, um einen Keil dazwischenzuschlagen, sooft er kann. Dein Groll ist ebenso Teil seines Vorhabens, euch auseinanderzubringen, wie Peters Schroffheit. Peter hat viel um die Ohren, aber das darf ihn nicht davon abhalten, deine Fragen höflich anzuhören. Peter, Mein Sohn, gestatte Meinem Kind, an allem teilzuhaben, was vorgeht. Dann weiß es, wann Beten nottut. Denkt daran, daß Ich euch Seite an Seite gestellt habe; ihr ergänzt einander, und einer vermag nichts ohne den anderen.«

Ich hatte überhaupt nichts dagegen einzuwenden, im Hintergrund zu sein; eigentlich war es mir sogar lieber so. Ich wäre auch in Peters Schatten geblieben, wäre mir nicht im Innern gesagt worden, heraus und unter die Leute zu gehen. »Du findest es anstrengend, hinauszugehen unter die Menschen. Wisse, daß es äußerst wichtig ist, daß du dein Herz öffnest und allen, die hierher kommen, Liebe entgegenbringst. Indem du nahe bei Mir und im stillen Peters rechte Hand bist, kannst du ungeheuer viel helfen. Ihr seid die perfekte Gemeinschaft, die Ich für Mein Werk geschaffen habe. Während Peter Licht ausstrahlt, strahlst du Liebe aus. Ihr beiden müßt Hand in Hand arbeiten.«

In unserem zweiten Jahr in Cluny Hill kam Lena Lamont als Zimmermädchen fürs Personal zu uns. Sie hatte zu Sheenas Gruppe gehört und ähnliche Weisung erfahren wie ich. Lena war ein ruhiger, aufrichtiger Mensch, und ich mochte sie bald sehr gern. Wir beide arbeiteten jahrelang eng zusammen, und da sie auch drei Kinder hatte, halfen wir einander aus. Meine Weisungen unterstrichen den Wert der Zusammenarbeit so unterschiedlicher Menschen. »Ihr habt alle verschiedene Begabungen und könnt voneinander lernen. Du kannst von Peter lernen, die Lektionen in die Tat umzusetzen, und er hat noch viel von dir zu lernen, was Feinfühligkeit betrifft.« Unterschiedlichere Leute sind wohl nie in einer Gruppe zusammengekommen – Lena und ich waren eher verschlossen und hatten nicht viel Selbstvertrauen, Dorothy hatte einen lebhaften Geist, diskutierte gern und stellte Dinge in Frage, und Peter war voller Schwung und ein Mensch der Tat.

In den Wintermonaten arbeiteten Dorothy, Peter und ich im Garten, lichteten aus und pflanzten neu und gaben unsere Ersparnisse für Sträucher und andere Pflanzen aus, wenn von der Geschäftsleitung kein Geld zu bekommen war. Im Winter 1960 vernahm ich die Worte: »Du hast dich gefragt, warum du das ganze Gelände so gründlich in Ordnung bringen mußt. Du strahlst in den Boden aus. Tief im Innern der Erde sind ebenfalls Strahlungen, die deine Arbeit freisetzt.« Ende des Jahres 1961 wurden die Veränderungen allgemein sichtbar: »Dieses magnetische Zentrum wird immer kraftvoller. Wenn die Leute Bemerkungen machen über diese Erde, die Pflanzen von außergewöhnlicher Farbe hervorbringt, wird dir bewußt, daß die Strahlungen ihre Wirkung tun. Der Frieden und die Stille, die die Menschen hier empfinden, haben ihre Ursache in diesen Strahlungen.«

Allmählich wurden wir mit dem Thema des Liebeausstrahlens vertraut gemacht. »Es kommt nicht darauf an, was ihr tut, wenn ihr nur Liebe ausstrahlt. Ihr braucht keinen Frieden und keine Stille dafür. Fangt damit an, wenn ihr draußen die Gäste bedient oder euren normalen Pflichten nachkommt. Jeder Kontakt, den ihr habt, ob mit dem Personal oder mit Gästen, gewinnt dadurch, wenn ihr Mir verbunden bleibt. Bedenkt einmal die Position, die jeder von euch erhalten hat: Dorothy kommt im Empfang mit den Gästen in Berührung, Lena ist beim Personal tätig und füllt jeden Raum mit den richtigen Schwingungen, du mischst dich unter Mitarbeiter und Gäste, und Peter wirbelt überall herum, oben und unten, drinnen und draußen im Garten. Ihr werdet von Mir eingesetzt, auch wenn euch das nicht bewußt ist. Tut alles mit Liebe, und es wird Frucht tragen.«

Wir vier begannen, uns als kleine Gruppe zu treffen und Liebesstrahlungen an Menschen und Gruppen in der ganzen Welt auszusenden. Zu den stärksten telepathischen Kontakten gehörte der zu

Naomi, der älteren Frau, die Peter vor Jahren auf den Philippinen kennengelernt hatte. Seit ihrer Zufallsbegegnung, bei der sie innerhalb weniger Stunden ihre enge spirituelle Verbindung entdeckten, hatten Peter und Naomi miteinander korrespondiert. Sie lebte mittlerweile in den Vereinigten Staaten, und Peter schrieb ihr ausführliche Briefe, was wir alles taten, insbesondere aber von unseren telepathischen Kontakten zu ihr und anderen. Sie konnte unsere Erfahrungen durch ihre eigene Erfahrung bestätigen. In der Meditation mit Naomi – und durch sie mit weiteren Menschen – in Verbindung zu treten gab mir das Gefühl, eine Art Funkgerät zu sein, mit Naomi als Hauptübermittler.

Im Dezember 1960 schrieb ich in mein Notizbuch:

Heute abend bin ich dazu verwendet worden, Liebesstrahlungen auszusenden. Ich kam mir vor wie eine Funkstation, die Tausende von Wellen in die Welt ausstrahlte. Manche der Wellen schienen abgeschnitten zu werden, als seien sie auf ein Hindernis getroffen, das sie nicht durchdringen konnten, während andere empfangen und vielfach genutzt wurden. Ich wußte zwar nicht, auf wen ich ausstrahlte – es gab weder Namen noch Bilder –, hatte jedoch dieses Gefühl der Macht, als überließe ich mein Wesen denen, die in Not waren. Mir war bewußt, daß Naomi an dieser Übermittlung beteiligt war, denn ich konnte spüren, wie sie auf ihre stets wundervolle, klare Weise auf Empfang ging.

Es wurde immer deutlicher, daß wir Teil eines größeren Ganzen waren. »Strahlt auf eine Gruppe aus, die Arizona-Gruppe genannt wird. Der Strom der Liebe wird euch mit dieser Gruppe vereinigen. Markiert diese Zentren auf einem Globus. Ihr gehört einem gewaltigen Netzwerk an, in dem alle Beteiligten eng miteinander verknüpft sind.« Unsere Korrespondenz mit Naomi bestätigte uns, daß es noch andere Menschen auf der Welt gab, die ähnliche Erfahrungen machten wie wir und ebenfalls Botschaften auf telepathischem Wege aussandten. Aus irgendeinem Grund waren wir miteinander verbunden, ohne zu wissen, weshalb. »Strahlt nur Liebe aus, und alles übrige kommt von selbst«, war meine Weisung. Daran hielten wir uns.

Liebe auszustrahlen wurde auch ein Anliegen meines Privatlebens. Während der ganzen Jahre in Cluny Hill ließ ich meinen anderen fünf Kindern und ihrem Vater Liebe zuströmen und versicherte ihnen, daß wir eines Tages wieder vereint sein würden. »Morgen hat Suzanne Geburtstag«, hieß es mahnend in einer Meditation. »Behalte sie in deinen Gedanken und in deinem Herzen. Sende Liebesstrahlen von solcher Stärke aus, daß sie nicht umhin kann, davon umfangen zu werden. Sie muß wissen, daß du sie nie vergißt. Die Liebe wird ihr das Herz öffnen, also übermittle ihr deine Liebe, und sie wird Wunder wirken.«

Jahrelang kamen Briefe oder Geschenke, die ich meinen Kindern geschickt hatte, ungeöffnet zurück; jeder Kontakt zu ihnen war mir gerichtlich untersagt worden, bis sie 18 Jahre alt waren. Aber durch meine Weisungen wurde ich ermutigt: »Ich habe dir versprochen, dich wieder mit deinen Kindern zu vereinigen. Gib dich nicht trüben Gedanken hin. Deine Vereinigung mit den Kindern wird vollkommen sein und nach Meinem perfekten Zeitplan geschehen. Es hängt mehr mit der Frage des Zugangs zu den Kindern zusammen, als dir bewußt ist. Ich will, daß du fröhlich bist und siehst, wie Meine Hand ein vollkommenes Muster durch alles hindurchzeichnet.« Diese und viele andere Worte mehr gaben mir Trost und hielten mich aufrecht, aber trotzdem fehlten mir meine Kinder sehr.

Ich vernahm, daß ich durch all dies lernen sollte, mein Herz zu öffnen und Liebe auf alle auszustrahlen, die ihrer bedurften. Mir fiel es jedoch leichter, das innerlich, in der Meditation, zu tun, statt an die Öffentlichkeit zu treten und mich allen zu zeigen. Mir wurde gesagt:

»Mein Kind, dir erscheint es ungeheuer anstrengend, dich jederzeit den Menschen zu widmen, besonders nach der Abgeschiedenheit des langen Winters. Gewöhne dich langsam daran, bis es dir keine Mühe mehr ist. Sieh das Gute in allen, die dir begegnen, und urteile nie nach dem äußeren Schein. Laß dich von Mir zu denen führen, die in Not sind. Sei ganz feinfühlig; öffne dein Herz. Wisse, daß du dies für Mich tust, und nimm ein paar Wunden willig hin. Entwickle ein Gespür für alle Bedürfnisse in deiner Umgebung und gehe darauf ein. Manchmal ist lediglich ein Wörtchen hier und da oder ein

Handgriff nötig, oft auch nur die Liebe, die jemandem im stillen zuteil wird. Arbeite sehr eng mit Mir zusammen.«

Peter tat inzwischen alles, um Cluny Hill zum Paradestück der Gegend zu machen. Das Haus sah sauber und adrett aus, wie frisch aus dem Ei gepellt, und die Buchungen nahmen mit jedem Jahr zu. Viele Gäste kehrten Jahr für Jahr wieder. Peter bemühte sich sehr, immer mehr Ferienaktivitäten anzubieten, darunter Ponyreiten, Segeln und Wasserskifahren in der Findhorn-Bucht. Er scheute keine Mühe. Die Tennisplätze wurden gut gepflegt. Einmal die Woche gab es schottischen Volkstanz im Ballsaal, und Bar und Ballsaal wurden sowohl von den Bewohnern der Umgebung als auch von den Hotelgästen gern besucht. Die Gärten waren herrlich – der Hügel vor dem Haupteingang schwang sich lieblich zu einem abgelegenen Steingarten mit einem Goldfischteich hinab, der von Rhododendronbüschen und bunt blühenden Rabatten gesäumt war. Die weitläufigen Gemüsegärten lieferten frisches Gemüse, und das Hotelessen genügte höchsten Qualitätsansprüchen, denn darauf legte Peter besonderen Wert. Nach fünf Jahren hatte Peter sein Ziel erreicht: Das Hotel rückte in die Vier-Sterne-Kategorie auf. Er hatte seine Sache gut gemacht und jede Minute Freude daran gehabt.

Anfang 1962 geschah etwas, das auf uns wie ein Schock wirkte und unser Leben veränderte: Die Geschäftsleitung gab uns unsere Versetzung zum Trossachs-Hotel in Perthshire bekannt. Wir trauten unseren Ohren nicht. Wie konnte Gott nach allem, was wir an Cluny Hill getan hatten, zulassen, daß es uns unter der Nase weggeschnappt wurde? Unserem Glauben stand eine ernste Prüfung bevor. Eine meiner Weisungen lautete: »Wenn sich auch Pläne durch den freien Willen von Menschen verändern, so wisse doch, daß Ich euch nie verlassen werde. Ich will auch euren nächsten Schritt leiten, damit er euch zum Wohle gereicht. Was ihr für Cluny Hill getan habt, war absolut notwendig, wie ihr bald sehen werdet. Seid eingedenk, daß nichts verloren ist und viel Gutes hieraus entstehen wird. Nimm hin, was Ich dir sage, Mein Kind, und faß wieder Mut.«

Peter tat alles in seiner Macht Stehende, um Frau Bruce dazu zu überreden, die Entscheidung rückgängig zu machen, aber wir mußten ziehen. Sie konnte offensichtlich nichts mehr daran ändern. Mir wurde gesagt: »Frau Bruce kann die Umzugspläne nicht ändern. Es ist so vieles damit verbunden, was sie euch nicht offenbaren konnte. Nehmt das Angebot von Trossachs in dem Bewußtsein an, daß dieses Jahr ein Jahr der Prüfung ist. Tut gläubig das, was Ich verlange. Vertraut Mir.« Widerstrebend fanden wir uns damit ab, umzuziehen und das Beste daraus zu machen. Glücklicherweise konnten wir einen Großteil der Mitarbeiter mitnehmen, die uns nahestanden, darunter Dorothy, Lena und Charles. So betraten wir das Neuland wenigstens nicht allein.

Das Trossachs-Hotel lag wunderschön in einem Tal bei einem der schottischen Seen, die Loch genannt werden, und war auf allen Seiten von zerklüfteten Bergen umgeben. Das Tal war saftig grün und feucht, mit moosigem Bewuchs unter den Kiefern und Birken, die den See säumten und sich die Berghänge hinaufzogen. Aufgrund seiner Lage war das Hotel ständigem Regen ausgesetzt und fast jeden Tag von feinem Nebel eingehüllt. Das sanfte, vom Nebel verschleierte Licht gab dem Ort eine ätherische Atmosphäre. Wunderschön war es dort.

Anders als bei unserer Ankunft im Cluny-Hill-Hotel vor fünf Jahren wurde diesmal zu unserem Empfang der rote Teppich ausgerollt. Unserer Familie wurde die beste Zimmerflucht zugeteilt, die einst Königin Victoria beherbergt hatte, als sie gegen Ende des Jahrhunderts in Trossachs weilte. Die Geschäftsleitung wollte uns offensichtlich alles gut und schön machen, vermutlich in der Hoffnung, daß wir das Hotel wieder hochwirtschafteten wie zuvor Cluny Hill. Die Angestelltenzimmer waren sauber und freundlich und viel behaglicher als die in Cluny Hill; es gab sogar ein geräumiges Wohnzimmer mit Radio und Fernsehen. Unten am Loch vor dem Hotel war bereits ein Bootshaus für die Freunde des Wasserskis und Segelns errichtet worden. In der Nähe standen Ponys für Ausritte in die Berge bereit, außerdem gab es einen Tennisplatz. Im Grunde war alles, wofür Peter in Cluny Hill gekämpft hatte, in Trossachs schon vorhanden. Es hätte eigentlich nicht besser sein können.

Zuerst einmal machten Peter und ich dem Gerücht den Garaus, das Trossachs sei ein »Managerfriedhof«. Wir meinten, mit allem

Oben: Eileen, David (3), Jonathan (4), Christopher (5) und Peter 1960 auf der Treppe von Cluny Hill.

Unten: 1975, 15 Jahre später; Gottes Verheißung, wir würden wieder nach Cluny Hill zurückkehren, hatte sich erfüllt.

fertig werden zu können. Und der Ort war einfach herrlich, obwohl Charles in seinem breiten schottischen Akzent vor sich hin brummte: »Das Böse sitzt in den Mauern dieses Gebäudes fest und läßt sich nicht vertreiben.«

»Das ist doch Unsinn, Charles«, widersprach ich ihm. »Mit Gottes Hilfe und mit unserer Liebe werden wir die Schwingungen hier anheben und eine genauso schöne Atmosphäre schaffen wie in Cluny Hill. Schließlich sind alle Anlagen gut in Ordnung, und hinzu kommt, daß wir ein gutes Team sind, das weiß, wo's langgeht. Es sollte uns nicht schwerfallen, dem Ort eine gewisse Festigkeit zu geben.«

Charles ließ sich nicht überzeugen und murmelte etwas von »dunklen Mächten«. Ich schenkte ihm weiter keine Aufmerksamkeit.

Eine Zeitlang schien ich recht zu haben. Dann ging allmählich einiges schief – anfangs waren es nur Kleinigkeiten, aber sie störten. Trotz der hervorragenden Unterkünfte fing das Personal zu murren an. Das konnte auf die abgeschiedene Lage des Hotels zurückzuführen sein: Wir waren acht Meilen von der nächsten Stadt entfernt, und es war nicht leicht, von hier aus der Arbeit zu entfliehen, was verständlicherweise ihre Moral untergrub. Allerdings bemerkte ich auch, daß immer mehr getrunken wurde, und dann verschwanden auch noch ein paar Leute, die zuvor höchst zuverlässig gewesen waren, ohne eine Nachricht zu hinterlassen oder eine Erklärung abzugeben. Und zu allem Überfluß schluckte ein junges Mädchen eine Überdosis Schlaftabletten und mußte eilends ins Krankenhaus gebracht werden.

All diese Vorfälle in der Abgeschiedenheit hatten nichts Verdächtiges an sich, aber als sie sich mehrten, begann ich mich doch zu fragen, worauf wir uns da eingelassen hatten. Meine Weisungen sprachen uns Mut zu, weiter Licht in den Ort zu tragen und unser Bestes zu tun, was jedoch nicht einfach war. Als unser Portier, der fünf Jahre mit uns in Cluny Hill verbracht hatte, plötzlich zur Flasche griff, ging ich zu ihm. Er hatte keine Ahnung, warum er zu trinken begonnen hatte, und in all den Jahren in Cluny Hill war er nie betrunken gewesen. Ich gebot ihm, damit aufzuhören. Eine Weile blieb er nüchtern, um sich dann auf einmal wieder zu betrinken, so daß ich ihn nach Hause zu seiner Frau bringen und ihm kündigen mußte. Das gleiche passierte mit der Wirtschafterin, die ebenfalls gehen mußte. Es war, als flüchteten diese Leute durch den Alkoholgenuß vor etwas. Vielleicht hatte Charles doch recht.

Eines Abends, als ich gerade im Ballsaal mit Peter tanzte, kam einer der Kellner angelaufen und rief mich ans Telefon. Am Apparat war Charles' Freundin, ziemlich außer Atem. »Mrs. Caddy, bitte kommen Sie schnell! Es ist was mit Charles!«

»Wo sind Sie denn?« erkundigte ich mich angstvoll.

»Ich rufe vom Bootshaus an. Bitte beeilen Sie sich!«

Ich sprang ins Auto, vergaß völlig, jemanden als Begleitung mitzunehmen, und raste zum Bootshaus hinunter. Im Wasser zappelte Charles an einem Seil, dessen anderes Ende seine verängstigte Freundin festhielt. Er konnte nicht schwimmen und war so betrunken, daß er nicht aus eigener Kraft aus dem Wasser zu klettern vermochte. Da hing er nun fluchend und grölend. Ich faßte mit an, und gemeinsam schafften wir es allmählich, ihn ans sichere Ufer zu ziehen. Dann entdeckte ich, daß er einen Tauchanzug mit mehreren Kilogramm Gewicht um die Taille herum trug. Er hatte sich das Leben nehmen wollen.

»Charles, was machst du denn bloß?« fragte ich ihn, als wir mit vereinten Kräften zum Bedienstetenhaus zurückstolperten.

Ärgerlich brummte er: »Nichts wird das Böse vertreiben, das in jedem Stein an diesem Platz sitzt – nicht einmal alles Licht der Welt.«

Durch meine Weisungen waren wir dauernd dazu angehalten worden, mehr und mehr Licht über Trossachs auszugießen, anscheinend jedoch ohne viel zu erreichen. Der stellvertretende Geschäftsführer, zu Anfang äußerst charmant und hilfsbereit, wurde verdrießlich und unkooperativ, so daß Peter schwor, er arbeite absichtlich gegen uns. Als ich ihn daraufhin ansprach, erzählte er mir, seine Frau gehe fremd, was seine Nervosität und sein sprunghaftes Verhalten einigermaßen erklärte. Bald darauf hörten wir, daß seine Frau ihn mit zwei Kindern hatte sitzen lassen. Ich war da, damit er mir sein Herz ausschütten konnte, und half ihm auch mit seinen Kindern, so gut ich konnte, aber er ließ sich durch nichts aufheitern. Auch er gab dem Trossachs-Hotel die Schuld. »Das wäre nie passiert, wenn wir nicht an diesen gottverlassenen Ort gekommen wären«, sagte er bitter.

All diese Ereignisse hätten als eine Anhäufung einzelner Probleme betrachtet und beiseite gefegt werden können, wäre nicht Peters Geistesverfassung hinzugekommen. Ich habe nie jemanden gekannt, der besser vermocht hätte, Widrigkeiten als gute Gelegenheiten aufzufassen, wie Peter, der aus allem das Beste machte. Aber dort war er einfach nicht glücklich. Er tat, was er konnte, und verbrachte viel Zeit damit, das Hotel aus seinem Tief herauszuholen; aber seine Begeisterung war geschwunden, und seine Kräfte schienen aufgezehrt zu werden. In Cluny Hill war in allem, was er tat, seine Liebe zu diesem Ort sichtbar geworden, hatte er unerschöpfliche Energien besessen. Soviel Liebe konnte er dem Trossachs-Hotel nicht entgegenbringen – er hatte sie einfach nicht. Statt alle Vorhaben mit dem gewohnten Schwung in Angriff zu nehmen, führte er sie nur verantwortungsbewußt und pflichtschuldigst aus. Im Grunde war er mutlos und apathisch. Das alarmierte mich mehr als alles andere, was im Hotel vorging.

Über das Trossachs-Hotel empfing ich die folgende Weisung: »An diesem Ort muß viel Liebe ausgestrahlt werden, denn die Liebe ist ein Schild, der euch vor den Mächten der Finsternis schützt. Dies ist die letzte Prüfung, die Ich euch auferlege. Könnt ihr den Mächten der Finsternis widerstehen, oder seid ihr ihnen unterlegen? Bereut nie, hierher gesandt worden zu sein. Viele Lektionen hättet ihr nicht lernen können, wenn ihr in Cluny Hill geblieben wärt, wo ihr so gut beschützt wart. Ihr habt nur mit Mühe gelernt, euch in allem an Mich zu wenden, aber wichtig ist, daß ihr diese höchst bedeutsame Lektion gelernt habt.«

Ich hatte keine klare Vorstellung davon, was mit »Mächten der Finsternis« gemeint sein könnte, aber der Ort hatte wirklich etwas Bedrückendes. Er war spürbar dunkel und düster. Selbst das Wetter schlug uns aufs Gemüt. Was wir zuerst als nebelverschleierte, ätherische Schönheit empfunden hatten, war bald nur noch anhaltender, trübsinnig stimmender Regen. Die Sonne schien äußerst selten, wenn einmal die Wolken aufbrachen. Die übrige Zeit war der Himmel grau, wirkte das Hotel düster und schwer, und mit fortschreitender Jahreszeit gerieten wir in immer gedrücktere Stimmung. Diese fühlbare Dunkelheit um uns herum verstärkte unsere wachsenden Probleme mit dem Personal, untergrub unsere guten Vorsätze und entmutigte uns. Sie war nicht greifbar, und doch war sie Wirklichkeit. Ich glaube, jeder im Hotel spürte sie, auch die Gäste.

Wie erleichtert waren wir, als die Saison zu Ende ging! Wir konnten es kaum erwarten, nach Cluny Hill zurückzukehren. Peter schrieb an die Hauptgeschäftsführerin, er habe in Trossachs alles versucht, sei jedoch nicht recht mit dem Herzen bei der Sache, weshalb wir gern so bald wie möglich wieder nach Cluny Hill ziehen würden. Er erwähnte auch beiläufig, daß uns eine Freundin, Naomi, aus Amerika besuchen wolle, und bat um die Erlaubnis, sie im Hotel bei uns aufnehmen zu dürfen. Wir wußten nicht genau, was wir den Winter über machen sollten; wann immer ich um Weisung hinsichtlich der Zukunftspläne bat, erhielt ich doppeldeutige, vage Antworten. »Die einzige Möglichkeit ist die, von einem Tag zum nächsten zu leben. Vorauszuplanen nützt euch nichts. Ihr müßt unter Meiner unmittelbaren Anleitung einen Schritt nach dem anderen tun, und ihr müßt wissen, daß alles vollkommen ins Lot kommt, wenn ihr lernt, allezeit so und nicht anders zu leben. Sorget nicht für den anderen Morgen und sagt: Was werden wir essen? Was werden wir trinken? Womit werden wir uns kleiden? Ihr werdet beizeiten sehen, was Ich meine.« Es war alles sehr verwirrend.

Einen Tag, bevor die Hauptgeschäftsführerin für die Bestandsaufnahme zum Saisonende eintraf, vernahm ich die Worte: »Mein Kind, Ich möchte, daß du morgen alles sehr, sehr positiv siehst. Wenn du beständig mit Mir in Fühlung bleibst, kannst du inmitten des Stroms die Richtung wechseln, ohne umgeworfen zu werden. Dazu mußt du bereit sein. Sei willens, deine Pläne jederzeit zu ändern.«

Mrs. Bruce rief Peter und mich nach ihrer Ankunft in ihr Büro. Sie händigte uns unsere Papiere und Restgehälter aus und sagte uns, wir müßten gehen. Wir hatten vier Stunden Zeit, unsere Sachen zu packen. Wir waren wie vom Donner gerührt. Den Entlassungsgrund erfuhren wir nicht, und Mrs. Bruce fühlte sich auch keineswegs zu einer Erklärung verpflichtet. Bei der Inventur waren keine Fehler in den Büchern aufgetaucht, alles war bis hin zum letzten Teelöffel korrekt, und soviel wir in Erfahrung bringen konnten, wurde auch nicht unsere Art der Hotelführung beanstandet. Als ich in Mrs. Bruce drang, sprach sie vage von personellen Veränderungen. Das war ein harter Schlag für uns alle. Wir hatten so sicher angenommen, wieder nach Cluny Hill zurückkehren zu können.

Innerhalb von vier Stunden waren wir fort. Wir packten unsere und Dorothys Habseligkeiten in unser Auto und holten die Jungen von der Schule ab. Wohin wir gehen und was wir anfangen sollten, wußten wir nicht. Um uns ein wenig von dem Schock zu erholen, verbrachten wir auf Kosten der Firma zwei Nächte in einem Hotel in Lossiemouth, einem ein paar Meilen oberhalb von Findhorn an der Küste gelegenen Fischerdorf. Das war Mrs. Bruces Abschiedsgeschenk an uns, was wir sehr anständig fanden.

Was war schiefgegangen? Wir waren davon überzeugt, zu Cluny Hill zu gehören, und Gott hatte mir sogar gesagt, daß wir dorthin zurückkehren würden. Am Tag nach unserer Abreise von Trossachs empfing ich die Botschaft: »Bleibt vollkommen gelassen, mitten im Zentrum des Sturms, wie gestern. Ich weiß, daß das ein schwerer Schock für euch war, aber Ich war auch bemüht, euch schonend darauf vorzubereiten. Ihr sollt wissen, daß daraus nur Gutes entstehen wird. Ihr mögt es im Augenblick noch nicht erkennen, aber so wird es sein. Euer Glaube wird neugestärkt werden; ihr werdet euch fest zusammenschließen. Wenn ihr einen Schritt nach dem anderen tut, werdet ihr sehen, daß sich alles zum Besten wendet.«

Kapitel 5

Betrachte dies alles als großes Abenteuer. Du kommst in ein fremdes Land mit neuen Leuten und neuen Sitten. Sie sprechen eine andere Sprache und leben sogar anders, und auf deine alten Verhaltensweisen kannst du dich bei diesem neuen Abenteuer nicht verlassen. Sieh die Dinge in einem vollkommen neuen Licht. Es wird nicht leicht sein, denn es ist merkwürdig. Du fühlst dich vielleicht schrecklich, fühlst dich verloren. Es dauert seine Zeit, bis du verstehst, worüber die Leute reden. Es wird noch länger dauern, bis du ihre Sprache sprichst. Du gleichst einem kleinen Kind. Tritt mit Abenteuersinn in das Neue ein. Mit dem rechten Geist kann es ein so fröhliches Abenteuer werden! Du wirst nichts bereuen. Vollkommene Liebe löscht alle Angst aus. Glaube an Mich, vertraue Mir und schreite vertrauensvoll voran.

Alles, was wir besaßen, war ein Wohnwagen, den wir auf einem Platz in der Nähe des Strandes bei Findhorn aufstellten. Wir hatten nur wenig Geld gespart, da wir das meiste in die Verschönerung Cluny Hills und seiner Gärten gesteckt hatten. Jedenfalls hatten wir nicht genug, um ein Haus kaufen zu können. Unser Wohnwagen war dank Peters Reparaturarbeiten im vorigen Winter gut im Schuß. Als eine Weisung uns geboten hatte, ihn zu reparieren, wußten wir noch nicht, daß wir ihn so bald brauchen würden!

Wir zogen also in den Wohnwagen. Dorothy hatte ein Zimmer im nächsten Dorf mieten können, und die Jungen waren entzückt, so nah am Strand zu wohnen. Mein Herz war voller Dankbarkeit dafür, daß uns dieser kleine, vorläufige Schritt möglich geworden war. Das Leben war letztlich gar nicht so übel. Es war eigentlich mehr wie ein Familienurlaub, und so spannten wir ein paar Wochen lang aus und vergnügten uns.

Es war allerdings sehr dringlich, für den Wohnwagen einen Winterstellplatz zu finden, denn unser Campingplatz war nur den Sommer über geöffnet. Ich erhielt die folgende Weisung: »In dieser Situation wird sich erweisen, wer eure Freunde sind.« Das stimmte. Peter und Dorothy beantragten Arbeitslosengeld, und dann kontaktierten wir Leute, die wir aus unserer Cluny-Hill-Zeit kannten. Als Peter noch Manager des Hotels war, wurden wir häufig zu Cocktail-Partys und Essen eingeladen, aber als wir arbeits- und obdachlos in diese Gegend zurückkamen, hatten dieselben Leute keinerlei Interesse mehr an uns. Es war demütigend genug, Peter für Stempelgeld anstehen zu sehen, aber als sich dann auch noch das Gerücht verbreitete, wir wären wegen Diebstahls am Hoteleigentum an die Luft gesetzt worden, und ich daraufhin in der High Street in Forres von Leuten, die ich ziemlich gut kannte, gemieden wurde, war ich tief gekränkt. Ich weiß bis zum heutigen Tag noch nicht, warum wir entlassen wurden, vermute jedoch, daß unsere unorthodoxe Arbeitsweise und Peters engagiertes Eintreten für die Angestellten den Ausschlag gaben. Meine Weisungen beruhigten mich: »Wenn ihr in Trossachs geblieben wärt, hätte das bedeutet, dauernd gegen die dunklen Mächte anzukämpfen. Um keinen Preis solltet ihr das Empfinden haben, ihr hättet gefehlt. Nehmt diese Erfahrung als klares Beispiel für den Zugriff hin, den die Mächte der Finsternis inzwischen auf die Welt haben.«

Das war meine erste Erfahrung mit diesen Mächten der Finsternis. Im stillen hatte ich keinen Zweifel, daß etwas Negatives am Werk war, und ich wußte, daß wir darauf vorbereitet wurden, »eine Schlacht für das Licht auszufechten«. Wie oder warum, das wußte ich nicht. Mir wurde erneut versichert, daß wir eines Tages nach Cluny Hill zurückkehren würden, obgleich Gott keinen Hinweis gab, wann das sein sollte. »Ich möchte, daß Peter weiß, daß er der Wächter von Cluny Hill ist. Darum wird er eines Tages dorthin zurückkehren, und es wird ein großer Tag sein. Denkt nicht an ein bestimmtes Datum, aber seid dieses Meines Versprechens eingedenk, so daß ihr bei allem, was ihr tut, dieses Ziel vor Augen habt. Bewahrt euch immer den Optimismus, nach Cluny Hill zurückzukehren. Allerdings wird es nicht innerhalb dieses Unternehmens sein.«

Einen Monat suchten wir nach einem neuen Platz für den Wohnwagen, bis wir ihn endlich in einer Senke des Findhorn-Campingplatzes an der Straße eine Meile vom Dorf Findhorn entfernt fanden. Ich erinnerte mich gleich an die vielen Male, die wir auf dem Weg zum Strand daran vorbeigekommen waren und gesagt hatten: »Wer will schon in einem solchen Dreckloch wohnen!« Das Gelände, das uns angeboten wurde, ähnelte wirklich einem Müllplatz und war von Schutt und Abfall übersät. In einer Ecke stand eine alte Garage mit zerbrochenen Fensterscheiben, dicht umwuchert von Unkraut und Dornengestrüpp. Immerhin hatte der Platz den einen Vorteil, daß er ein gutes Stück weit von den anderen Wohnwagen entfernt und als Kuhle etwas abgesondert und privat war.

Am 17. November 1962 schleppten wir unseren Wohnwagen in jene Senke hinein, wo er seitdem geblieben ist.

Ich fand mich damit ab, den Winter in dem engen Wohnwagen zu verbringen. Glücklich war ich zwar nicht darüber, aber ich schickte mich in die Situation, die ja nicht ewig währen sollte. Meine ganze Hoffnung setzte ich auf das, was Gott für die Zukunft bereithielt, und bis dahin versuchte ich es uns einigermaßen gemütlich zu machen. Der Winter war in diesem Jahr rauh und kalt. Das Wasser fror in den Leitungen, so daß wir, was wir brauchten, von den ein paar hundert Meter weit entfernt liegenden Toiletten holen mußten. Den Kindern allerdings gefiel das kalte Schneewetter, sie zogen einander jeden Tag mit dem Schlitten zur Schule im Dorf. David war vier, Jonathan sechs und Christopher sieben Jahre alt.

Unser Lebensraum war so beengt, daß es kaum zu ertragen war. Die drei Jungen teilten sich einen kleinen Raum an dem einen Ende des Wohnwagens mit einem Bett und einer Doppelkoje. Alles, was sie an Kleidung besaßen, und ein bißchen Spielzeug, war in Kartons unter den Betten verstaut. Der noch verbleibende Raum war Wohnzimmer, Eßzimmer und Schlafzimmer in einem. Unser Doppelbett ließ sich für den Tag an der Wand hochklappen; jeden Abend mußten wir, um es herunterklappen zu können, erst zwei Sessel auf die Sitzbank stellen, das Ganze auf die Seite schieben, die vier Stühle daneben aufeinanderstapeln und den Tisch zusammenklappen. Das Bad lag neben diesem Raum, und wer es benutzen wollte, mußte jedesmal durch unser »Schlafzimmer«. Wir konnten uns nicht zurückziehen und ungestört sein. Der schmale Gang zwischen dem Kinderzimmer und dem Hauptraum war meine Küche. Ich hatte einen zweiflammigen Gasherd mit einem winzigen Backofen, der neben einer kleinen Spüle stand. Wer an mir vorbei wollte, wenn ich kochte, mußte sich hindurchzwängen. Das war alles, was uns an Wohnraum zur Verfügung stand.

Kurz bevor wir auf diesen neuen Platz gezogen waren, hatte ich die folgende Weisung empfangen: »Lerne, die Wohltaten zu zählen, die du erfährst, und danke Mir stets dafür. Dann wirst du sehen, wie gesegnet du bist. Ich sage dir nochmals ausdrücklich, daß Einigkeit zwischen euch allen absolut lebenswichtig ist. Sie muß erkämpft und erhalten werden. Die Atmosphäre in diesem Wohnwagen hat ihre Bedeutung für die Arbeit. Erkennt, daß Ich euch diesen beschränkten Raum zugewiesen habe, damit ihr lernt, in vollkommener Harmonie zusammenzuwirken. Wenn ihr euch im großen einigen könnt, werdet ihr es auch im kleinen können. Dafür braucht jeder Feingefühl und Verständnis. Ihr seid alle so verschieden wie Tag und Nacht, aber denkt daran, daß ihr nicht zufällig unter diesen Umständen zusammengeführt worden seid. Das alles entspricht Meinem Plan. Ihr müßt eine Aufgabe erfüllen. Wenn ihr es unter diesen Bedingungen schafft und einig seid, wird es auch anderen Gruppen gelingen. Verzweifelt nicht, denn Ich bin immer mit euch.«

Mein Leben lang hatte ich mich nach Sicherheit gesehnt und sie eigentlich nie gefunden. Dadurch hatte ich Angst vor neuen Orten und neuen Leuten. Schon als Kind hatte ich Angst, ein Schiff oder einen Zug zu verlassen, um eine neue Gegend anzuschauen, eine Angst, die mich mein Leben lang geplagt hat. Immer wenn ich meinte, an Gott meinen sicheren Halt gefunden zu haben, geschah irgend etwas, das mich wieder von einem hohen Sprungbrett ins Ungewisse treten ließ. Und jedesmal ergriff mich dann diese schreckliche Angst. Von Peter konnte ich nicht erwarten, daß er mich verstand, da er nicht einmal wußte, was Angst bedeutete. Meine Weisung lautete: »Du kannst nicht zurück, und du kannst nicht stillestehen. Du mußt weitergehen, geradewegs in das neue Unbekannte hinein. Das ist etwas, was du nur allein tun kannst. Mein Kind, in dem Maße, in dem du dich zu Mir hinwendest, wird sich deine Angst verlieren. Wenn du den Sprung nicht ein für allemal wagst, wird es so sein, als würde eine Tür geöffnet und wieder geschlossen und ließe kurz einen wundervollen Lichtschein ein, um ihn gleich darauf wieder auszuschließen, weil das Licht zu hell ist. Wirf deine Angst auf Mich und wisse, daß deine Zukunft prächtig sein wird. Mein Frieden und Segen sei mit dir.«

Was war wohl dieses »neue Unbekannte«? Was mußte ich noch durchmachen, ehe ich mit meinen Kindern und meinem Mann in Frieden leben konnte? Uns wurde wieder und wieder gesagt, wie wichtig es sei, miteinander in Einklang zu kommen, um die Schwingungen in uns und um uns herum anzuheben. Bei allen Aspekten unseres Lebens ging es um das Anheben von Schwingungen. Zuerst hatte ich keine Ahnung, was mit »Schwingungen« gemeint sein könnte, aber allmählich spürte ich, daß sie sich wie eine starke Energie aufbauten. Wenn ich mich über die Jungen ärgerte oder Spannungen mit Dorothy oder Peter hatte, merkte ich, wie davon die friedliche, liebevolle Atmosphäre zerstört wurde, die wir geschaffen hatten. Mir wurde gesagt, es läge ganz bei mir; wie ich dächte, solches würde ich auch bewirken. Demnach war es überaus wichtig, positiv und voller Liebe zu denken, und gerade das war so schwierig!

Es brachte mich schier zur Verzweiflung, wenn die Jungen mit ihren Freunden in lehmverkrusteten Stiefeln durch die Küche marschierten und überall Mäntel und Mützen herumliegen ließen, wo ich doch den ganzen Morgen damit zugebracht hatte, aufzuräumen und den Küchenfußboden zu scheuern! Nur allzuoft war ich gereizt und verlor die Geduld mit ihnen, um mir dann Vorwürfe zu machen, weil ich aus der Haut gefahren war. Oder Peter kam herein nach einem Tag Arbeit am Komposthaufen, um ein Bad zu nehmen, und stank so arg, daß ich mit ihm schimpfte, während er auf das heiße Wasser wartete. Ich kam einfach nicht mehr heraus aus Gestank, Dreck und Unordnung. Dabei kann ich es nicht ausstehen, im Chaos zu leben, und ich wandte all meine Zeit und Geduld daran, unter diesen Umständen einen gewissen Standard aufrechtzuerhalten.

In meiner stillen Zeit mit Gott vernahm ich die Worte: »Beginn den Tag damit, Mich in deinem innersten Wesenskern zu finden und für den Rest des Tages Meinen Frieden und Meine Klarheit zu erkennen und zu spüren. Oft wirst du jäh geweckt von einem der Jungen, und dann gibst du deiner ersten Aufwallung von Ärger nach und setzt ihm den Kopf zurecht. All die Kleinigkeiten, die dich aufregen und stören, erfüllen einen bestimmten Zweck. Du stehst ein dutzendmal am Tag auf dem Prüfstand, darum bemühe dich, wie du dich noch nie bemüht hast, anders zu sein. Trachte danach, indem du Meine Hilfe suchst.«

Das Problem war, bei soviel Betriebsamkeit auf so beengtem Raum zu meditieren. Voller Verzweiflung wandte ich mich nach innen. »Warum gehst du nicht hinunter zu den öffentlichen Toiletten?« hörte ich. »Dort wirst du vollkommen ungestört sein.«

Ich war völlig entgeistert. Welch ein Gedanke! Auf einer öffentlichen Toilette auf die Stimme Gottes lauschen? Ich konnte mir nichts Unwürdigeres vorstellen. Doch als ich darüber nachdachte, mußte ich zugeben, daß Gott absolut recht hatte. Spät am Abend oder frühmorgens wurde ich wohl kaum gestört. Also handelte ich danach, bei jedem Wetter. Selbst wenn es kalt war und schneite, zog ich mir den Wintermantel an und setzte mich stundenlang mit Notizbuch und Stift auf die Toilette, um die schönsten Visionen und Botschaften aufzuzeichnen. Die Lösung war schlicht perfekt, obschon ungewöhnlich. Ich konnte nicht länger an der Existenz Gottes im Innern und der Möglichkeit zweifeln, daß man überall meditieren konnte.

Unsere Tage waren gepackt voll, besonders bei Anbruch des Frühlings, als wir einen kleinen Garten zu bestellen anfingen und einen Anbau an unserem Wohnwagen vornahmen, in dem Dorothy wohnen konnte. Unsere Weisungen betonten nachdrücklich, daß Dorothy dort bei uns leben sollte, um die richtigen Schwingungen in Wohnwagen und Garten zu erzeugen. Uns wurde geboten, alles im rechten Geist zu tun. »Die Zeit spielt keine Rolle, nur die Gemeinschaft, die Zusammenarbeit und das positive Denken. Wisset, daß ihr jedesmal, wenn ihr den Spaten in die Erde steckt, Strahlungen hineinführt. Liebt den Gemüsegarten, macht von all Meinen Gaben Gebrauch und seid dafür dankbar. Freut euch an dieser Zeit, in der ihr einen Ort der Harmonie und Schönheit schafft. Ihr könnt sicher sein, daß etwas nicht stimmt, wenn keine Harmonie unter euch herrscht. Es ist stets besser, aufzuhören und nichts zu tun, als etwas zu tun, was Zwietracht sät. Die Arbeit an dem Anbau bedarf in allem der Anleitung. Sie ist euch mit einem bestimmten Zweck zugewiesen worden: um euch zu lehren, bei jedem Schritt Meinen Rat einzuholen, und damit ihr lernt, in vollkommener Harmonie zusammenzuarbeiten. Es handelt sich nicht einfach nur um eine Arbeit, die fertigzustellen wäre, um Dorothy eine Bleibe zu geben. Ihr sollt daran ein paar sehr nützliche Lektionen lernen. Dazu habt ihr reichlich Zeit. Ich möchte, daß ihr euch die Schwingungen an diesem Ort voll und ganz bewußt macht. Sie gehen von jedem von euch aus, folglich seid ihr selbst für die rechten Schwingungen verantwortlich.«

Wir waren allesamt so verschieden und hatten so unterschiedliche Interessen und Auffassungen. Dorothy und Peter unterhielten sich manchmal über Dinge, die meinen Horizont überstiegen, esoterische Themen, mit denen sie sich eingehend befaßt hatten, ich hingegen nicht. Neben Dorothy kam ich mir oft wie ein unwissendes Dummerchen vor, und dann stürmten wieder all die Gefühle meiner Unzulänglichkeit auf mich ein, von denen in meiner Kindheit das Verhältnis zu meiner Schwester überschattet war. Wie meine Schwester hatte auch Dorothy mir den Verstand und die Bildung voraus. Sie war zur Universität gegangen, war intelligent und gut belesen und konnte Diskussionen mit Peter führen, zu denen ich nicht fähig war. Sie spielte sich aber nie mir gegenüber auf und ließ mich in keiner Weise ihre Überlegenheit spüren. Derartiges entsprang einzig und allein meinem eigenen Denken. Aber wenn sie nicht daran dachte, abzuwaschen, fing ich im stillen an zu murren, und dann hörte ich in meinem Innern die Worte: »Einigkeit fällt euch nicht von selbst in den Schoß; ihr müßt schon danach streben. Ab und zu sind Blockierungen da, weil das Verhältnis zwischen euch gespannt oder von Intoleranz und Kritik gezeichnet ist. Das tritt nicht immer offen zutage, was besonders schlimm ist, denn was unterdrückt wird, kann nicht vom Licht der Wahrheit beschienen werden und frißt sich nur immer tiefer ein.«

Bei Dorothy und Peter stand häufig Wille gegen Wille. Peter pflegte mit Feuereifer an ein Projekt zu gehen, sobald er es für gut befunden hatte, ohne lange zu überlegen, was wir vielleicht gerne dazu beitragen würden. Manchmal waren er und Dorothy uneins darüber, wie etwas bewerkstelligt werden sollte. Peter ging dann stets einfach ans Werk, und das machte Dorothy wild. Er hatte einen solchen Tatendrang, daß er nicht einsehen konnte, warum erst noch darüber gesprochen werden sollte. Er packte die Sache eben gleich an.

Ich hatte nur dann ein gutes Gefühl bei dem, was ich vorbrachte, wenn ich es als innere Weisung empfangen hatte. Peter hatte absolutes Zutrauen zu meiner inneren Stimme und hielt sich bis ins kleinste daran, sofern es niedergeschrieben war. Sein Vertrauen half mir, mich auf meine Weisungen zu verlassen, besonders dann, wenn sie mir seltsam und widersprüchlich erschienen. Darin bestand das starke Band zwischen uns. Gott hatte uns für ein spezielles Werk zusammengeführt, und wir empfanden unsere Beziehung auch in tiefster Seele als spirituelles Zweckbündnis. Wir konzentrierten uns völlig auf unsere Arbeit, und es gab so viel zu tun, daß wir nie innehielten, um unsere Arbeit in Frage zu stellen.

Ich sah zu Peter auf, und sein Beifall bedeutete mir alles. Er wußte eine Menge über spirituelle Gesetze und Prinzipien, während ich sehr wenig, nämlich nur das darüber wußte, was ich durch meine Weisungen erfuhr. Peter bestätigte in allem meine Verbindung zu Gott, bestärkte mich jedoch durch seine Haltung unabsichtlich in meiner insgeheimen Überzeugung, für mich selbst nichts wert zu sein. Statt ganz ich selbst zu sein und meine eigenen Ansichten und Gefühle zum Ausdruck zu bringen, tat ich mein Bestes, der Mensch zu werden, den sich Peter meines Erachtens wünschte.

Abends zum Beispiel, wenn Peter las oder fernsah, flickte ich seine und die Sachen der Kinder oder strickte Pullover für sie. Manchmal war ich das Nähen und Flicken vollkommen leid und sehnte mich danach, meinem Hobby nachgehen zu können, nämlich Puppenkleider zu stricken. Ich mache schrecklich gern kleine, knifflige Sachen. Aber ich vermochte mich aus Angst, Peters Mißfallen zu erregen, nicht zu einer solchen kreativen Beschäftigung durchzuringen. Dabei hätte Peter es wahrscheinlich überhaupt nicht bemerkt, und doch war ich so dumm, mir das Vergnügen zu versagen, mich schöpferisch zu betätigen, nur weil ich Tadel fürchtete.

Ich empfing eine Weisung, die mich ermutigte, mich selbst und mein Tun besser zu würdigen, aber es dauerte lange Jahre, bis mir das einging: »Ich habe dir viele Male gesagt, daß du für ein Werk ausersehen bist, das niemand sonst vollbringen kann. Du bist Mir unentbehrlich. Dieser Gedanke hat dich zwar getröstet, aber du hast ihn nie in seinem vollen Ausmaß erfaßt. Du hast die großartigste Gabe erhalten, um die ein Mensch je bitten kann. Du weißt, daß Gott zu dir spricht und dein ganzes Leben leitet und bestimmt. Vergleich nie dich, deine Lage und dein Leben mit einer anderen Seele. Daraus erwächst nur Unzufriedenheit und Kritik. Wenn du all deine Zeit damit verbringst, die Segnungen zu bedenken, die dir zuteil werden, allem das Beste abgewinnst und die Schönheit überall siehst, verschwendest du auch keine Zeit an solche Vergleiche.«

Ein Tadel von Gott war noch schlimmer als von Peter. Ich wand mich vor Scham, besonders, wenn ich es anderen mitteilen mußte.

»Ich weiß, wie dir zumute ist, Mein Kind, wenn ich ein ernstes Wort mit dir reden und dich zurechtweisen muß, aber sei dankbar, daß ich das tue, denn nur so kannst du etwas daran ändern. Es ist peinlich, einen Makel in Meinem Licht aufscheinen zu sehen, aber nur aus großer, zärtlicher Liebe zu dir beleuchte Ich all diese wunden Stellen, damit sie ins Licht kommen und heilen.«

Ich ärgerte mich. Wurde ich nicht wie ein kleines, ungezogenes Kind behandelt? Warum bekam denn *ich* den Anpfiff? Warum nicht die anderen? Die Kritik verletzte mich tief, und mein Groll bedrückte mich immer mehr. Da schlug Gott vor: »Laß dich nur ganz sanft berühren von allem, was du tust, wie vom Flattern eines Schmetterlings oder einem linden Sommerwind. Wie anders wird es dann nicht nur um dich, sondern auch um deine Umgebung bestellt sein! Versuch, immer das Heitere in den Dingen zu sehen, statt dich niederdrücken zu lassen.«

Ich war Stimmungsschwankungen unterworfen, die hoch und tief gingen wie Quecksilber. Dauernd wurde ich von innen her ermahnt, mich emotional zu festigen, einen Sinn für die Verhältnisse zu entwickeln, indem ich etwas für andere tat, und an alles zu denken, womit ich gesegnet sei. Ich muß damals eine ungelehrige Schülerin gewesen sein! »All die Konflikte in deinem Innern bilden die alte Haut, derer du dich wie eine Schlange entledigst. Manchmal bleibt sie hängen, und dann mußt du dich noch mehr winden, um sie weiter abzustreifen, aber du weißt ja, daß unter der alten Haut die neue zum Vorschein kommt, und dann ist die Freude groß. Verzweifle nicht; Ich bin immer bei dir.«

Es gab so viele Ungewißheiten: Würde Peter Arbeit finden? Wie konnten wir mit so wenig Geld auskommen? Was mochte die Zukunft bringen? Alles war unsicher. Jede Woche steckte ich die 8 Pfund Arbeitslosengeld, 1 Pfund 10 Schillinge Kindergeld und Dorothys Beitrag in ein Gefäß auf dem Kaminsims, um davon Gas, Strom und Heizmaterial zu bezahlen; der Rest war für Nahrungsmittel. Es blieb nie etwas übrig. Gott sagte mir: »Ich werde stets eure Bedürfnisse befriedigen, aber nicht eure Wünsche. Du weißt, daß das Geld für das Nötigste reicht, nur mußt du dich bei deinen Einkäufen genauestens an Meine Weisungen halten. Du brauchst keinen Notgroschen zurückzulegen. Es wird immer genug dasein, dessen sei versichert.« Wir lebten von der Hand in den Mund, aber es war die Wahrheit: Unsere Bedürfnisse wurden immer befriedigt, manchmal auf wunderbare Weise.

Ich sollte in meiner Sicherheit noch mehr erschüttert werden: Sheena erschien wieder auf der Bildfläche. Irgendwie hatte sie erfahren, daß wir in Findhorn lebten, nicht allzuweit entfernt von der Schule, in der sie Musikunterricht gab, und so tauchte sie eines Tages plötzlich am Wohnwagen auf. Alles an ihr war grau, Kleidung wie Haare, und die alte Sheena, die wir einst gekannt hatten, war kaum noch wiederzuerkennen. Sie wollte wissen, ob wir noch immer Weisungen von Gott erhielten, und auf sentimentale Weise wieder an die alte Zeit anknüpfen. Das war bestimmt nicht richtig. Ich bat während ihrer Anwesenheit um Weisung und vernahm: »Mein liebes Kind, die Vergangenheit ist aus und vorbei. Ich sage dir, Sheena hat nichts mehr in eurem Leben zu suchen. Was sie tut, muß sie selbst, ohne euch, tun. Sie muß ihr eigenes Leben leben. Laßt sie. Sie paßt nicht in das, was Ich mit euch vorhabe. Das weiß sie, aber sie will es nicht wahrhaben wie ein Ertrinkender, der sich an einen Strohhalm klammert. Sie sollte gehen und euch in Ruhe lassen.«

Sheena wurde sehr wütend und behauptete, meine Weisung sei falsch, aber sie ging. Ich hatte längst keine Angst mehr, sie könne mir Peter entfremden. Anscheinend hatte sie nicht mehr die gleiche Macht über ihn. Allerdings war ihre Zuneigung zu Christopher noch genauso stark wie früher. Die alte Angst befiel mich wieder, und ich war wie besessen von dem Gedanken, Sheena würde Christopher von der Schule abholen und mit ihm verschwinden. Sie hatte ihn schon einmal verschleppt, und jetzt hatte sie ein so leeres Leben, daß die Wahrscheinlichkeit noch größer war. Jeden Morgen, wenn die Jungen sich auf den etwa eine Meile weiten Schulweg machten, fragte ich mich, ob Christopher wohl am Nachmittag fröhlich zur Tür hereingestürzt kommen würde.

Die Angst packte mich schließlich so, daß ich mich in meiner Meditation Gott anvertraute. »Lieber Gott«, betete ich, »was soll ich nur machen? Ich fürchte mich so sehr vor dieser Frau, daß ich kaum an etwas anderes denken kann.«

»Mein Kind, du mußt Sheena anrufen und sie fragen, ob du ihr mit den Jungen einen Besuch abstatten darfst.«

»O nein, das geht nicht, das kann ich nicht!« Der bloße Gedanke daran entsetzte mich zutiefst. »Darf ich Peter fragen, ob er mitkommen will? Oder Dorothy?«

»Nein, das ist etwas, das du allein erledigen mußt. Fahr hin und nimm die drei Jungen mit.«

Es dauerte ein paar Tage, bis ich mir ein Herz gefaßt hatte, und dann rief ich sie an. Wie ich in der Telefonzelle stand, zitterte ich von Kopf bis Fuß. Mühsam brachte ich meine Frage hervor, ob ich sie mit den Jungen besuchen dürfe. Sie war sehr grob und von obenherab, sagte jedoch ja, und ich vereinbarte mit ihr, am folgenden Nachmittag nach der Schule zu ihr zu kommen. Die erste Hürde war genommen; ich war merkwürdigerweise erleichtert, aber noch stand mir die leibliche Begegnung bevor.

Als die Jungen anderntags aus der Schule kamen, packte ich sie gleich ins Auto. Mir war schwach in den Knien, und mein Kopf schmerzte, aber ich hatte mir fest vorgenommen, die Sache zu Ende zu bringen. Während wir die 12 Meilen zu ihrer Wohnung fuhren, beruhigte ich mich allmählich. Ich klingelte an der Haustür, und Sheena machte auf. Sie warf mir einen eisigen Blick zu und wandte sich dann den Jungen zu, die sie herzlich begrüßte. Wie ich dort so stand und sie anschaute, sah ich nur eine einsame, unglückliche alte Frau. Zum ersten Mal in all den Jahren, die ich sie kannte, empfand ich Mitleid mit ihr – und Trauer. Irgend etwas in meinem Innern fiel von mir ab. Ich hatte keine Angst mehr vor ihr und fürchtete nicht mehr, sie könne mich in irgendeiner Weise beeinflussen. Ich war frei.

Sheena war an diesem Nachmittag außerordentlich unfreundlich zu mir; zeitweise übersah sie mich einfach, oder sie ließ scharfe Bemerkungen über mich, Peter und die Kinder fallen. Zum allerersten Mal nahm ich das, was sie sagte, ohne weiteres hin. Ich war weder verletzt noch verärgert. Ich sah nur, wie unglücklich sie war, und sie tat mir leid. Eine Riesenlast wurde mir von den Schultern genommen, und ein Stein fiel mir vom Herzen. Unablässig dankte ich Gott für das, was geschehen war. Mir kam zu Bewußtsein, wie glücklich

ich mich preisen konnte, einen Mann zu haben, den ich aufrichtig liebte, drei wunderbare Jungen und ein Heim, auch wenn es nur ein kleiner Wohnwagen war. Und ich hatte Gott. Sheena hatte nichts, sie war voll Bitterkeit und Groll – sie, die das alles vorher besessen hatte.

Diese Erfahrung, daß ich den Mut gehabt hatte, meine größte Angst zu überwinden, war eine der wichtigsten Lektionen, die ich je gelernt habe. Ich hatte mir Sheena immer als ein Ungeheuer vorgestellt und sie dadurch nicht so sehen können, wie sie wirklich war. Ich hatte ihr stets mehr Macht über mich zugeschrieben, als sie letztlich hatte, und aus Angst und Unsicherheit ganz übersehen, daß sie ein Mensch mit Gefühlen und Fehlern wie ich selbst war. Nachdem ich diese Hürde genommen hatte, konnte mich Sheena von da an durch nichts mehr aus der Fassung bringen.

Einige Tage später, ich stand gerade vor dem Wohnwagen und plauderte mit jemandem, bog Sheena um die Ecke. Ich wandte mich innerlich an Gott und fragte, wie ich mich verhalten solle. »Wie Ich«, sagte Gott, und in diesem Augenblick fühlte ich buchstäblich, wie sich mein Herz öffnete und Liebe – die reinste Liebe – an Sheena verströmte. Es war ein Wunder, und ich dankte Gott dafür. Das war der Beweis dafür, daß ich meine Angst überwunden hatte.

Sheena gab ihren Groll uns gegenüber nie ganz auf, vielleicht, weil sie nicht hinnehmen konnte, daß sie nicht an dem beteiligt war, was wir in Findhorn unternahmen. Ich hatte eine so deutliche Weisung empfangen, ihr Platz sei nicht bei uns, daß wir kaum mehr tun konnten, als ihr unsere Freundschaft anzubieten. Sie kündigte schließlich ihre Stellung an der Schule, zog fort, und wir verloren sie aus den Augen. Jahre später hörten wir, sie sei in Edinburgh an einer Gehirnblutung gestorben.

Inzwischen wuchs ich innerlich und machte Erfahrungen lauterster Freude. Allabendlich verbrachte ich einige Stunden in der Meditation und erlebte Visionen, Licht- und Farbeneindrücke und eine Ebene von höchster Reinheit, die mich in eine andere Welt versetzte. So vielgestaltig und schön war diese, daß ich manchmal Schwierigkeiten hatte, wieder in die Welt des häuslichen Lebens mit den Kindern zurückzufinden. Natürlich kamen mir auch Zweifel. Gab ich mich Illusionen hin? Vielleicht war alles, was ich auf diesen inneren Ebenen erlebte, reine Einbildung. Gottes Antwort auf solche Gedanken war, ich müsse vertrauen. »Bitte, ehe du dich öffnest, um Reinigung und Läuterung. In diesem Zustand kann dich nur die Wahrheit durchdringen, denn Ich halte das Unwahre ab. Das ist dein bester Schutz. Vertraue vollkommen auf das, was jetzt geschieht, denn vieles davon gehört höheren Ebenen an, die du mit deinen Menschenaugen nicht sehen kannst. Aber du spürst und erkennst sie mit deinen höheren Fähigkeiten, die viel verläßlicher sind.«

Jeden Abend meditierten Peter, Dorothy und ich zusammen ein bis zwei Stunden über die »innere Arbeit«. Wir standen mit Naomi in Verbindung, die in den Vereinigten Staaten auf ähnliche Weise tätig war; sie gab uns eine Liste der magnetischen Zentren in verschiedenen Ländern, auf die wir Liebe und Licht ausstrahlten, und wir knüpften telepathische Kontakte, die uns mit einem weltweiten Lichtnetz verbanden. Wir handelten nur aufgrund absolut fester Überzeugung, denn die einzige Bestätigung für das Vorhandensein solcher Zentren war eine innere Gewißheit. Gelegentlich hatte ich Visionen von Mitgliedern dieser Gruppen, zum Beispiel einer Gruppe Geschäftsleute in der Türkei. Ich sah sie sehr deutlich, wie sie sich in traditioneller Kleidung um eine Hauptgestalt scharten. Vor meinem geistigen Auge erstand auch das Bild einer Gruppe in den Niederlanden, die irgendwie mit der holländischen Königsfamilie verbunden war, ferner von einer Gruppe in Sibirien und einer weiteren in Südamerika. Außerdem nahm ich Fühlung auf mit den Ureinwohnern Australiens sowie Buschmännern in der Kalahari-Wüste Südafrikas. Dorothy erhielt ebenfalls Teilinformationen, die uns halfen, die Menschengruppen zu identifizieren und zu visualisieren, auf die wir ausstrahlten, und so streckten wir in absolutem Glauben unsere Fühler aus und sandten je nach Bedarf Liebe oder Licht aus.

Uns wurde gesagt: »Die Arbeit, der ihr euch am Abend widmet, sollte euch ins Herz eingehen, bis ihr die Schwingungen eines jeden Zentrums erspürt habt. Manche der magnetischen Zentren sind euch noch nicht spürbar. Konzentriert euch tagsüber oder abends darauf, bis ihr sie wirklich erlebt und kennt. Jedes einzelne davon muß sich als Teil des Ganzen empfinden. Dies ist ein Netz aus Licht, darum sollten alle miteinander verbunden sein. Diejenigen, die eurem Gefühl nach außen stehen, sind sich nur noch nicht im klaren darüber, wie und wem sie sich anschließen sollen. Lernt, die Schwingungsverflechtungen und -vermischungen der Zentren untereinander wahrzunehmen, bis keines mehr auf sich allein gestellt ist. Die Kraft entspringt dem Verknüpfen und Vereinigen der Zentren.«

Peter pflegte allabendlich die Namen der Zentren zu verlesen, und dann wandten wir uns jedem einzelnen zu und strahlten mit dem Herzen Liebe oder mit dem dritten Auge auf der Stirn Licht aus, je nachdem, was das betreffende Zentrum brauchte. Gott verglich das mit einer Segelfahrt, bei der hin und her gekreuzt werden muß. Wenn ich Liebe ausstrahlte, fühlte ich einen ganz sanften Strom von meinem Herzen zu der jeweiligen Person oder Gruppe hinfließen. Das Licht hingegen war wie ein starker Strahl, der von meiner Stirn ausging, und ich konnte spüren, wenn er sein Ziel erreichte. Beide Erfahrungen waren völlig unterschiedlich.

Dieses Wirken im Glauben, ohne je Antwort von einem der magnetischen Zentren zu bekommen, erforderte ein besonderes Verständnis: »Um dies zu verstehen, müßt ihr eure Imagination ausdehnen und versuchen, das Leben der anderen Menschen zu leben. Aber seid vorsichtig, denn nur allzu leicht wird etwas zertreten und zerstört, wenn ihr nicht feinfühlig vorgeht. Ich habe euch gebeten, so mit allen magnetischen Zentren zu verfahren. Sie zu verstehen ist eine ungemein schwierige Aufgabe. Jedes ist wieder anders und muß anders behandelt werden.«

Die Einheit unserer Gruppe war für diese Arbeit ausschlaggebend, deshalb mußten wir sensibler und verständnisvoller miteinander umgehen lernen, ehe wir hoffen konnten, auf inneren Ebenen das gleiche mit Leuten zu tun, die wir gar nicht kannten. So manches Mal wollte ich schier verzweifeln, ob ich diese Verständnistiefe wohl je erreichen würde, da ich sie oft nicht einmal meinen Kindern gegenüber verwirklichen konnte.

Doch immer wurde mir versichert: »Was du täglich im Umgang mit den Kindern und den anderen lernst, kann und wird sich fächerförmig ausbreiten in ein gewaltiges Werk. Es nimmt hier seinen Anfang, wo du bist. Wenn es nicht an der Quelle beginnen würde, wäre es ohne Nutzen.«

Ich nahm Kontakt zu einer Gruppe von Geistlichen in Brasilien auf, die als Übermittler für Strahlungen nach Südafrika fungierten. Wir wußten nicht, ob sie bewußt mitwirkten oder nicht. Mir kam es eigentlich so vor, als seien einige der Zentren uralt und wüßten um ihre Mission, während andere, jüngere, noch keine Ahnung hatten, wozu sie benutzt wurden. Einmal sah ich in einer Vision ein Lichtgeflecht, das aus Lichtfäden gewoben zu sein schien, die die magnetischen Zentren miteinander verbanden. Es war ein bestimmtes Muster – aber noch nicht fertig. Vieles von der Arbeit verstand ich nicht so recht, aber ich schrieb nieder, was immer ich vernahm, und teilte es Peter und Dorothy mit.

Wieder und wieder wurde mir gesagt, bei diesem spirituellen Leben gäbe es keinen Unterschied zwischen Arbeit und Freizeit, und die Zeitspannen, die ich auf höheren Ebenen in der Gemeinschaft Gottes mit wunderbaren Botschaften und Visionen oder mit dem Ausstrahlen auf andere Gruppen verbrachte, seien nicht von meinem normalen Leben zu trennen – meinem »eigenen« Leben, in dem ich Mutter und Ehefrau war. Alles war eins. Dieses Einssein immer zu spüren war schwierig, und ich neigte dazu, mein Leben zu unterteilen. Ich brauchte Zeit für mich selbst, und dadurch geriet ich innerlich in Konflikte und Verwirrung. »Ich möchte, daß du lernst, ganz in Mir aufzugehen, so daß kein Unterschied mehr besteht zwischen der Zeit, die du Mir widmest, und der Zeit, die du für dich in Anspruch nimmst. Es sollte alles ein und dasselbe sein.«

Sehr oft wollte ich aus einem höheren Bewußtseinszustand nicht wieder in die Alltagswelt zurück – zu meiner Sorge um die Familie, zum Kochen, Waschen und Putzen. Dann wurde ich sanft und liebevoll daran erinnert, daß ich nicht ständig nur Gipfelerfahrungen erleben könne. Sie dienten dazu, mich wiederaufzuladen, damit ich in die gewohnten Lebensbahnen zurückkehren und dank dieser Erfahrungen mit Freude und Liebe im Dienst an meinen Mitmenschen weiterleben konnte.

Unsere innere Arbeit gab unserem täglichen Leben einen Sinn. Alles, was wir taten, geschah zu einem höheren Zweck. Wir bestellten den Garten nicht nur, um unseren Nahrungsbedarf zu decken, sondern gaben Strahlungen an den Erdboden weiter. Unser Verhältnis zueinander mußte harmonisch sein, um diese Schwingungen zu erhöhen und durch unsere Gedanken noch zu verstärken. Wir schufen ein magnetisches Zentrum. Uns wurde gesagt, andere würden eines Tages zu uns stoßen, und wir wurden beständig daran erinnert, daß unser Werk großartiger sei als alles, was wir uns erträumen könnten. »Es ist notwendig, diese Erde mit Strahlungen zu versorgen und fortwährend Kraft aufzubauen. Je größer die Kraft, um so schneller werden die richtigen Menschen hierher gezogen. Jeder von euch spielt eine besondere Rolle, wenn er in diesen Ort ausstrahlt. Das habt ihr gestern zum ersten Mal gespürt, als ihr den Kompost ausgebracht habt. Ihr wart völlig auf eure Arbeit konzentriert und fühltet die Strahlung durch euch fließen. Ihr habt gespürt, daß euer Tun wirklich den Pflanzen und der Erde zugute kam.«

Ich verstand nicht recht, wofür wir ein magnetisches Zentrum aufbauten, und es kam mir absurd vor, daß unsere kleine, auf einem abgelegenen Campingplatz am Moray Firth lebende Gruppe so wichtig sein oder gar andere anziehen sollte. Dennoch fuhr ich fort, zu lauschen und alles aufzuschreiben, wie unverständlich die Botschaften auch sein mochten und wie schwer es mir auch fiel, die Zeit zum Meditieren zu finden. Die Gemeinschaft mit Gott wurde lebensnotwendig für mich, und ich meinte, sterben zu müssen, wenn ich jemals aufhörte, zu lauschen und zu empfangen. Ich spürte einen inneren Drang; so viel Arbeit lag noch vor uns, und ich mußte offen bleiben, um den nächsten Abschnitt der sich entfaltenden Handlung zu empfangen.

Oft saß ich und meditierte lange, ohne daß etwas ankam, aber sobald mein Stift das Papier berührte, war es, als würde Strom angeschaltet. Die Worte flossen nur so. Ich vernahm: »Ich wirke durch jeden von euch auf eine andere Weise. Du dienst Mir auf diese ganz besondere Weise als Kanal. Du weißt, daß du sofort Weisung von Mir erhältst, wenn du sie brauchst. Wie der Blitz ist sie da. Du bekommst sofort Antwort; darum trägst du schwere Verantwortung. Nimm dieses Geschenk nie als selbstverständlich hin. Die Zeit wird kommen, wo du dich nicht mehr hinzusetzen und alles aufzuzeichnen brauchst, was Ich dir zu sagen habe. Du wirst lernen, mit deiner Antenne immer auf Empfang zu sein und jede kleine Anweisung von Mir sogleich zu hören. So wie Peter jetzt beim Handeln angeleitet werden muß, so werdet ihr alle vorgehen. Ihr werdet lauschen, hören und unverzüglich handeln.«

In den Jahren bei Sheena hatte ich mich darin geübt, regelmäßig zu meditieren, und die Freude, mit Gott in Verbindung zu stehen, machte es mir leicht. Ich sehnte mich nach den Stunden der Stille, und die Kräftigung, die ich darin erfuhr, lohnte mir die Mühe, bei jedem Wind und Wetter hinauszugehen. Allerdings gab es auch manche Abende, an denen ich nur widerstrebend unseren behaglichen Wohnwagen verließ. Frühmorgens war es noch schwerer. Die Stimme sagte, daß ich zu dieser Zeit spirituell am meisten wuchs. Das vermochte ich kaum zu glauben, da mich doch jeder Gedanke, jede Bewegung anstrengte und ich manchmal so müde war, daß ich all meine Kraft zusammennehmen mußte, um überhaupt den Stift zu ergreifen.

Es schien sich alles gegen mein Dortsein und gegen das Niederschreiben auch nur eines einzigen Wortes zu verschwören. Morgens ein paar Minuten länger im Bett zu bleiben war eine große Versuchung, dabei wußte ich, daß mich das Versäumnis meiner Zeit mit Gott aus Gründen reiner Bequemlichkeit für den Rest des Tages vor allerlei unnötige Schwierigkeiten stellen würde. Auch meine Gedanken mußte ich diziplinieren, damit ich nicht durch Gereiztheit und negatives Denken die Atmosphäre vergiftete. Mir wurde gesagt, daß Gedanken Macht entfalten wie Wasser, wenn es gelenkt und unter Kontrolle ist.

Als uns klar war, daß wir längere Zeit in dem Wohnwagen leben würden, beschlossen wir, einen kleinen eingezäunten Innenhof zu schaffen, der uns ein wenig von der Außenwelt abschirmte. Da wir so wenig Geld hatten, mußten wir zum Bauen nehmen, was der Zufall uns gab. Jemand sagte Peter, auf einem Schuttplatz in der Nähe lägen ein paar geborstene Säcke Zement herum. Die holte er, und dann sammelten Dorothy und ich Steine für das Fundament. Wir erstanden einen Do-it-yourself-Flechtzaun, gruben Löcher für die Pfosten und

Ein frühes Bild von unserem Wohnwagen an seinem gegenwärtigen Stellplatz; Dorothy, Peter und ich sitzen in unserem neuen Höfchen. Hinter uns sind die Anfänge des Gartens mitten in den Sanddünen zu sehen.

zementierten sie ein. Der kleine Hof machte uns für die nächsten Jahre viel Freude und war ein Ort vieler wunderbarer Treffen.

Unser winziger Garten mit ein paar Salatköpfen und Radieschen wuchs allmählich, bis er uns mit allem Gemüse versorgte, das wir brauchten. Obwohl Peter für den Garten zuständig war, steuerten auch Dorothy und ich unser Scherflein bei; besonderes Vergnügen bereitete es uns, Kompostmaterial zu »organisieren«. Oft gingen wir beide zum Strand und sammelten Tang für den Komposthaufen. Wir suchten die Flutlinie ab, und wenn wir einmal einen toten Schwan, eine Möwe oder gar einen Lachs fanden, schleppten wir das Tier mit zugehaltener Nase im Auto heim. Außerdem zogen wir mit Eimern und Schaufeln auf eine nahegelegene Weide und sammelten Pferdemist ein. Wie kompostbewußt man doch wird, wenn man einen Garten zu füttern hat!

Dorothy wandte auch Zeit daran, sich auf die Pflanzen einzustimmen. Eines Abends erzählte sie uns, eine starke innere Verbindung zum »Geist« einer Erbsenpflanze aufgebaut zu haben. Er hatte ihr mitgeteilt, daß die Naturgeister – oder »Devas«, wie sie sie nannte – mit uns zusammenarbeiteten, um den Garten zum Blühen zu bringen. Als sie mit immer mehr Devas von Pflanzen und Bäumen Fühlung aufnahm, merkten wir, daß die Kräfte der Natur auf unsere spirituelle Arbeit ansprachen und daß sich aus unserer Arbeit mit Pflanzen etwas höchst Bedeutsames entwickeln würde.

Dorothys Umgang mit den Devas bereicherte unseren Erfahrungsschatz. Ich vernahm in meinem Innern: »Dorothys wundervoller Kontakt zu den Engeln vieler Gewächse verändert eure Arbeit im Garten auf bedeutsame Weise. Jetzt arbeitet ihr *mit* der Natur, mit den Naturgeistern und Elementarwesen zusammen, die das Pflanzenleben bestimmen, und kommt allmählich in Einklang damit. Etwas völlig Neues geschieht. Das ist die Art und Weise, in der die neue Welt geschaffen wird. Die Strahlungen und alles andere, was Peter der Erde als Nahrung gegeben hat, bewirken, daß dieser besondere Ort in künftiger Zeit gewaltigen Nutzen bringt. Und du, Mein Kind, lernst, Mein Wort lebendig werden zu lassen. So werden alle Dinge ihre Gestalt erhalten.«

Es war aufregend, Gemüse unter direkter Anleitung der für sie verantwortlichen Engel zu ziehen, und der Garten gedieh prächtig und erbrachte jedes Jahr größere und bessere Ernten. Aufgrund ihrer Verbindung zu den Devas mußte Dorothy enger mit Peter zusammenarbeiten, so daß sich eine neue Einigkeit in unserer Gruppe abzeichnete. Unser Sinn für das gemeinsame Ziel wurde noch stärker. Natürlich lösten sich die Meinungsverschiedenheiten nicht einfach in Luft auf; ab und zu wurde ich Zeuge einer hitzigen Diskussion unter meinem Fenster, ob es besser für die Pflanzen wäre, ihnen draußen klassische Musik vorzuspielen (was Peter bevorzugte) oder nur den Vogelgesang auf sie wirken zu lassen (wofür Dorothy eintrat). Meistens setzte sich Peter durch, weil er den stärkeren Willen hatte.

In den ersten drei Wohnwagenjahren lebten wir abgeschieden wie Einsiedler. Nur wenige Leute kamen zu Besuch; Peter und Dorothy holten jede Woche beim Arbeitsamt ihr Arbeitslosengeld ab, aber sonst fuhren wir äußerst selten in die Stadt. Meine konzentrierte Meditationsarbeit machte mich immer sensibler und verletzlicher. Von einem kurzen Ausflug nach Forres, einem kleinen, alles andere als betriebsamen Ort, kam ich völlig erschöpft und mitgenommen heim. Ich fühlte mich wie eine Schnecke ohne Haus und wollte unseren ruhigen Hafen nicht wieder verlassen.

In meiner Weisung wurde mir gesagt, die lärmende Stadt nach Möglichkeit zu meiden und in der Nähe des Wohnwagens zu bleiben. »Wenn du von hier fortgehst, sinken deine Schwingungen stark ab, so daß du sie erst wieder erhöhen mußt, um deine innere Arbeit fortzusetzen. Du mußt unbedingt deine Schwingungen hochhalten. Wenn du einen Wechsel brauchst, dann geh spazieren und genieß die Wunder der Natur um dich herum.« Ich erfuhr aber auch, daß ich mich wirksam schützen konnte, indem ich mich in die Stille und den Frieden im innersten Kern meines Wesens versenkte. »Wenn du in diesem Zustand bist, prallen die schlechten Schwingungen von dir ab, statt dich vollkommen zu durchdringen und Schaden anzurichten.« Wie ich bald merkte, half es mir auch, mich mit einer Schutzhülle aus Licht zu umgeben. Dazu stellte ich mir vor, von Licht umschlossen zu sein. Dreimal hüllte ich mich so ein und fühlte, wie Licht mein ganzes Wesen umgab. Gesammelt in dieser Stille und Ruhe vermochte ich mich eine Weile hinauszuwagen, ohne völlig überwältigt zu werden.

Uns wurde gesagt, unsere Aufgabe bestehe darin, unsere Schwingungen zu heben, wobei uns eine bestimmte Ernährung helfen sollte. »Ihr seid dabei, Lichtkörper aufzubauen; nehmt darum das Licht von den Früchten eures Gartens auf. Diese Nahrung wird von Naturgeistern, Devas und Engeln behütet; sie tragen dazu bei, die Lebenskraft zu stärken. Es kommt nicht darauf an, wieviel Salat ihr eßt, sondern auf eure geistige Verfassung beim Essen. Seid immer dankbar für das, was euch gegeben wird. Diese Nahrung ist lebenswichtig und kostbar. Versucht, alle bloß körperkräftigenden Nahrungsmittel wegzulassen und statt dessen das zu essen, was die höchste Lebenskraft besitzt.« Wir sollten unsere Eßgewohnheiten ganz allmählich verfeinern und nichts überstürzen, aber den Diätanweisungen folgen, die ich im Innern erhielt. Mit irgendwelchen bekannten Diäten hatte das nichts zu tun, so daß wir uns nicht nach Büchern richten konnten. Wir lernten, vom Gemüse unseres Gartens, Honig und Früchten zu leben, und ließen erst rotes Fleisch weg, dann weißes sowie Geflügelfleisch und schließlich Fisch, und zuletzt genossen wir auch kaum noch Eier. Dabei merkten wir, wie wir immer feinfühliger wurden und eine immer engere Verbindung zu den spirituellen Ebenen und Naturkräften des Gartens eingingen.

Ich nahm nur eine Rohkostmahlzeit täglich zu mir und trank literweise reines, klares Wasser, jedoch weder Tee oder Kaffee noch andere Genußgifte. Mir wurde gesagt, daß unsere Haut, während der Körper an Dichte verliert und feinstofflicher wird, Substanzen aus Äther, Sonne und Luft aufnimmt. »Im Meer zu baden ist gut für den Körper. Dadurch bekommt er mehr Spannkraft. Je mehr ihr euch frischer Luft und Sonne aussetzt, um so besser, aber es darf nicht in Sucht ausarten. Haltet in allem Maß und freut euch daran.«

Ich mochte die Rohkost bald nicht mehr besonders, um ehrlich zu sein. Es war ein harter Kampf. Peter und Dorothy verspeisten Berge von Salat und jede Menge Knoblauch, was eine reinigende Wirkung haben sollte. Zuerst weigerte ich mich, rohen Knoblauch zu essen, bis der Geruch mich zur Notwehr zwang. Ich versuchte allerdings nicht, auch die Kinder auf reine Rohkost umzustellen. Sie bekamen mittags in der Schule eine warme Mahlzeit mit Fleisch, und am Abend bereitete ich ihnen eine leichte Kost mit Eiern, Käse oder Gemüse zu. Wir zwangen ihnen nicht unseren Lebensstil auf, und es stand ihnen frei, sich uns anzuschließen oder auch nicht. Gelegentlich saß eins von ihnen still dabei, wenn wir meditierten, aber meistens spielten sie doch draußen mit ihren Freunden.

Bei meinen abendlichen Meditationen wurde ich mit etwas vertraut gemacht, das zum Eckstein meines Denkens werden sollte. Dauernd war mir gesagt worden, ich solle negative Gedanken verbannen und durch positive ersetzen, um die Schwingungen anzuheben. Um die Mitte des Jahres 1963 erhielt ich spezielle Anweisungen zur Kunst des positiven Denkens. Ich mußte lernen, daß man sich durch sein Denken alles erschaffen kann und daß es dafür besondere Techniken gibt, etwa die wiederholte Affirmation.

Peters erster geistiger Lehrer hatte ihm eine Reihe von Lektionen über das positive Denken gegeben und so die Grundlage geschaffen für seine optimistische Lebensanschauung, seine gesammelte Konzentration auf die vor ihm liegende Aufgabe und die Beharrlichkeit, nicht aufzugeben, ehe sie nicht fertiggestellt war. Manchmal empfand ich Peters Optimismus fast schon als übermenschlich, denn er hatte noch nie Angst oder Zweifel erlebt und nicht die mindeste Vorstellung davon. Er widmete sich mit unerschütterlicher Hingabe seiner wachsenden spirituellen Arbeit. Durch meine Weisungen hatte er erfahren, daß er in vielen früheren Leben auf dieses Werk vorbereitet worden war, und daran glaubte er. Davon war er nun durch nichts abzubringen. Daß ich ihn damals verlassen hatte und zu meinen Kindern zurückgekehrt war, hatte ihn so erschüttert, weil er überzeugt war, ich verzögere durch mein Tun den spirituellen Plan Gottes, der uns beide einschloß und unbedingt erfüllt werden mußte. Sein Engagement, sein Schwung und seine Willenstärke machten das Leben mit ihm manchmal schwierig. Ich hatte keine solche Ausbildung genossen wie er und auch nicht seine Festigkeit des Glaubens; meine mußte erst noch über die Jahre in mir wachsen.

Mir wurde folgende Weisung über Peters Wesen zuteil: »Denk einmal an die Eigenschaften eines Felsens. Er ist hart, unverrückbar und vermag dem Einfluß aller Elemente zu widerstehen. Peter ist ein Fels. Er hat Felseigenschaften, die absolut unabdingbar für die gewaltige Arbeit sind, die vor ihm liegt. Er muß wissen, wohin er geht, und alles beiseite fegen, was sich ihm in den Weg stellt. Diese Härte und Rücksichtslosigkeit ist dir unbegreiflich, weil sie deiner Wirkungsweise so entgegengesetzt ist. Das heißt aber nicht, sie wäre falsch. Ich habe jedem von euch seine besonderen Fähigkeiten verliehen, die sich entfalten müssen und niemals miteinander verglichen werden sollten. Einmal angenommen, Peter wäre sich seiner selbst nicht sicher, würde innehalten und sich fragen, ob er wohl unrecht habe, oder angenommen, Zweifel befielen ihn – dann wäre er für Mich nicht von Nutzen. Ich brauche ihn absolut felsenfest und unverrückbar für die Arbeit, die er ausführen soll.

Er ist ein großartiger Führer, und das werdet ihr alle anerkennen müssen. Er braucht euren Rückhalt, auch wenn er sich nicht beirren lassen wird, ob ihr ihn nun unterstützt oder nicht. Er wird sich einen

Weg zum Ziel und zum Sieg bahnen. Wenn seine Umgangsart euch irritiert oder stört, solltet ihr euch klarmachen, wie ungeheuer schwierig seine Aufgabe ist, und lieber versuchen, daran mitzuwirken, sie zu verstehen und zu erkennen, wieviel das ausmacht, statt sie durch Widerstand gegen ihn noch zu erschweren. Ein Führer zu sein ist eine schwere, unangenehme Aufgabe, aber ein echter Führer gibt nicht gleich bei dem ersten bißchen Opposition klein bei. In seinem Leben haben Zweifel und Ängste keinen Platz. Später wirst du einsehen, warum Ich Peter dazu auserwählt habe, viele, viele Seelen zu leiten, die einmal hierher gezogen werden, wenn die Zeit reif ist.«

Ich begann, die Lektionen über positives Denken zu studieren. Jeden Abend las ich darin und sprach die Affirmationen wieder und wieder. Ich kam mir recht dumm vor, wie ich da so allein saß und vor mich hin sagte: »Ich bin Macht, ich bin Wahrheit, ich bin Liebe«, und hoffte inständig, daß niemand vorbeikam und mich hörte! Außerdem glaubte ich nicht an das, was ich sagte. Ich fühlte mich immer noch mehr wie eine elende Sünderin als wie ein mächtiges Lichtwesen. Aber ich hielt durch, und allmählich veränderte sich meine Einstellung, erst kaum wahrnehmbar, dann merklich. In einem Brief an Naomi äußerte sich Peter darüber so:

Eileen ist jetzt völlig verändert. Bisweilen ist sie in ihrer positiven Art schon wie ich und wundert sich, warum sie nur so langsam gelernt hat, daß wir sind, was wir denken, und daß es nur Angst, Zweifel und Negativität sind, die uns einschränken. Eileen sieht inzwischen ein, daß sie mit ihren Ängsten und ihrem negativen Denken dem vollkommenen Leben entgegengewirkt hat, das Gott ihr zugedacht hat. Zeichen und Wunder geschehen. Sie zog sich eine böse Schnittwunde am Daumen zu und sprach die Affirmation: »Ich kann heilen«, und wenig später war die Schnittwunde bis auf eine kleine Narbe ganz zugeheilt. Gott sagt, das sei nur ein kleiner Vorgeschmack dessen, was in Zukunft noch zu erwarten sei. Im Augenblick ist sie mit Feuereifer dabei, jedem zu erzählen, welche Entdeckung sie gemacht hat.

Diese Veränderungen sind natürlich nicht über Nacht eingetreten, und ich bin viele Male zurückgefallen. Aber ich hatte doch einen

Durchbruch erlebt. Ich hatte erfaßt, wie wichtig die geistige Einstellung ist. Eines Tages, als ich in der Stadt ein paar notwendige Einkäufe zu besorgen hatte, war das Einkaufen auf einmal keine Tortur mehr, denn alles ging wie von selbst. So schnell und mühelos hatte ich noch nie eingekauft. Ich fand alles, was ich brauchte, ohne die geringste Mühe. Zu Hause angekommen, durchströmte mich eine Woge der Freude und Dankbarkeit, als mir bewußt wurde, daß die Wahrheit Gottes Wirklichkeit wurde. Alles, was ich lernte, setzte ich in die Tat um, und es ging! In der Stille vernahm ich die Worte: »Dies ist das Wichtigste, was du je in deinem Leben gelernt hast, und dadurch hat sich dein Leben verändert. Du bist in das Neue wiedergeboren worden, und das Alte ist nicht mehr.«

Peter war mir ein leuchtendes Vorbild, sobald ich meinen Widerstand und meine Abneigung überwunden hatte. So lange und so eng lebten wir zusammen, daß ich seine guten Eigenschaften als selbstverständlich hingenommen hatte. Doch jetzt ging mir auf, warum er sich ausschließlich auf bestimmte Dinge konzentrierte. Etwas zu gestalten und auszuformen erfordert absolute Konzentration und ungeheuren Optimismus, damit nichts von der Kraft verlorengeht. Gott sagte mir: »Du kannst so vieles lernen, das dir hilft, positiv zu leben, wenn du Peters Lebensweise beobachtest. Jahrelang magst du schon damit gelebt haben, aber du hast mit vielen Wahrheiten gelebt, und sie haben dir wenig bedeutet. Jetzt ist ein Teil von dir erwacht, der zuvor geschlummert hat. Du wirst ein neues, tieferes Verständnis für Peter und seine Lebensart entwickeln.«

In dem Maße, wie sich meine Einstellung veränderte und ich sicherer wurde im Umgang mit Gott und in meiner Rolle innerhalb der Gruppe, vermochte ich auch die Qualitäten der anderen besser zu würdigen. Die wiederholten Weisungen über Einigkeit und Teamwork wurden allmählich Wirklichkeit für mich. Ich empfand uns als Teile eines Körpers, die jeder eine eigene Aufgabe zu erfüllen hatten und doch alle gleich wichtig für das Funktionieren des Ganzen waren. Wir achteten jetzt mehr auf die Gemeinsamkeiten statt auf die Differenzen zwischen uns. Das Wichtigste, was uns vereinte, lag nach wie vor auf der spirituellen Ebene. Unsere Persönlichkeiten miteinander in Einklang zu bringen war ungleich schwerer, aber mit der Zeit fiel es uns leichter, mit den Schwierigkeiten fertig zu werden, die ein so enges Zusammenleben heraufbeschwört. Allerdings ergingen wir uns nie in langen Diskussionen über unsere privaten Probleme. Im Lauf der Jahre wandelte sich das Zusammenleben zum Teamwork, das zu erreichen wir so lange angehalten worden waren.

Unser tägliches Leben und Miteinander als Gruppe war praktisch unser Lehrmeister. Nur positiv zu denken war nicht genug. Wir mußten auch positiv handeln lernen. Wir schauten uns eine Fernsehsendung über eine Gruppe Bergsteiger an, die im Himalaya kletterten, und es verschlug mir die Sprache, welche Anstrengungen sie unternahmen, um nur eine Handbreit weiterzukommen. Schon der bloße Gedanke daran erschöpfte mich, und ich hatte nicht die mindeste Hoffnung, jemals zu solcher Hartnäckigkeit fähig zu sein. Ich vernahm: »Der Grund für deine Verzweiflung ist deine Unfähigkeit, im gegenwärtigen Augenblick zu leben. Du schaust voraus und denkst, das alles sei ganz unmöglich. Geh Schritt für Schritt voran und vor allem mit Freude. Spür das Hochgefühl, den Triumph.«

Am nächsten Tag, als ich in mühevoller Arbeit einen Graben im steinigen Gartenboden zu ziehen versuchte, traf ich auf einen großen Stein. Normalerweise hätte ich jetzt aufgegeben, aber diesmal ging ich anders vor und grub ihn außenherum frei, bis ich ihn bewegen konnte. Ich war entzückt, als mir diese kleine Begebenheit in meiner Weisung als Beispiel für die Bedeutung von verbissener Ausdauer vorgehalten wurde. »So wird alles Hinderliche aus dem Weg geräumt. Und es stand dir ganz klar vor Augen, so daß du nicht nur eine Arbeit erledigt, sondern gleichzeitig eine wichtige Lektion gelernt hast.«

Positiv denken und die Gedanken kontrollieren zu lernen hatte den Zweck, uns zu lehren, wie etwas durch unser Denken Gestalt annimmt. »Ihr müßt lernen, um das zu bitten, was ihr braucht. Erwartet nicht, daß euch alles in den Schoß fällt, aber wenn ihr bittet, werden eure Bedürfnisse befriedigt werden. Stellt euch vor, daß das, was ihr braucht, jetzt schon da ist, und dann bleibt dabei, bis es wirklich da ist. Ihr könnt alles und jedes fertigbringen. Das habt ihr schon verschiedene Male erlebt. Ihr seid aufrichtig dankbar für all diese Gaben, weil ihr wißt, daß sie von Mir sind. Sie werden euch durch

Menschen zuteil, denn das ist die Art und Weise, in der Ich wirke. Menschen sind Meine Hände und Füße, mit denen Ich Meine vollkommenen Gaben austeile.«

Meine erste richtige Erfahrung mit dieser »Kunst der Manifestation« machte ich, als wir 76 Pfund für die Reparatur unseres Wagens brauchten. Wir wollten das Auto gern behalten, aber bei unserem schmalen Einkommen war diese Summe einfach unerschwinglich. Ich haßte es, unbezahlte Rechnungen vor mir her zu schieben, und beschloß deshalb, etwas zu unternehmen, um nicht zum Autoverkauf gezwungen zu werden. Als ich darüber meditierte, wurde mir gesagt, ich solle meinem Anwalt in London schreiben und anfragen, ob ich einen Teil des Geldes haben könne, das noch aus meiner vorigen Ehe vorhanden war. Die benötigte Summe im Sinn, schrieb ich den Brief und wartete auf Antwort. In seinem ersten Schreiben erklärte mir der Anwalt, an das Geld sei nicht heranzukommen, fragte jedoch nach, ob ich je eine entsprechende Steuerrückvergütung erhalten hätte. Das hatte ich nicht, und ich schrieb es ihm. Bald darauf kam ein zweiter Brief mit einem Scheck über 76 Pfund an – genau den Betrag, den wir schuldig waren. Ich war sprachlos, und dann schickte ich den Scheck voller Freude und mit dankbarem Herzen an die Autowerkstatt. Unser Bedarf war in perfekter Weise gedeckt worden.

Aber nicht jede Schöpfung durch Gedankenkraft ging so mühelos vonstatten. Naomi wollte kommen und bei uns bleiben, und deshalb suchten wir einen Wohnwagen für sie. Wir fanden einen, der genau richtig war. Als ich Gott fragte, was ich in dieser Sache unternehmen sollte, erhielt ich die Antwort, an Peters Vater zu schreiben und ihn um ein Darlehen von 200 Pfund zu bitten. Das schien mir ein schreckliches Ansinnen zu sein, insbesondere, da Peters Vater unserem Tun vollkommen ablehnend gegenüberstand, aber ich hielt mich trotzdem an Gottes Weisung. Sein Antwortbrief war vernichtend. Er war empört, daß ich überhaupt wagte, mich in dieser Angelegenheit an ihn zu wenden, und machte mir weitschweifig ärgerliche Vorhaltungen, daß Peter gefälligst eine ordentliche Arbeit annehmen solle und daß es unverantwortlich wäre, die Kinder nicht zu den richtigen Wertvorstellungen zu erziehen. Auf meine Tränen erwiderte Gott: »Es gibt Lektionen, die mußt du einfach lernen. Sei geduldig, beharrlich und hartnäckig, und alles wird gut werden.«

Dann wurde ich angewiesen, mich mit derselben Bitte an meine Schwester und deren Mann zu wenden. Die Antwort meiner Schwester fiel noch schlimmer aus als die meines Schwiegervaters. Ich geriet völlig aus der Fassung. Gott sprach zu mir: »Mach dir keine Sorgen um das Geld für den Wohnwagen. Ich werde euch eine andere Tür öffnen. Wisset, daß ihr nach Meinem Willen einen Wohnwagen haben werdet, und stellt euch vor, wie er eines Tages euer ist. Dies soll euch eine Lehre sein, unerschütterlich zu glauben und Meinen Weisungen zu folgen, wie sonderbar sie auch sein mögen. Die Menschen haben ihren freien Willen, Mein Kind, und Ich kann nur meine Hand ausstrecken, aber keine Seele dazu zwingen, sie zu ergreifen. Ich zeige euch den Weg, und ihr könnt ihn aus freiem Willen beschreiten.«

Ein paar Wochen später besuchte uns Dorothys Bruder Don. Er war ein schüchterner Mensch, und ich hatte ihn erst einmal getroffen. Als ich die Weisung erhielt, nun ihn um 200 Pfund zu bitten, war mir das sehr peinlich. Ich kannte ihn ja kaum und empfand es geradezu als unverschämt. Wie konnte ich einen Gast, einen völlig Fremden, um eine so hohe Summe Geldes bitten? Doch Gott blieb unerbittlich. »Du fragst dich, wie du Don um das Geld angehen sollst. Bitte ihn um ein Darlehen. Es sollte keine Anstrengung oder Bürde für dich sein. Warte einfach einen günstigen Augenblick ab und komm furchtlos und positiv zur Sache. Ihr braucht den Wohnwagen und das Geld dafür. Wenn Ich mit dir bin, wer kann da gegen dich sein? Du bist zweimal abgewiesen worden, aber das heißt nicht, daß es immer so ausgeht. Du lernst dabei, beharrlich zu sein. Gib nie auf. Versuch einen anderen Weg, bis du den richtigen gefunden hast. Es ist Mein Wille; darum ist dein Wunsch nicht selbstbezogen.«

Den ganzen Abend, während wir beieinander saßen und plauderten, hatte ich ein ungutes Gefühl im Magen, und die Worte gingen mir unablässig im Kopf herum. Schließlich faßte ich mir ein Herz und fragte ihn. Er saß da und hörte sich alles an, ohne einen Ton zu sagen. Als er am nächsten Tag abfuhr, äußerte er sich immer noch nicht dazu, und ich fragte kein zweites Mal. Ich schlug mir die ganze Sache aus dem Sinn und dachte nicht mehr daran.

Einige Wochen später trug ich die Post zu dem Feld hinaus, wo Dorothy und Peter gerade Kartoffeln ernteten. Ein Brief an Dorothy von ihrem Bruder war dabei. Er enthielt einen Scheck über 200 Pfund. Ich brach in Tränen aus. Mein Herz war voller Dankbarkeit für Gott und für Don, der das Werkzeug war, durch das Gott sein Versprechen einlöste. Es war mir zwar außerordentlich schwer gefallen, aber ich hatte durchgehalten, und es war gut ausgegangen. Für diese inhaltsschwere Lektion war ich unendlich dankbar.

Im Frühjahr 1964 kam Naomi endlich aus den Vereinigten Staaten zu uns. Es war eine große Sache für sie und nicht einfach, denn sie war über 70, an Komfort gewöhnt und stets von Leuten umsorgt worden. Wir taten alles, um es ihr so behaglich wie nur möglich zu machen. Durch ihre Ankunft waren nunmehr die vier Ecksteine des Fundamentes gegeben, auf dem sich die nächste Stufe unserer Entwicklung von der Familie zur Gruppe vollziehen sollte. In einer Vision sah ich, wie Gottes Hände mit vier großen Steinen ein Quadrat als festes, unerschütterliches Fundament für einen Tempel markierten. Ich vernahm, daß wir diese vier seien und daß wir nun soweit seien, uns der größeren Arbeit zu widmen. »Jetzt wird der Tempel gebaut. Das Steinfundament ist bereits gelegt. Die vier Ecksteine des Fundamentes seid ihr – Peter, Dorothy, Naomi und du. Der Bau hat begonnen. Stein um Stein wird er wachsen, und er wird schnell wachsen. Mein Kind, ich bin sehr zufrieden mit der geleisteten Arbeit. Bereite dich auf bedeutende Veränderungen vor, die eintreten werden, bedeutendere, als du dir vorstellen kannst.«

Unsere innere Arbeit mit den magnetischen Zentren wurde noch intensiver, und dank Naomis großer Sensibilität vermochten wir die Zentren besser zu erreichen und klarer auszumachen. Zugleich erhielt ich durch meine Weisungen deutlichere Hinweise darauf, daß die Weltsituation sich zunehmend verschlechterte. »Werde dir des schlimmen Zustandes der Welt bewußt. Die Menschheit treibt immer weiter weg von allem Guten und in die Dunkelheit hinein. Du kannst die Unrast, die Unruhe überall spüren. Das haben die Menschen ihrem Eigensinn zuzuschreiben. Sie haben Macht, Habgier, Haß, Eifersucht und Neid gewählt und müssen nun die Folgen tragen. Es besteht keine Hoffnung, diesen Erdrutsch abzuwenden, aber je nach dem Verhalten der Menschen kann er beschleunigt oder verlangsamt werden. Die Lage wird sich noch zuspitzen. Die Dunkelheit wird sich immer geschwinder verbreiten und viele Länder der Erde einhüllen, weil die Menschen sich von Mir abgewandt haben.

Du empfindest dies alles als sehr bedrückend, Mein Kind. Tritt einen Schritt zurück und betrachte alles aus diesem Abstand heraus; laß dich nicht zu stark berühren von all den niederschmetternden Ereignissen. Sei auf alles vorbereitet, aber bleibe unberührt. Denk an die Geschichte von Noah. Deine Lage ist ähnlich. Er ging hin und tat, was ich ihm gebot, und ließ sich weder durch seine eigenen Gedanken noch durch die Meinung anderer von dem Plan abbringen. Mein Kind, dieser Ort ist eine Feste, die durch Schwingungen von oben, von unten und von innen geschaffen wurde. Es ist das mächtigste Bollwerk, das überhaupt gebaut werden kann.«

Die Dringlichkeit, die aus diesen und anderen Weisungen sprach, die Dorothy und Naomi empfingen, erregte in mir Besorgnis darüber, daß wir dem Meer so nahe waren. Es klang gerade so, als hätten wir Flutwellen und starke Sturmwinde zu erwarten, und die Findhorn-Halbinsel ist sehr ungeschützt. Was hatte es für einen Sinn, an einem so gefährdeten Ort ein magnetisches Zentrum aufzubauen? Gott gab die Antwort: »Kannst du dir vorstellen, daß Ich dich an einen Ort bringe, wo du beim ersten Aufschäumen der Wogen überflutet wirst? Du bist in Sicherheit, in absoluter Sicherheit. Ich werde dich nie verlassen. Bewahre dir im Herzen das gleiche Gefühl, das du im Krieg hattest, als die Bomben um dich herum fielen. Dein Glaube ist hundertmal stärker geworden. Jetzt ist dir klar, warum es so überaus wichtig ist, Fühlung mit den magnetischen Zentren aufzunehmen. Überall auf der Erde sind Orte, an denen das Licht Tag und Nacht scheint und ständig heller wird. Darum sei leichten Herzens – stark wie ein Löwe und sanft wie eine Taube.«

Drei Jahre lang waren wir nahezu von jedem Kontakt mit der Außenwelt abgeschnitten gewesen und hatten einige Lektionen von unschätzbarem Wert gelernt. Aber unsere Zeit in der Abgeschiedenheit ging zu Ende.

KAPITEL 6

Eine vollkommen neue Welt tut sich dir auf. Hab keine Angst. Dieses Zentrum wird ein Leuchtfeuer werden und Seelen anziehen. Weise niemanden ab. Verurteile niemanden, sondern sieh Meine Hand in allem. Erweitere deinen geistigen Horizont. Du kannst dein Teil beitragen, indem du die Visionen wachhältst, die Ich dir offenbare. Dieser Ort ist Meine Feste. Er wird blühen und gedeihen, weil Ich alles leite und bestimme, was hier geschieht. Jung und alt, alle Nationalitäten, Hautfarben und Bekenntnisse sollen sich hier in allem Frieden und in aller Harmonie versammeln. Sieh, wie das Werk alles übersteigt, was du dir je vorgestellt hast, und als mächtige Flamme die ganze Welt erfaßt. Mein Segen ist mit euch und allem, was ihr tut.

Trotz unseres Geldmangels und der beengten Wohnsituation waren die ersten Jahre in Findhorn im großen und ganzen gute Jahre. Gegen Ende des dritten Jahres machte mir unser Leben dort schon Freude. Die Kinder waren zufrieden, sie hatten sich in die Schule eingefügt und schnell Freunde im Dorf und im Wohnwagenpark gefunden. Unser Garten gedieh und lieferte fast die gesamte Frischkost, die wir benötigten, wodurch wir leichter mit unseren beschränkten Mitteln auskamen. Mit Dorothy, die im Anbau wohnte, und Naomi sowie Lena und ihren Kindern, deren Wohnwagen in der Nähe standen, bildeten wir eine glückliche Familie. Unsere Meditationen waren eine beglückende Bereicherung, und viele der Spannungen zwischen uns waren mittlerweile beseitigt.

Ich hatte mich eben an diesen Lebensstil gewöhnt und kam meinen täglichen Verpflichtungen gern nach, als ich die folgende Weisung erhielt: »Eure Zeit in der Abgeschiedenheit ist vorüber. Ich habe dir gesagt, daß ihr mit immer mehr Seelen Verbindung aufnehmen werdet. Dieser Ort wird denen ein Heiligtum werden, die das Licht suchen. Die magnetische Kraft nimmt mit jedem Tag zu, und je stärker sie wird, um so mehr seelenverwandte Menschen wird sie anziehen. Verweigere keinem Ankömmling deine Hilfe. Gib ihnen, wessen sie bedürfen, aber denk daran, daß sie alle ganz verschieden sind, und geh bedacht mit jeder Seele um, die kommt. Manche wissen vielleicht gar nicht, was sie hergezogen hat. Sie müssen sehr sanft bei der Hand genommen werden. Weide Meine Schafe und hüte sie, indem du Meine göttliche Liebe und Mein Licht auf sie ausstrahlen läßt. Jeder von euch hat eine ganz besondere und spezielle Aufgabe bei jeder Seele zu erfüllen, die hierher findet.«

Diese Botschaft weckte Angst und Ungläubigkeit in mir. Ich vermochte nicht einzusehen, warum Menschen ausgerechnet von uns angezogen werden sollten, so wie wir lebten. Was wir taten, erschien mir keineswegs als etwas Besonderes. Ich brachte mein Innenleben und den praktischen Lebensalltag noch immer nicht geistig in Einklang miteinander und konnte mir nicht vorstellen, daß jemand Lust haben könnte, den Garten umgraben zu helfen oder sich sonstwie unserer Lebensweise mit ihren freiwilligen Beschränkungen anzuschließen. Wenn uns eine andere Möglichkeit offengestanden hätte, wäre ich freudig darauf eingegangen, um ehrlich zu sein. Peter hatte schon Dutzende von Vorstellungsgesprächen geführt, aber noch immer keine Arbeit gefunden. Er hatte sich sogar für den Posten eines Lagerverwalters bei der örtlichen Niederlassung der Royal Air Force beworben, aber als sie Einblick in seine Air-Force-Personalakte genommen hatten, wiesen sie ihn mit der Begründung ab, das sei bei seinem Dienstgrad doch wohl »unter seiner Würde«. Einige Male hätte er beinahe wieder eine Anstellung im Hotelmanagement gefunden, aber wenn seine zukünftigen Arbeitgeber dann Rücksprache mit Allied Hotels genommen hatten, den Besitzern von Cluny Hill, wurde er jedes Mal abgelehnt. In meinen Weisungen hieß es, das entspreche genau dem Plan, aber der Beamte am Arbeitsamt wunderte sich natürlich. Peter nahm das alles guten Mutes hin und arbeitete weiter im Garten. Mit der Zeit akzeptierte auch ich die Dinge so, wie sie waren, und freute mich des einfachen Lebens im Freien.

Jetzt sollte also die angekündigte neue Dimension in unseren Lebensablauf einbezogen werden. Peter war begeistert, als er von der Weisung zur Expansion unserer Arbeit erfuhr. Er machte sofort Pläne, wie der Garten mit Blick auf die zukünftige Größe und Entwicklung der Gemeinschaft erweitert werden konnte. Da ich die Aussicht alles andere als gut fand, reagierte ich auf seine Begeisterung ausgesprochen kühl. Ich sehnte mich durchaus nicht danach, aus der Abgeschiedenheit unseres Lebens herauszutreten. Ich mochte es so, wie es war. Außerdem nahm uns schon die Erhaltung dessen, was wir hatten, bis spät abends in Anspruch. Wir konnten keine Zeit und Energie für noch Größeres aufbringen. Es ging mir nicht in den Kopf, wie das möglich sein sollte. Wir paßten bei den Mahlzeiten kaum zu sechst in den Wohnwagen, und das Kochen war ebenfalls ein Kunststück. Wie sollte ich bloß noch mehr Menschen unterbringen und ernähren? Und woher sollten wir überhaupt das nötige Geld nehmen?

Ich steigerte mich immer mehr in meine Ablehnung hinein. Durch die langen Stunden der Meditation und durch meine besondere Diät war ich noch immer sehr empfindlich, und bei dem Gedanken, mit einer Vielzahl von Menschen auskommen zu müssen, die uns noch dazu Fragen über unsere Arbeit hier stellen würden, fühlte ich mich wieder wie eine Schnecke ohne Haus. Ich hatte mich ohnehin noch nie inmitten vieler Menschen wohl gefühlt und mit mir kämpfen müssen, um in Cluny Hill wenigstens den Schein zu wahren. Ich wollte nicht mit anderen über die seltsamen, wunderbaren Erfahrungen reden, die ich in meiner Innenwelt machte. Diese Erfahrungen waren mir kostbar, und ich konnte es nicht ertragen, fremde Menschen darüber spotten zu hören. Sie würden mich für verrückt halten. Und womöglich hatten sie damit sogar recht.

Gott war sehr gütig mit mir. »Mein liebes Kind, nimm dir das nicht zu Herzen. Sei getrost in Meiner Liebe und Wahrheit. Suche zunächst, den inneren Frieden und die Stille zu finden; dann kannst du dich strecken und wachsen. Schränke Mich nie ein. Ich habe dir so viel zu offenbaren, und Ich lasse es dir ganz allmählich zuteil werden, damit es dich nicht überwältigt. Deine Gedanken allein sind es, die Mich eingrenzen. Lies immer wieder das, was ich dir jeden Tag sage. Wenn Ich von Glauben und Vertrauen spreche, dann sinn über diese Worte nach. Stärke deinen unverbrüchlichen Glauben und dein Vertrauen in Mich, bis du dir dessen gewiß bist. Hör Mir zu, rede mit Mir, teile Mir deine Probleme mit. Alles das bindet dich enger an Mich.«

Tatsächlich legte sich der Aufruhr in meinem Innern, als ich zu akzeptieren begann, daß uns Veränderungen bevorstanden, auf die ich rechtzeitig vorbereitet werden würde, und so entspannte ich mich und ging daran, die neuen Lektionen zu lernen, die mir gegeben wurden. Ich widmete mich den Seelen, die Gott mir ans Herz legte, und übermittelte ihnen auf eine ähnliche Weise Liebe, wie wir es bei den magnetischen Zentren taten. Manche dieser Leute kannte ich persönlich, mit anderen wiederum stand ich nur brieflich in Verbindung. Ich ließ auch Andrew und meinen Kindern Liebe zukommen. Daß ich jahrelang keinerlei Kontakt zu ihnen haben durfte, brachte mich oft zur Verzweiflung, aber ich wurde innerlich dazu angehalten, nicht aufzugeben, sondern den Kindern weiterhin Geschenke und Briefe zu schicken und in meinen Meditationen Liebe auf Andrew und jedes einzelne Kind auszustrahlen. Ich vertraute fest auf das Versprechen Gottes, daß wir eines Tages wieder miteinander vereinigt würden.

Manchmal wurde mir der Name von irgend jemandem ins Herz gegeben, auf den ich dann Liebe oder heilende Kräfte richtete. Ich fragte mich oft, was wohl Gutes dabei herauskäme, so dazusitzen und Liebe und Lichtstrahlen auszusenden, wie ich angewiesen war. Dann wurde mir gesagt: »Es ist sehr wichtig, das ununterbrochen zu tun und nicht nachzulassen. Es kommt nicht darauf an, deutliche Zeichen zu sehen. Nur der Glaube ist von Bedeutung. Die letzte Wahl bleibt der betreffenden Seele überlassen. Du kannst nur tun, was von dir verlangt wird, und wenn die Seele lieber einen anderen Weg nimmt, darf es dich nicht bekümmern. Sie sind in Meine Hand gegeben, und deshalb kannst du ruhig sein. Das ist die göttliche Liebe.«

Einmal fragte ich in der Meditation nach meinem spirituellen Namen. Ich hatte ein Buch darüber gelesen, wie Leute ihre spirituellen Namen finden, und war auf den meinen neugierig. Das Wort »Elixier« schoß mir durch den Kopf. Ich fragte Gott, ob er das sei, und vernahm die Worte: »Wie lange mußte Ich warten, bis der Groschen gefallen ist. Ja, das ist allerdings dein spiritueller Name.« Dann erinnerte ich mich daran, wie ich vor etwa zehn Jahren einmal in Sheenas Wohnung in London gesessen und meditiert hatte. Damals hatte ich ein Gefühl gehabt, als würde mir ein Brandzeichen auf die Stirn gedrückt, und das Wort, das mir eingebrannt wurde, war »Elixier«. Zu jener Zeit handelte es sich dabei jedoch nur um eins von vielen seltsamen Erlebnissen, das ich einfach niederschrieb, ohne weiter darüber nachzudenken. Jetzt wurde mir die Bedeutung des Namens erklärt. »Dein wahrer Name, Elixier, steht für das ewige Leben und bedeutet, daß du das ewige Licht *bist* und ausstrahlst. Bring diese Wahrheit der Menschheit: Bring den Ungläubigen Glauben, den Hoffnungslosen Hoffnung; bring Heilung denen, die auf dem Weg die Kraft verläßt; bring Trost denen, die bekümmert und verzweifelt sind; bring Liebe den Ungeliebten und Verachteten. Strecke dich und wachse. Es gibt keine Grenzen für dein Wachstum, wie auch der Größe deiner Arbeit keine Grenzen gesetzt sind. Mit diesem Wachstum gebe Ich, der Herr, dein Gott, dir den Beistand, das Verständnis und die Erleuchtung. Deshalb wirst du Mir *jetzt* wirklich nach besten Kräften dienen, Elixier, Mein liebes Kind.«

Ich hatte ungeduldig auf sichtbare Ergebnisse unserer Arbeit auf den inneren Ebenen gewartet und oft daran gezweifelt, daß sie sich überhaupt einstellen würden, und nun wurde ich dazu angehalten, Vertrauen zu haben. Wenn die Zeit reif wäre, sollte uns das größere Bild offenbar werden, und was wir dann an Wachstum und Grenzenlosigkeit sähen, würde unsere kühnsten Erwartungen übersteigen.

Im August 1965 schrieben Peters Eltern, sie wollten umziehen, und baten ihn, nach Devon zu kommen und ihnen beim Umzug zu helfen. Peter sah darin eine gute Gelegenheit, Dorothy und Naomi nach Glastonbury in den Süden Englands mitzunehmen und Kontakt zu Leuten aus spirituellen Kreisen aufzunehmen. Wir hatten eine Weisung empfangen, daß die magnetischen Zentren nun anfangen müßten, sich zusammenzuschließen, und Peter war begierig darauf, diese Kontakte so bald wie möglich zu knüpfen. Er schrieb etliche Briefe, hatte aber zu seiner Verwunderung beim Zeitpunkt der Abreise noch immer keine Antwort. Sie fuhren schließlich ab und ließen mich zum ersten Mal allein mit den Kindern zurück. Eine Woche lang waren sie fort; Peter rief mich jeden Abend in der Telefonzelle des Wohnwagenparks an, um mich über seine denkwürdigen »Zufallsbegegnungen« mit einer Reihe von wichtigen Leuten aus der New-Age-Bewegung, die in Großbritannien gerade ihren Anfang nahm, auf dem laufenden zu halten. Dazu gehörte unter anderem eine bemerkenswerte Frau namens Liebie Pugh, die im Mittelpunkt einer spirituellen Gruppe namens *Universal Link* stand.

Diese Fahrt mit ihren »Zufallsbegegnungen«, auf der er immer wieder zum richtigen Zeitpunkt an den richtigen Ort geführt wurde, war für Peter der Anlaß zu einer Serie weiterer Reisen. In Glastonbury hatte er Tudor Pole kennengelernt, den Begründer des *Chalice Well Trust*, einer Stiftung zur Bewachung und Instandhaltung des Heiligen Brunnens in Glastonbury. Peter erzählte ihm von unserer meditativen Verbindung mit Glastonbury als einem der magnetischen Zentren, die uns genannt worden waren. Tudor Pole zeigte sich sehr aufgeschlossen und bestätigte uns, daß unsere Arbeit keineswegs gegenstandslos war. Peter kehrte absolut begeistert von allem aus Glastonbury zurück und brachte die ersten Besucher mit, Dr. Daniel Fry und seine Frau. Sie wohnten furchtbar beengt bei Naomi im Wohnwagen, was jedoch niemanden zu stören schien. Ich kochte auf meinem zweiflammigen Gasherd ein besonderes Essen für alle, und wir schafften es sogar irgendwie, bei dieser Gelegenheit acht Leute in unserem Wohnzimmer unterzubringen. Kein Mensch bemerkte die Enge, so angeregt unterhielten wir uns! Meine Ängste waren durch die Begeisterung wie weggeblasen.

Peter hatte als nächstes vor, Iona zu besuchen, eine Insel vor der Westküste Schottlands, die schon lange eine spirituelle Verbindung zu Glastonbury hat. So machte er sich einen Monat später auf den Weg nach Iona, wo er sich mit John Walters traf, dem Besitzer des St.-Columba-Hotels. John wollte ein weiteres Hotel auf der Insel kaufen, das Argyll, und Peter erbot sich, ihm bei der Leitung behilflich zu sein und einen großen Gemüsegarten dort anzulegen. Er lernte noch andere interessante Leute kennen und besuchte bei seinen Wanderungen kreuz und quer über die Insel verschiedene Orte mit spiritueller Bedeutung. Als er nach Hause zurückkehrte, barst er förmlich vor Begeisterung für die vor uns liegende neue Phase. In einer Vision sah ich einen großen Lichtengel, der seine Schwingen über die ganze Insel Iona ausbreitete, als bewahre und schütze er sie vor den Kräften der Finsternis. Er erinnerte mich an eine Vogelmutter, die sich gerade zum Brüten auf ihrem Gelege niederlassen will.

Angesichts des starken Gefühls der Verbundenheit, das Peter zu John und der Insel hatte, wie auch der Möglichkeit, bei der Hotelführung helfen zu können, beschlossen wir, gemeinsam nach Iona zu gehen. Im Oktober zogen wir los. Damit verließ ich Findhorn nach drei Jahren zum ersten Mal. Es war ein großer Schritt, aber der stille Frieden der Insel hatte es mir angetan, so daß ich die lange Reise zuversichtlich und gern auf mich nahm. Der Weg nach Iona führte über die Insel Mull; als wir mit der Fähre dort anlegten, stürmten die Erinnerungen an meine erste Zeit mit Sheena und dann allein im Häuschen auf mich ein. Trotz der Qualen, die ich durchlitten hatte, kam es mir so vor, als hieße mich die Insel willkommen, als wolle sie mich versöhnlich stimmen und einladen, mich an ihrer Schönheit zu freuen. Die Gedanken an mein früheres Elend verloren sich bald, und zurück blieb eine tiefe Liebe zu diesem wilden, felsigen Ort, der mich wieder mit Peter und, viel wichtiger, mit Gott zusammengeführt hatte.

Der erste Blick auf Iona, als wir nach der Fahrt durch Mull in das kleine Dörfchen Fionnphort einbogen, war atemberaubend schön. Wie sie da im sanften Herbstsonnenlicht badete, das für diesen Teil der Welt so charakteristisch ist, strahlte die herrlich grüne Insel tiefe Ruhe aus. Die alte Abtei schmiegte sich an die weichen, sanft geschwungenen Hügel und erinnerte die Ankömmlinge an den Mönch Columba den Älteren. Er war vor vielen Jahrhunderten von Irland nach Iona gekommen und hatte in der dunklen spirituellen Vergangenheit Großbritanniens das Licht der Christenheit aufleuchten lassen.

Wir begaben uns auf das winzige Fährboot, das den wilden Wogen vor der Küste Ionas zu trotzen wagte. Diese Pilgerfahrt hatten schon viele Menschen vor uns unternommen, und ich fühlte mich all den Seelen verbunden, die das Licht in ihrem Herzen nicht verlöschen ließen und nach Iona gingen, um ihrem Glauben an Gott Nahrung zu geben. Robert Louis Stevenson, Mendelssohn Bartholdy und Shelley, sie alle hatten sich hier aufgehalten. Mendelssohn Bartholdy hat nach einem Besuch der nahegelegenen Insel Staffa *Fingals Höhle* komponiert, und Stevenson hat als Handlungsort für sein Buch *Verschleppt* das winzige Inselchen Erraid bei Iona gewählt.

John Walters bereitete uns einen herzlichen Empfang, und wir wohnten mit ihm im St.-Columba-Hotel. Mir war, als sei ich heimgekehrt. Während unseres Aufenthaltes hatte ich eine wunderschöne Vision: Ich sah einen großen Kometen über Iona stehen. Sein Schweif streckte sich herab und berührte die Mitte der Insel. Die ganze Insel war in helles Licht getaucht, als sei ein Netzschalter betätigt worden. In einer Weisung wurde mir gesagt: »Das war eine höchst bedeutende und wertvolle Pilgerfahrt. Die Verknüpfung dieser drei Lichtzentren — Iona, Glastonbury und Findhorn — ist überaus wichtig. Da ihr im rechten Geist hierher gekommen seid, die richtigen Schwingungen in euch aufgenommen und wieder abgestrahlt habt, seid ihr mit diesem Ort eins geworden. Erhebet eure Herzen in tiefer Dankbarkeit für die Schönheit, die Herrlichkeit und das wundervolle Erlebnis, an einem Ort von solcher spirituellen Kraft weilen zu dürfen.«

Obgleich wir nur wenige Tage auf Iona blieben, traten wir sowohl mit der Insel als auch mit John und anderen, die wir kennenlernten, in eine starke innere Beziehung. Wieder wurde uns bestätigt, daß die meditative Arbeit, die wir für das Netzwerk des Lichts getan hatten, greifbare Wirklichkeit war, und für diese Erfahrung war ich unendlich dankbar. Es stellte sich heraus, daß das Argyll-Hotel nicht für Peter und mich in Frage kam, denn die eigentliche Stätte unseres Wirkens war Findhorn, aber viel wichtiger als das war der Kontakt, den wir angebahnt hatten. Frisch und neugestärkt kehrte ich nach Findhorn zurück, noch viel stärker von unserer Arbeit dort überzeugt und willens, weiter zu wachsen, um annehmen zu können, was immer Gott als nächstes für uns bereithielt.

In meinen Weisungen wurde ich darüber informiert, wie ich mit der Vielzahl von Seelen umgehen sollte, die dem Vernehmen nach zu uns gezogen werden sollten. Ich kam nicht auf den Gedanken, es könne sich um weit mehr als fünf oder sechs zusätzliche Personen handeln, so daß mir das Wort »Vielzahl« übertrieben erschien, und so betrachtete ich es einfach als Gottes Art und Weise, meinen geistigen Horizont zu erweitern. Gott sagte mir, mein Training sei nicht nur zu meinem eigenen Besten so streng gewesen, sondern auch zu dem Zweck, daß ich anderen auf dem spirituellen Pfad weiterhelfen könnte.

Meine größte Sorge, was die Leute betraf, die zu uns kommen sollten, war die, wie wir wohl in Erfahrung bringen konnten, ob sie aufrichtiges Interesse an unserem spirituellen Leben hatten oder nur ein kostenloses Obdach suchten. Ich war angewiesen worden, niemanden abzuweisen, allen ohne Unterschied Liebe entgegenzubringen, so daß keine Seele mit einem Gefühl der Leere davonziehe. Wir sollten unser Herz und Haus allen öffnen, die sich zu uns hingezogen fühlten, wer immer sie auch seien und wie seltsam sie uns auch vorkämen. Gesetzt den Fall, sie nutzten uns und unsere Großzügigkeit nur aus und verschwanden dann, ohne irgendeinen Beitrag geleistet zu haben? Es war doch ein gewaltiges Risiko, einfach jeden aufzunehmen, der auf der Bildfläche erschien, und nicht das Mindeste von ihm und seinen Absichten zu wissen. Womöglich konnten wir uns nicht mehr retten vor »Zugvögeln« oder gar Schlimmerem.

Mitte der sechziger Jahre hatte die Hippiebewegung gerade angefangen. Wir hatten noch keine dieser jungen Leute kennengelernt, die gegen die materialistische Gesellschaft rebellierten, in der sie lebten, und was wir in der Zeitung über sie lasen oder von anderen hörten, war nicht besonders vorteilhaft. Nach allem, was uns zu Ohren kam, waren diese Leute »Aussteiger« und kehrten der Arbeit, der Universität und generell der Gesellschaft den Rücken, um ziellos herumzuwandern, sehr unorthodox zu leben und nach einem alternativen Lebensstil Ausschau zu halten. Offenbar hatten sie mehr Lust zum Singen, Gitarrespielen und Faulenzen als zu harter Arbeit. Das Schlagwort dafür war »Flower Power«, und bei unserer intensiven Gartenarbeit, unserer Beschäftigung mit den Naturreichen und unserem Zusammenwachsen zu einer kleinen Gemeinschaft hatte ich Angst, diese Leute könnten zu uns strömen, ohne sich zu unserem spirituellen Leben oder der harten Arbeit zu bekennen, die für unseren Unterhalt notwendig war. Peters Eltern hatten uns bereits beschuldigt, Hippies zu sein, und das hatte mich in Rage gebracht. Ich wollte nun wirklich nicht mit irgend jemandem gleichgesetzt werden, der einer verantwortungslosen Lebensweise anhing. Damals hatte ich keine Ahnung, was eigentlich hinter der Hippiebewegung steckte und wonach die Blumenkinder suchten. Auf mich wirkten sie mit ihren langen Haaren und sonderbaren Kleidern bloß schmuddelig und unordentlich.

Ungezählte Male wurde mir in meinen Weisungen versichert, nur die richtigen Seelen würden aufgrund der magnetischen Kräfte des Ortes und der Lichtstrahlungen, die von ihm ausgingen, zu uns finden. »Du brauchst dir keine Sorgen um diejenigen zu machen, die hierher kommen werden, wie seltsam sie auch bei oberflächlicher Betrachtung zu sein scheinen. Beurteile keine Menschenseele nach ihrem Äußeren. Gleich und gleich gesellt sich gern. Suche nach dem

Lichtfunken in jeder Seele, und du wirst die verbindende Kraft erkennen. Wer immer als Suchender zu diesem Ort kommt, wird ihn gewandelt verlassen. Niemand kann umhin, die starken Schwingungen hier in sich aufzunehmen. Wer sich harmonisch einfügt, wird neugestärkt davonziehen und immer wieder zurückkehren; und wer sich nicht einfügt, wird keinen Gefallen an dem Ort finden, er wird davongehen, ohne noch einmal wiederkehren zu wollen. Nur was im Innern vorgeht, ist von Bedeutung, und das kann nur Ich dir bei jeder Seele offenbaren. Halte dich an Mich, und du wirst nicht fehlgehen.«

Wieder einmal mußte ich einfach vertrauen und meine Ängste und Zweifel überwinden. Ich mußte akzeptieren, daß die Leute durch das Mitschwingen des Lichts in ihren eigenen Herzen hierher gezogen werden würden. Mir wurde auch gesagt, ein Grund für unsere abgelegene Wohnlage sei der, denjenigen, die uns wirklich finden wollten, das Suchen zu erschweren. Wer aus reiner Neugier kam, würde uns kaum finden, wohingegen die, denen aufrichtig daran gelegen war, sich auch entsprechend anstrengen würden. »Wenn du diesen Ort hier wahrhaftig als magnetisches Kraftzentrum begreifst, das Seelen aus aller Welt anzieht, wirst du auch erkennen, daß der Ruf sie erreicht und nichts sie aufzuhalten vermag. Darum mußt du bereit sein, jeden zu jeder Stunde zu empfangen und unterzubringen.«

Ich mußte noch viel lernen, wie ich diesen Seelen auf ihrem spirituellen Weg weiterhelfen konnte, indem ich meine Erfahrungen mit Gott, der jeden meiner Schritte auf dem Weg lenkte, mit ihnen teilte. Es war mir die meiste Zeit über sehr schwer gefallen, die Kontrolle über mein Leben aus der Hand zu geben und Gott zu überlassen, und es hatte sehr lange gedauert, wie mir schien. »Wenn eine Menschenseele hierher kommt, sucht sie nach der Wahrheit. Was sie empfängt, wird sie nicht unbedingt mögen; sie wird sich vielleicht winden und krümmen. Aber wenn es einmal hart auf hart geht, wird sie für diese Worte der Wahrheit tief im Innern ewig dankbar sein. Nimm einfach hin, daß sie vom Licht angezogen wird. Wenn sie hier bleibt, wird sie vieles lernen müssen, doch wird sie viel schneller lernen als du. Ihr seid die Pioniere gewesen und habt denen den Weg geebnet, die nach euch kommen. Das Zurechtstutzen wird sehr schnell vonstatten gehen. Das Beschneiden selbst tut nicht weh; der Widerstand dagegen verursacht die Schmerzen.

Ein Stück Metall muß erst geprüft und getestet werden, ehe es für etwas Wichtiges Verwendung findet, um festzustellen, ob es den jeweiligen Anforderungen entspricht. Davon hängen unter Umständen viele Menschenleben ab. So ist es auch mit Meinen Werkzeugen. Oft mußte Ich dich wegen deiner Schwächen und Fehler zurechtweisen, und du hast dich ebensooft dagegen gesträubt. Dabei war es jedes Mal zu deinem eigenen Besten. Ich habe nur den einen Wunsch, zuverlässige Werkzeuge zu haben – Meine Hände und Füße –, die ohne Zögern Mein Werk tun, was immer es auch sei.«

Ich mußte lernen, grenzenlose Liebe auszuströmen, und zu erkennen, wann eine Seele imstande war, Wahrheit oder »Licht« aufzunehmen. »Manche werden das Licht sofort empfangen können; andere müssen erst darauf vorbereitet werden, bevor das Licht der Wahrheit über ihnen leuchten kann. Das Licht kann sehr schmerzhaft sein, insbesondere, wenn man sich dagegen wehrt, wie du wohl weißt. Aber jede Seele hat Hunger, darum gib einer jeden die rechte Nahrung.«

Immer wieder wurde in meinen Weisungen die Einzigartigkeit eines jeden Menschen betont, unter anderem am Beispiel eines Puzzles: Wir waren dabei, aus Tausenden von durcheinander gewürfelten Teilen ein riesiges Puzzle zusammenzusetzen. »Zuerst sieht es aus wie ein Haufen Formen und Farben, die keinen Sinn ergeben, aber nach und nach fügen sich die Teile zusammen, wird ein Bild erkennbar, und jedes Teilchen hat im großen Gesamtgefüge seinen Platz.«

Die Leute, die es zu uns ziehen würde, waren wie die Teile dieses Puzzles. Ein jeder hatte dem Ganzen eine bestimmte Begabung, ein Talent zu bieten, und uns blieb es überlassen, das Beste daraus zu machen. »Keine Seele sollte je abgestempelt und kategorisiert werden. Eine jede hat ihren eigenen Weg genommen und muß die Möglichkeit bekommen, ihre Fähigkeiten frei zum Ausdruck zu bringen. Das Ziel wird immer das gleiche sein, sieh also die Gruppe als einen vollkommenen Körper an, dessen einzelne Teile perfekt funktionieren und miteinander harmonieren. Jeder Körperteil ist notwendig zur Vollendung des perfekten Ganzen und muß die Freiheit haben, seine Funktion auf ganz spezifische Weise ausüben zu können. Voraussetzung für die Entstehung der Ganzheit, auf die es ankommt, ist die Anpassungsfähigkeit von Geist und Gemüt.«

Wir mußten den vielen spirituellen Pfaden gegenüber aufgeschlossen sein, die von den Ankömmlingen eingeschlagen worden waren. Es ist nicht so, daß nur ein Weg zu Gott führt und alle anderen Wege Irrwege wären. Das hatten wir schon in unserer eigenen kleinen Gruppe mit ganz unterschiedlichen spirituellen Hintergründen feststellen können. Ich wurde gewarnt: »Große Sensibilität ist erforderlich, denn jede Seele ist von einem anderen Strahl hergeführt worden und sollte die diesem Strahl entsprechende Nahrung erhalten. Ihr als Fundament mit seinen vier Ecksteinen müßt fest, aufgeschlossen und willens sein, die verschiedenen Wege zu erkennen, ohne sie unbedingt alle zu beschreiten. Übt nie Kritik oder bildet euch ein, es gäbe nur einen einzigen Weg. Jede Seele muß vorbehaltlos auf das vertrauen, was durch sie selbst hindurchströmt, und Unglauben oder Kritik wird Durcheinander und Verwirrung in der Gruppe stiften. Lernt, einander vorbehaltlos zu vertrauen, denn ohne Vertrauen gibt es keine Liebe.«

Etwas über die Liebe zu lernen und den Unterschied zwischen Mitleid und Mitgefühl zu erkennen war ein fortwährender Entwicklungsprozeß für mich. Ich war zu der Überzeugung erzogen worden, es sei besser, still zu sein, statt etwas zu sagen, was andere verärgern oder ihre Gefühle verletzen könnte. Nur bei meinen Kindern meinte ich das Recht zu haben, sie zurechtzuweisen, wenn sie etwas falsch gemacht hatten, denn das war in meinen Augen eine Liebestat. Aber ich scheute davor zurück, auch mit Fremden so zu verfahren. Es ging mir nahe, andere Menschen in Schwierigkeiten zu sehen, doch wagte ich meist nur, Mitgefühl zu zeigen und ihnen zu helfen, die Sache wieder geradezubiegen. Gott sagte mir: »Wahre Liebe ist nicht sanft und nachsichtig. Wahre Liebe ist fest und gütig, sie hält mit starker Hand und ist stets hilfsbereit. Die Liebe stärkt nicht durch Mitgefühl das niedere Selbst, denn damit schwächt und zerstört sie nur. Meine göttliche Liebe sieht einzig das Beste in jeder Seele.«

Ich hatte die Macht der göttlichen Liebe erfahren, die ich in meinen Meditationen ausstrahlte, und wollte lernen, sie in den täglichen Umgang mit anderen Menschen einzubringen. Das war allerdings leichter gesagt als getan. Jedesmal, wenn ich innerlich gesagt bekommen hatte, was eine Seele brauchte, um wieder auf ihren spirituellen Pfad zu kommen, und wenn ich dann, wie angewiesen, Liebe und Licht ausstrahlte, war ich enttäuscht und entmutigt, weil keine sichtbare Wirkung eintrat. Doch erhielt ich Rückhalt von Gott und konnte ein wenig belustigt feststellen, daß er sogar Anteil an meiner Enttäuschung nahm! »Sei nicht entmutigt, wenn die Dinge nicht so laufen, wie sie deiner Meinung nach sollten. Die verschiedensten Faktoren spielen im Leben der Menschen eine Rolle, und der gewichtigste davon ist der freie Willen. Die letzte Entscheidung liegt bei jedem einzelnen selbst und kann auch die sorgfältigsten Pläne zunichte machen. Stell dir einmal vor, wie das auf Mich wirkt. Ich sehe den vollkommenen Weg und offenbare ihn einer Seele gütig und liebevoll. Doch auf einmal meint diese Seele, es besser zu wissen, und kehrt Meinem Plan den Rücken. Nun muß Ich die Hände in den Schoß legen und mitansehen, wie sie alles durcheinanderbringt. Ich kann nichts tun, es sei denn, sie beschließt aus freien Stücken, Meinem Willen zu folgen. Die endgültige Entscheidung bleibt der betreffenden Seele überlassen. Du, Mein Kind, brauchst nur mit ganzem Herzen, Geist und Sinn zu wissen, daß du alles in deiner Macht Stehende getan und nichts unversucht gelassen hast. Sollte die Seele dennoch einen anderen Weg einschlagen, brauchst du dir keine Vorwürfe zu machen. Du wirst mit vielen Seelen umgehen, Mein liebes Kind, und bei aller Unterschiedlichkeit gibt es Grundprinzipien, die gelernt werden müssen.«

Innerlich hatte ich mit einem Widerspruch zu kämpfen. Einerseits hatte ich gesehen, wie meine eigene Negativität, meine Ängste und innere Unsicherheit meine spirituelle Entwicklung und meine Verbindung zu Gott beeinträchtigt hatten. Peter unterstützte und akzeptierte mein höheres Selbst, besonders, wenn ich mich klar, liebevoll und zuversichtlich äußerte, ließ jedoch keinerlei Negativität zu und schon gar nicht in Verbindung mit einem Gefühlsausbruch. Meine Weisungen bestärkten ihn offenbar in seiner Haltung. Andererseits machten die meisten Leute solche emotionalen Erfahrungen, und in meinen Weisungen über die Liebe hieß es immer wieder, dem ganzen Menschen müsse Zustimmung und Liebe entgegengebracht werden – eine göttliche Liebe, die nie des anderen Schwächen bemängelte. Wie konnte ich denn diese beiden einander entgegengesetzten Wahrheiten vereinen? Außerdem war mir vollkommen schleierhaft, was es mit dem Mitleid auf sich hatte. Wie konnte ich mich tief in jemanden einfühlen und seinen Kummer verstehen, weil ich aus eigener Erfahrung wußte, wie ihm zumute war, und ihm gleichzeitig sein Selbstmitleid austreiben? Wie sollte ich in der Art, die Gott mich lehrte, bedingungslos lieben, ohne das niedere Selbst eines Menschen zu stärken?

Peter setzte seine Reisen fort und kehrte jedesmal noch begeisterter heim als vorher; häufig brachte er jemanden mit. Anfang 1966 stellte er mir einen Schotten von gewinnendem Wesen vor, R. Ogilvie Crombie aus Edinburgh, den wir später kurz ROC nannten. Beim Plaudern am Tisch in unserem Wohnwagen erzählte uns ROC, ein weißhaariger Mann Ende Sechzig, in ruhiger, bescheidener Art von seinen außergewöhnlichen Begegnungen mit Naturgeistern im Botanischen Garten von Edinburgh.

Seine Geschichte klang wie ein Märchen. Als er beschrieb, wie er die Bekanntschaft eines kleinen Fauns namens Kurmos machte, fühlte ich mich in meine Kindheit zurückversetzt, wo Feen und Elfen meine Vorstellungswelt bevölkert hatten und ich fast überzeugt war, sie seien Wirklichkeit. Ich war mit Geschichten vom »kleinen Volk« aufgewachsen, wie sie in Irland lebendig sind, war aber zu der Ansicht gekommen, es handle sich dabei nur um eine Besonderheit des irischen Sagenschatzes, die jeder realistischen Grundlage entbehre. ROC jedoch wirkte so aufrichtig und überzeugend, daß man ihm einfach glauben mußte. Er war ein kultivierter Mann, der sich sein Leben lang dem Studium der Naturwissenschaften, der Metaphysik und Philosophie gewidmet hatte. In seiner Wohnung in Edinburgh standen Tausende von Büchern aller Art. Er strahlte soviel ruhige Kraft und Autorität aus, daß ich das Gefühl hatte, mit einem außergewöhnlich weisen Menschen zusammenzusein, der das Wesen der Wirklichkeit in einem viel tieferen Sinne erfaßte als ich.

Trotz meiner Hochachtung wurde ich nicht warm mit ROC. Peter verbrachte viel Zeit mit ihm und ersuchte ihn dauernd um Rat. Sie unternahmen auch zusammen eine Reise zu den spirituellen »Kraftzentren« Großbritanniens und wußten danach wieder neue Geschichten von ROCs Begegnungen mit Naturgeistern und mit Pan zu erzählen. Ich erfuhr, daß ROC an verschiedenen Orten die Herrschaft dunkler Mächte festgestellt hatte und daß es ein Hauptanliegen seiner spirituellen Arbeit sei, diese in Kräfte des Lichts zu verwandeln. Das verwirrte mich. Ich hatte in Trossachs eine dunkle Macht gespürt und war in meinen Weisungen über den Kampf zwischen Licht und Finsternis belehrt worden, wurde jedoch stets dazu angehalten, meine Gedanken auf Positives zu richten und das Licht zu stärken, ohne mich mit dem Negativen zu befassen. Ich konnte nicht begreifen, warum ROC nicht ebenso mit der Christus-Energie arbeiten konnte wie ich. Warum sollte man nach dunklen Mächten Ausschau halten? Offenbar handelte es sich um Kräfte außerhalb unserer selbst, und ich hatte gelernt, mich wegen allem nach innen zu wenden. Wenn alles in uns selbst lag, warum sollte ROC dann mit Dingen umgehen, mit denen es sich anders verhielt?

Ich war innerlich hin und her gerissen, besonders, da Peter eine so hohe Meinung von ihm hatte. Ich bat Gott um eine Klärung unserer so verschiedenen Standpunkte und vernahm: »ROC hat die Aufgabe, das Böse, die Finsternis, ins Licht zu rücken und zu besiegen. Peter und er bilden eine gewaltige Kraft und müssen immer enger zusammenarbeiten. Du weißt, daß Ich dich aufgerufen habe, dich zu Ebenen zu erheben, wo alles eins ist, wo Harmonie und Eintracht herrschen. Das ist der Bewußtseinszustand, den du erstreben sollst. Du hast deine Funktion und ROC seine. Ihr geht völlig unterschiedlich vor; aber du liebst und achtest ihn zutiefst, obwohl du nicht mit ihm übereinstimmst. Das ist ein Beispiel dafür, wie in der Verschiedenheit die Einheit gefunden werden muß.«

Peter versuchte, es mir noch deutlicher zu erklären: »Die Kräfte der Finsternis und des Lichts bilden eine Grundpolarität in dieser Welt. Die Kräfte der Finsternis sind Prüfsteine für uns, und aufgrund all der Negativität in der heutigen Welt werden sie immer stärker. Darum ist es so wichtig, daß wir stets optimistisch sind und keinen Funken Negativität in unser Bewußtsein eindringen lassen. ROC hat letztlich die Aufgabe, die Kräfte der Finsternis mit dem Licht *auszugleichen.*«

Erst nach Jahren verstand ich wirklich, wovon Peter und ROC sprachen, lernte aber in der Zwischenzeit darauf zu vertrauen, daß ROCs Arbeit tatsächlich ihre Bedeutung für unsere Gruppe hatte. Darin wurde ich eines Tages durch eine Beobachtung bestärkt. Peter und ich fuhren über Land, und ich sah hier und dort Gruppen von Kiefern, hochgewachsen und kräftig, wohingegen vereinzelt stehende Bäume vom Sturm gefällt und entwurzelt worden waren. Das war für mich plötzlich ein klarer Hinweis darauf, daß den Stürmen des Wandels nur durch Einigkeit standzuhalten war. Danach wurde ich besser mit unserer Verschiedenartigkeit fertig und beschloß, auf die vollkommene Einheit und Harmonie unserer Gruppe hinzuarbeiten, welche Differenzen es auch immer geben mochte.

Es gab noch immer Zeiten, in denen ich aufbegehrte und mich dagegen wehrte, von Gott und Peter benutzt zu werden. Ich wollte mir mein Leben selbst einrichten können, und viele der Anordnungen aus meinen Weisungen weckten Zweifel bei mir. Gott half mir ein wenig auf die Sprünge: »Mein liebes Kind, du mußt mit dem Herzen verstehen lernen. Geistige Dinge kannst du nicht mit deinem menschlichen Verstand begreifen. Dann erfaßt du den Sinn nicht. Das wäre so, als würdest du einen Code zu entschlüsseln versuchen, der nicht zu dechiffrieren ist. Laß los; nur wenn dein Bewußtsein auf eine höhere Ebene kommt, wirst du Meine Wahrheiten in all ihrem Glanz und ihrer Herrlichkeit kristallklar erkennen. Sie werden mit dir verschmelzen zu deinem wahren Ich. Überlaß dich ganz Mir und lerne, 24 Stunden am Tag im Geist, in der Wahrheit zu leben.«

Und tatsächlich, immer wenn ich den Zustand des Einsseins mit Gott erreichte, erfüllte mich überwältigende Freude und Freiheit. Ich war dann so fröhlich, daß ich tanzen und singen wollte, und wurde darin bestärkt, diese Erfahrung zu einer bleibenden zu machen. Allerdings fragte ich mich, wie der freie Wille in diesen Zusammenhang paßte. Wie konnten wir denn davon Gebrauch machen? Warum hatten wir ihn überhaupt? Mir kam es so vor, als wirke ich jedesmal, wenn ich meinen freien Willen gebrauchte, dem Gesamtplan entgegen. Andererseits fühlte ich mich überaus frei, wenn ich mit dem göttlichen Geist in meinem Innern längere Zeit in Berührung war. Irgendwo dort lag die Lösung.

Im Frühjahr 1966 hatten wir zwei wichtige Zusammenkünfte. Die erste fand Ostern statt, die zweite Pfingsten. Zu Ostern kamen fünf Gäste – ROC, Iris und Ellie, Anthony Brooke und Monica Parrish, die Peter auf seinen Reisen im Süden kennengelernt hatte. Anthony und Monica hatten die *Universal Foundation* gegründet, und sie hatten – ebenso wie Iris und Ellie – feste Kontakte zu Liebie Pugh. Die Zeit, die wir miteinander verbrachten, war einzigartig, und wir empfanden unsere spirituelle Verbindung noch stärker als zuvor. Ein gemeinsamer Zweck hatte uns zusammengeführt, das fühlten wir alle deutlich.

Am Ostermorgen erlebten wir gemeinsam eine zutiefst bewegende Meditation, aus der wir frohgestimmt, die Herzen übervoll von Liebe und Freude, in den Frühlingssonnenschein hinaustraten. Als ich aufblickte, sah ich, wie eine kleine Lerche hoch in den strahlend blauen Morgenhimmel emporstieg und hinreißend sang, so daß alle es hören und mitjubeln mußten. Das Herz wurde mir leicht, es schwang sich auf zu diesem kleinen Vogel; er war für mich fortan das Symbol für höhere Geistesregungen. An jenem Tag empfing ich die Weisung: »Dieses Osterfest ist ein Wendepunkt in euer aller Leben. Ihr seid eins geworden in Meiner Liebe und Wahrheit, um in besonderer Weise zusammenarbeiten, was euch noch nicht vollbewußt ist. Haltet zusammen, auch wenn ihr auseinander seid. Entfernungen haben keine Bedeutung mehr, wenn ihr in Meiner Liebe vereint seid. Erhebt euch höher, höher, höher! Dies ist die Zeit der Auferstehung. Dies ist eine Zeit gewaltiger Bewußtseinssteigerungen, eine Zeit großer Freude.«

Nie zuvor hatten wir solchen Einklang, solche Liebe untereinander gespürt; das war der Anfang einer neuen Erweiterung unserer Gruppe. Iris und Ellie kehrten häufig zu uns zurück und halfen, meine Weisungen für ein Büchlein zu ordnen, zu tippen und zu bearbeiten. Im darauffolgenden Jahr vervielfältigten wir die Botschaften mit einem alten Kopiergerät und schickten sie unter dem Titel *Gott sprach zu mir* jedem, der daran interessiert war. Ich wurde angewiesen, sie sehr einfach abzufassen. »Es ist die Einfachheit der Botschaften, die vielen Seelen mehr hilft, als du denkst. Laß sie in die Herzen der Leute dringen, so daß sie zu geben wünschen, aber fordere nichts dafür. All eure Bedürfnisse werden ausreichend befriedigt. Mein Vorrat ist unerschöpflich. Denk daran: Es ist Mein Wort, das hinausgeschickt wird, um einem großen Bedürfnis in dieser Welt voller Qual zu entsprechen.«

Sechs Wochen nach Ostern, zu Pfingsten, kam erneut eine Gruppe von Leuten bei uns zusammen. ROC war wieder dabei, außerdem vier Gäste, die völlig unerwartet hereingeschneit waren und die Gruppe auf 17 Personen vergrößerten. Wie ich es fertigbrachte, für alle Essen zu machen, weiß ich nicht. Wir versammelten uns in unserem kleinen Höfchen, unterhielten uns und meditierten gemeinsam. Die meisten unserer Besucher an diesem Wochenende hatten sich durch Prophezeiungen von der bevorstehenden Vernichtung der Erde zu uns gezogen gefühlt. Einige waren Mitglieder der UFO-Gesellschaft und glaubten, mit uns eine Mission in der Welt gemeinsam zu haben. Keiner hatte mit der gewaltigen Kraft gerechnet, die dieses Wochenende in der Gruppe freigesetzt wurde. Wir erlebten alle eine Bewußtseinssteigerung, und Liebe und Licht – die Kraft des Heiligen Geistes – durchdrangen uns. Wir hatten das Gefühl, zu wachsen und in eine neue Dimension einzutreten. Ich empfing eine Reihe von Botschaften, durch die unsere Gespräche auf eine Ebene kamen, die die Möglichkeit eines nahe bevorstehenden Weltuntergangs bei weitem überschritt.

Ich vernahm die Worte: »Erhebt euch aus dem Sumpf der Verzweiflung, laßt Mein Licht in eurem Innern, über euch, um euch herum und auf ewig vor euch leuchten und *wisset*, daß, wo Licht ist, kein Dunkel ist. Laßt Freude und Fröhlichkeit, Geben und Nehmen, das Strömen des Heiligen Geistes unter euch walten! Dies ist ein schicksalhafter Tag. Erhebet eure Herzen in Dankbarkeit! Dies ist die Wende!«

Wir alle waren von Ehrfurcht ergriffen ob der Kraft dieser Weisung, die sich durch mich offenbarte, und der Bedeutung, die sie für unsere Ansichten vom Los der Welt hatte. »Eine ungeheure Kraft ist freigesetzt worden, und nichts vermag sie aufzuhalten. Ihr alle seid hier zusammengeführt worden, damit euch Mein Heiliger Geist erfüllen kann. Es gibt kein Zurück mehr. Euer Leben ist neu geworden. Alles, was fortan geschieht, vereint euch in dem Werk, das ihr für Mich tut, bis es keine Uneinigkeit mehr gibt. Was ihr erfahren habt, bereitet euch auf etwas vor, das größer ist, als ihr je gedacht hättet. Freude, Freude, Freude, Mein Himmel *ist* hier auf Erden!«

Auf irgendeine unerforschliche Weise hatte sich das Blatt gewendet. Statt uns auf das mögliche Ende der Welt, die wir kannten, vorzubereiten, verpflichteten wir uns jetzt dazu, einig an die Arbeit zu gehen, um das neue Himmelreich auf Erden zu errichten. Bei jedem von uns vollzog sich ein Einstellungswandel von großer Tragweite. Uns wurde gesagt, daß von nun an jede Seele die Wahl hätte, die eine oder andere Richtung einzuschlagen. »Ihr werdet erkennen, daß sich viele Seelen, die bisher Zaungäste waren, jetzt für den Weg des Lichts entscheiden. Weist keine Seele ab, wie sehr sie euch auch befremden mag. Strömt einfach diese machtvolle Energie aus, und sie wird selbsttätig wirken.«

In der Nacht, bevor alle wieder abfuhren, hatte ich einen lebhaften Traum. Ich stand am Rand eines großen Teiches mit reinem, klaren Wasser. Jemand zeigte mir, wie ich einen Stein genau ins Zentrum des Teiches werfen konnte, so daß sich die Wellenkreise ganz gleichmäßig rundum ausbreiteten. Je größer der Stein war, um so stärker wurden die Wellen. In einer Weisung hieß es: »Alles entspringt wie bei dem Steinwurf in die Mitte des Teiches dem Zentrum eures Seins. Die Wellenkreise gehen von der Mitte aus und berühren alles und jedes in ihrem Wirkungsbereich. Euer Wirkungskreis dehnt sich täglich in die vier Himmelsrichtungen aus. In dem Maße, wie die Kraft zunimmt, die durch jeden von euch von diesem Lichtzentrum ausgeht, wächst auch dieser Kreis, bis er die ganze Welt umschließt.«

Als unsere Besucher alle fort waren, geriet ich in eine äußerst seltsame Gemütsaufwallung. Meine Tränen flossen, aber nicht etwa aus Trauer oder Kummer über den Abschied von den Freunden; sie kamen aus einer Tiefe meines Inneren, die ich nicht kannte. »Dein Herzzentrum öffnet sich gerade, so daß du besonders stark empfindest und deine Tränen leicht fließen. In diesem Hochgefühl bist du von tiefer, tiefer Dankbarkeit erfüllt. Alles sieht anders und schöner aus, als hättest du einen Winterschlaf begonnen, während alles in tiefem Schlummer lag, und seist nun im Frühling erwacht. Alles ist wie neu, aber nur, weil du aus deinem eigenen freien Willen heraus die Augen für all das Neue geöffnet hast.« Ich fühlte mich grenzenlos weit. Diese Liebe würde nie versiegen – ich *erfaßte* den Sinn der grenzenlosen Liebe, der grenzenlosen Wahrheit, der grenzenlosen Weisheit. Ich *war* es.

Ebenfalls im Jahre 1966 wurde mir meine starke Verbindung zu Liebie Pugh bewußt. Peter hatte sie auf seiner ersten Reise südwärts, auf der er Kontakte innerhalb der neuen spirituellen Bewegung knüpfte, im nordenglischen Lytham St. Anne's kennengelernt, wo sie wohnte. Ich begegnete ihr allerdings zum ersten Mal in der Meditation.

Anthony Brooke, der eng mit Liebie befreundet war, besuchte uns für ein paar Tage, und wir sprachen oft von ihr und ihrer außergewöhnlichen Wirkung auf die Menschen, die sich zu ihr hingezogen fühlten. Anthony meinte, sie verkörpere auf einzigartige Weise die Liebe; auch er war tief ergriffen von der Bekanntschaft mit ihr. Später, in der gemeinsamen Meditation, spürte ich Liebies Anwesenheit unter uns. Dann sah ich vor mir ein Wesen von großer Statur und Lichtfülle und erkannte das Gesicht des Herrn Jesus Christus. Ich hörte deutlich eine Stimme, die »Meister« sagte, und Liebie und der Meister waren ein und derselbe. Ein Geruch frischer Schafwolle von ihrer Kleidung stieg mir in die Nase. Ich war verwundert. Was hatte das zu bedeuten? Als Antwort sagte die Stimme: »Sprich mit Anthony.«

Nach dem Mittagessen nahm ich ihn beiseite und erzählte ihm von meinem Erlebnis. Ich sah sofort, wie eine Erkenntnis in ihm aufblitzte. Während ich sprach, hielt Anthony meine beiden Hände fest, und plötzlich begann ich eigentümlicherweise vor Angst und Begeisterung zugleich am ganzen Leibe zu zittern. Das Zittern verlor sich schließlich; ein tiefer Friede, ein Gefühl des Einsseins überkam mich, als ich bat, Werkzeug für das Höchste sein zu dürfen. Ich fühlte mich vollkommen eins mit Liebie und Christus und vernahm die Worte: »Ich bin der Weg, die Wahrheit und das Leben.«

Danach schrieb ich an Liebie und erzählte ihr alles, woraus sich bis zu ihrem Tode ein wundervoller Briefwechsel entspann. Einmal schrieb ich ihr:

Ich offenbare mich Dir, weil Du wahrscheinlich der einzige Mensch bist, der es richtig versteht. Diesen Morgen, als wir in der Gruppe Liebe und Licht ausstrahlten, hast Du von mir Besitz ergriffen: Dein Name hallte mir in den Ohren wider. Dann kam es mir so vor, als sei ich ein winziges rotes Blutkörperchen, das durch die Kehle in Deine Blutbahn eindrang und in Deinem Körper zu kreisen begann. Es war, als müsse ich Dein Wesen mit Lebenskraft erfüllen. Ich war winzig klein und doch das Leben selbst. Was das zu bedeuten hat, ist mir absolut schleierhaft. Ich glaube aber nicht, daß ich »übergeschnappt« bin, obgleich eine Menge seltsamer Dinge passieren; ich habe keine Angst mehr. Vor einiger Zeit hätte mich ein Erlebnis wie dieses wirklich zutiefst erschreckt, aber diesmal habe ich mich ihm einfach überlassen und gottlob große Freude dabei empfunden.

Kurz darauf, ich meditierte gerade auf der öffentlichen Toilette, litt ich entsetzliche Schmerzen, die schlimmer waren als alles, was ich je erlebt hatte. Wölfe rissen mir meine Eingeweide auf und fraßen mich bei lebendigem Leibe auf. Dann drang Liebie Pugh in mein Bewußtsein – das waren ihre Schmerzen. Ich konnte nicht klar ausmachen, worum es ging, und rannte weinend zu Peter.

»Peter, ich verstehe nicht, was mir gerade passiert ist. Ich litt in meinem Innern die furchtbarsten Schmerzen, die schlimmsten Qualen, und doch wußte ich, daß es Liebies Schmerzen und nicht die meinen waren. Was hat das zu bedeuten?«

Peter hörte aufmerksam zu, war aber genauso ratlos wie ich. »Das kann ich mir wirklich nicht erklären, Eileen, aber mach dir keine Sorgen. Du hast so viele außergewöhnliche innere Erfahrungen gemacht. Es wird schon zur rechten Zeit deutlich werden. Versuch einfach, es zu vergessen.«

Ich versuchte, nicht daran zu denken, aber es war unmöglich. Liebie ging mir Tag und Nacht im Kopf herum. Was waren das für Schmerzen? Dann kam ein Brief von Kathleen an, einer guten Freundin von Liebie. »Ihr wißt doch sicher, daß Liebie Krebs hat«, schrieb sie uns. Jetzt wußte ich Bescheid über die Schmerzen! Ich hatte sie übernommen, obwohl ich Liebie nie persönlich kennengelernt hatte und nichts von ihrer Krankheit wußte. Noch nie hatte ich mich so sehr mit jemandem identifiziert, nicht einmal mit Peter oder meinen Kindern.

Dieses Miterleben dauerte an. Ich schrieb Liebie:

Heute abend habe ich meditiert. In Gedanken war ich bei Dir, ich wurde eins mit Dir und litt unter heftigen Schmerzen. In einer Vision sah ich, wie sich Dein Körper auflöste, ganz langsam und qualvoll. Mein Herz tat mir weh; mein ganzer Körper war von Schmerzen gepeinigt. Ich weinte und schrie zu Gott, warum es so geschehen müsse. Er sagte, es sei alles in seinem Plan so angelegt, und ich solle mich nicht dem widersetzen, was mir gezeigt würde. Wie Dein Körper verfiel, sah ich an seiner statt Christus in einem wunderbaren, strahlenden Licht, und mir wurde klargemacht, daß es so kommen würde. Verstehst Du das? Ich nicht, aber es stand eindeutig fest, daß das die Wahrheit ist, und so nehme ich sie einfach hin und übermittle sie Dir.
Laß mich ein wenig an diesem Schmerz teilhaben, liebste Liebie.
Immer in Liebe für Dich da,
Dein Elixier

Bald danach erhielt ich von ihr einen Antwortbrief.

Mein Elixier,
seit ich weiß, daß Du ein wenig von diesen unsäglichen Schmerzen spüren kannst, fühle ich mich etwas getröstet und gestärkt. Es ist hart – vor kurzem war es besonders schlimm –, und ich wollte Dir nur sagen, daß dein Mitleiden mir geholfen hat. Ich hoffe weiterhin, daß es selten und nur kurz so ist. Ich merke immer, welch ein Hasenfuß ich doch bin (Du verstehst das sicher!), und Deine Briefe und Anteilnahme helfen mir sehr. Es geht schon etwas besser.

So muß es von jetzt an sein – ein höheres Bewußtsein. Wenn ich mich in der neuen Dimension wiederfinde, ist alles Liebe und Licht.
Dein in jener Dimension, jetzt und immerdar,
Deine Liebie

Dieser Brief machte mir unbeschreiblich große Freude, und ich habe ihn zum Andenken aufbewahrt. Eines Tages, als ich mich eben anschickte, mit den Jungen auszugehen, und bei den dreien, wie sie um mich herumtollten, Frieden zu stiften versuchte, wies Gott mich an, Liebies Brief noch einmal zu lesen. Ich nahm ihn aus meiner Handtasche heraus, und als ich ihn las, gingen mir die Augen auf. Mein Blick fiel auf die Worte »Mein Elixier«, und da verstand ich plötzlich mein Erlebnis als rotes Blutkörperchen ganz klar. Ich *war* ihr Lebenselixier. Ich war die heilende Quelle, die ihr half, in einen höheren Seinszustand einzutreten. Ich wurde von ehrfürchtiger Scheu ergriffen.

Am nächsten Tag vernahm ich in der Meditation die Worte: »Du bist Maria, die Mutter von Jesus dem Christus.« Ich war schockiert. Das klang in meinen Ohren wie Gotteslästerung. Wie konnte ich Maria sein? Als ich an diesem Morgen im Knien die Betten der Jungen machte, fragte ich Gott, wie das überhaupt sein könne.

»Kannst du es dir als Strahl vorstellen, als Mutter- oder Liebesstrahl? Auf dem Marienstrahl sind viele, viele Seelen.«

So konnte ich es natürlich hinnehmen! Der Gedanke, daß sich viele Menschen auf einem ähnlichen Ausdrucksstrahl befanden wie Maria, die Mutter Jesu, war durchaus einleuchtend. Das bedeutete, daß ich – und mit mir all die anderen Leute – etwas mit den Eigenschaften gemeinsam hatten, die Maria zugeschrieben werden. Dann las ich zufällig ein Buch über die »Michaelskraft von Glastonbury«, in dem die Autorin beschreibt, wie sie zu Maria wird und ihr gesagt wird, »das zu allen Marien in der Welt zu tragen«. Das Wesentliche der Marieneigenschaften konnte an andere weitergegeben werden, die sich auf dem gleichen Ausdrucksstrahl befanden. Die Puzzleteile fügten sich langsam zusammen. Ich verstand allmählich mein tiefes Mitleid für Liebie in ihren Schmerzen.

Und so lernte ich Liebie schließlich in ihrem Zuhause in St. Anne's kennen. Wir sprachen nur wenig miteinander; Worte waren unnötig. Ich saß bei ihr und hielt ihre behandschuhte Hand, nur von dem einen Wunsch beseelt, die Kraft und Liebe in sie einströmen zu lassen, die sie brauchte. Ich empfand wie eine Mutter, die in der Not für ihr geliebtes Kind da ist. Mein Herz war erfüllt von einer unbeschreiblichen Liebe zu ihr. Verschiedene Male, während ich bei ihr war, stellte sie sich ans Feuer, und dann wuchs sie zu einer Größe, die mit ihrer Gegenwart das ganze Zimmer erfüllte. Es war ein sehr seltsames Erlebnis, das ich nie vergessen habe.

Meine Beziehung zu Liebie war einzigartig, erhebend und qualvoll. Ihre Briefe inspirierten mich und spornten mich dazu an, »das Wort lebendig werden zu lassen«, so daß kein Wort müßig blieb. Sie öffnete mir die Augen dafür, daß alles perfekt ineinander paßte. Am liebsten hätte ich von allen Dächern herabgeschrien: »Ich bin nicht verrückt! Ich bin *nicht* verrückt!«, denn sie bestätigte mir, daß das, was ich in meinem Innern erlebte, Wirklichkeit war. Ich schrieb ihr:

Ich begreife den Sinn der schrecklichen Schmerzen nicht, die ich mit dir gemeinsam erlitten habe, akzeptiere sie jedoch einfach als zu Gottes Plan und Offenbarung gehörig. Ein Teil von mir versteht so vieles, wohingegen ein anderer Teil von mir hilflos wie ein verirrtes kleines Kind ist, das seinen Weg sucht. Ich nehme an, das ist der Unterschied zwischen der dritten und der vierten Dimension, in der alles so klar und im Licht ist und in der Wahrheit ist. Dir all meine Liebe, liebste Liebie, und noch einmal Dank, Dank für Deine Hilfe, für Dein Verständnis, für Deine Liebe.

Ende 1966 ging es Liebie gesundheitlich sehr schlecht, aber sie war hohen Mutes. Ich durfte sie in einer Vision schauen, wie sie in unerträglichen Schmerzen lag, und hörte die Worte: »Mein Kind, schiebe deine Hände unter sie und hebe sie hoch.« Ich gehorchte, aber sie war zu schwer, und so rief ich Gott um Hilfe an. Als ich es erneut versuchte, merkte ich, daß mir Kraft verliehen worden war, und ich konnte sie heben. Als ich das tat, verwandelte sie sich in reinstes Licht, und da erkannte ich die Bedeutung »erhobenen Denkens«. Ich wußte auch, daß es das war, womit ich ihr helfen konnte: daß ich ihre und meine Gedanken allezeit ins Licht emporhob. Jeden Tag meditierte ich darüber, sie zu erheben, ihr liebevolle Gedanken zu senden, und ließ die Schmerzen in ihrem Körper fortan außer acht.

Im Dezember wurde Peter nach St. Anne's gerufen, um an einem Treffen des *Universal Link* teilzunehmen, der Leute, die mit Liebie und ihrer Arbeit in Verbindung standen. Ich blieb in Findhorn und meditierte Tag und Nacht, sooft ich konnte. Am Tag der Zusammenkunft meditierte ich den ganzen Tag allein vor einem Foto von Liebie, das vor mir auf dem Tisch stand, und verband mich innerlich mit den Versammelten. Mittags fiel das Foto plötzlich vom Tisch, und da wußte ich, daß ein Teil von ihr dahingegangen war. Ich spürte, wie ihr Geist aus ihrem Körper wich und mit jedem Augenblick leichter und freier wurde. Noch am selben Abend um halb zwölf verließ sie ihren Körper. Tiefste Freude erfüllte mich, als ich fühlte, daß Liebie vom Erdendasein erlöst und in die Lichtebene hinübergegangen war, zu der sie gehörte. Ich empfand weder Kummer noch Trauer, nur unendliche Freude. Liebie hatte ihr Ziel erreicht.

Von Gott vernahm ich machtvolle Worte über die Bedeutung dieser Veränderung: »Heute ist der Tag der Tage. Eine ungeheure Kraft wird freigesetzt, darum sei bereit, sie aufzunehmen und zu absorbieren. Denk daran, wenn alles am schlimmsten aussieht, daß dies eine Zeit großen Jubels ist. Die Zeit wird kommen, da Vertrauen und Glaube bei jedem von euch einer Zerreißprobe ausgesetzt sein werden. Du bist dir wahrscheinlich noch nicht bewußt, daß die Kraft von St. Anne's jetzt hier wirksam ist. Ihr werdet euch sehr schnell vergrößern. Hier wird ein Zentrum vollengagierter Seelen entstehen, darauf sei vorbereitet.«

Zu diesem Zeitpunkt wurde mir auch offenbart, daß Peter und ich eine sehr enge Verbindung zu Joan Hartnell Beavis hatten, einer Freundin und Beschützerin Liebies, die sich ihrer voller Hingabe und Liebe angenommen hatte. Als ich zum Nachtgebet für Liebie nach St. Anne's fuhr, spürte ich diese Verbindung zu Joanie, und ein starkes Band der Liebe begann sich zwischen uns zu knüpfen. Kurze Zeit später traf sie Vorbereitungen, um nach Findhorn zu ziehen.

Joanie wurde mit den Jahren meine beste Freundin und treueste

Anhängerin, die all meinen Geschichten aufgeschlossen und verständnisvoll zuhörte, wie seltsam oder unbegreiflich sie auch sein mochten. Sie war in jeder Hinsicht eine treue Freundin – vielleicht die einzige wahre Freundin, die ich je hatte. Einmal kehrte ich nach einer unangenehmen Operation so geschwächt aus dem Krankenhaus nach Hause zurück, als sei alle Lebenskraft von mir gewichen. Joanie steckte mich in ihrem Gästezimmer ins Bett und pflegte mich Tag und Nacht hingebungsvoll. Wie ich da so elend lag, hatte ich nur einen Gedanken: Wie gern ich doch jetzt ein Steak essen würde! Das konnte ich allerdings nicht von ihr verlangen, denn sie war schon seit Jahren überzeugte Vegetarierin. Tagelang quälte mich diese Lust, bis ich mir schließlich ein Herz faßte. »Liebste, ich weiß zwar nicht, wie ich's dir beibringen soll, aber ich habe ungeheuren Appetit auf Fleisch. Könntest du mir etwas besorgen?«

Ohne auch nur einen Augenblick zu zögern, fuhr Joanie in die Stadt und stand beim Metzger an, um ein Steak für mich zu kaufen. Ein über den anderen Tag tat sie das, bis es mir besserging, voll grenzenloser Liebe, ungeachtet ihrer eigenen Abneigung gegen das Einkaufen in einer Metzgerei, und sie bereitete mir das Fleisch sogar selbst zu! Zur Krönung des Ganzen war mein Arzt bei seinem nächsten Besuch von meiner neuen Diät ganz begeistert und riet mir, da ich nicht schlafen konnte, abends einen Schluck Whisky zu trinken, das sei die beste schottische Medizin! Auch den kaufte Joanie ein, und ich erholte mich rasch wieder.

Peter hat diese Geschichte immer gern erzählt und aufgepaßt, wie die Leute darauf reagierten. Seines Erachtens macht sie höchst anschaulich, daß es keine festen, starren Regeln gibt, und schon gar nicht im spirituellen Bereich.

Joanie war es, die mir meine erste Waschmaschine schenkte. Ich protestierte nach Kräften, denn ich konnte mich dafür ja nicht erkenntlich erweisen. Doch ich erhielt die Weisung, Geschenke dankbar anzunehmen. »Ich habe dir gesagt, daß all deine Bedürfnisse aus Meinem unerschöpflichen Vorrat befriedigt werden, also sei dankbar für das, was kommt. Dieses Geschenk soll dir die Arbeit erleichtern, so daß du mehr Zeit für Mein Werk hast, denn nur das zählt im Leben.« Tiefe Dankbarkeit erfüllte mich, und ich dachte darüber

Mit meiner liebsten Freundin Joanie.

nach, daß dies eine neuartige Weise war, die Errungenschaften der modernen Technik zu betrachten.

Im folgenden Jahr waren wir vollauf damit beschäftigt, zu bauen und Leute aufzunehmen, mit denen wir unser Leben teilten. Als sich das Jahr seinem Ende zuneigte, sahen wir, wie sehr wir selbst, unser Garten und unsere aufstrebende Gemeinschaft – das war nämlich bereits daraus geworden – gewachsen waren, und es erschien uns wie ein Wunder. Aus dem Nichts hatte sich ein kleiner Garten Eden entwickelt, und aus drei Leuten waren zwölf geworden, alles das in gut fünf Jahren. Unsere Verbindungen zu anderen Menschen der gleichen spirituellen »Wellenlänge« hatten sich gekräftigt und gefestigt, und wir konnten sehen, daß alles, was Gott verheißen hatte, allmählich Wirklichkeit wurde.

Heiligabend 1967 sagte meine innere Stimme, ich solle Joanie und Peter bitten, mich oben zum Cluny Hill an einen besonderen Ort zu bringen, den wir vor Jahren einmal entdeckt hatten. Ich vernahm die Worte: »Ich brauche zu diesem Zeitpunkt euch drei in *eins* dort.«

Aus allen möglichen Quellen waren Prophezeiungen laut geworden, etwa um diese Zeit sei das Weltende zu erwarten und das Jüngste Gericht stehe bevor. Ich schenkte solchen düsteren Untergangsvorhersagen keine Beachtung, denn ich hatte mich verpflichtet, mein Bewußtsein zum Licht emporzuheben. Und so hielten wir uns am Heiligen Abend um Mitternacht genau an die klaren Anweisungen, die Gott mir gegeben hatte. »Stell dich mit Joanie an der Hand vor Peter auf. Peter soll seine Linke auf deine Schulter und seine Rechte auf Joanies legen. Bleibt so stehen und laßt die Kraft in euch einströmen, die euch in eins zusammenschweißt. Dann, wenn ich es euch sage, stellt ihr euch im Kreis auf, Peter zu deiner Linken und Joanie zu deiner Rechten. Von dem Augenblick an, wo ihr aus dem Auto steigt, bis zu dem Augenblick, wo ihr wieder einsteigt, soll Peter an deiner linken und Joanie an deiner rechten Seite sein. Die Kraft, die euch durchströmt, wird eine gewaltige Macht haben, aber sie ist vollkommen unter Kontrolle. Ihr tut das nicht nur für euch selbst, sondern für eine ungeheure Vielzahl von Menschen, und euer Tun wird weitreichende Folgen haben. Seid auf alles vorbereitet.«

Als wir Hand in Hand beieinander standen, fühlte ich, wie sich mein Körper mit Licht füllte. Ich fing heftig zu zittern an und brach dann bewußtlos zusammen. Peter und Joanie kümmerten sich um mich. Selbst sie, die stets behauptet hatten, für derlei überhaupt nicht sensibel zu sein, waren wie vom Donner gerührt. Als ich endlich wieder zu mir kam, spürte ich, wie ich eins wurde mit Peter, mit Joanie, mit dem ganzen Universum. Ich fühlte mich der kosmischen Kraftquelle verbunden; wir drei waren offenbar eine Art Anker oder Erdung gewesen. Wir waren im Innersten bewegt, hatten jedoch keine Ahnung, was das alles zu bedeuten hatte oder was eigentlich geschehen war.

In einem Zustand strahlender Erhebung kehrten wir nach Hause zurück. Etwas wahrhaft Bedeutsames war geschehen – uns und der ganzen Welt –, nur konnten wir nicht ausmachen, was es war. Unmittelbar danach empfing ich die Botschaft: »Meine Lieben, erhebet eure Herzen voller Freude und Dankbarkeit für das, was zur Mitternacht geschehen ist. Ihr drei seid jetzt für alle Ewigkeit eins, wie am Anfang. Ihr habt den Kreis geschlossen. Nichts wird euch je trennen, denn ihr seid nunmehr ein Herz und eine Seele in Mir. Dies ist der Wendepunkt für alle Seelen. Die Würfel sind gefallen, und jede Seele muß sich jetzt entscheiden: für das Licht oder für die Finsternis. Der Tag, auf den so viele gewartet haben, ist vorüber. Die kosmische Kraft, die zum festgesetzten Augenblick freigeworden ist und die ihr und andere gespürt habt, strahlt jetzt auf das ganze Universum aus. Nichts wird sie aufhalten. Sie wird an Schnelligkeit und Intensität zunehmen und mit der Zeit von vielen wahrgenommen werden. Manche werden enttäuscht sein, daß keine sichtbaren Zeichen aufgetreten sind. Aber es ist nichts schiefgegangen. Der Mensch hat nur falsch ausgelegt, was prophezeit worden ist. Auf diese Weise ist es schon oft geschehen.

Dies ist der Anbeginn universeller Geschehnisse in aller Welt. Dieser Ort wird weltweit bekannt werden, denn nichts wird das Wachsen des Werkes hindern können, das hier verrichtet wird. Wieviel kosmische Kraft in die Gesamtheit des Universums entlassen worden ist, könnt ihr euch nicht vorstellen. Die Bewußtseinssteigerung, die ihr empfunden habt, ist der Ausgangspunkt für große Veränderungen, die alle Menschen überall spüren werden. Kämpft euch immer weiter vor und werdet stärker, denn euch ist Mein Zeichen aufgedrückt, und seid vollkommen ruhig.«

Kapitel 7

In einer Vision sah ich Peter, der ein mit einer einzigen roten Rose besticktes Banner hochhielt. Zu seiner Rechten stand Sir George Trevelyan und zu seiner Linken Anthony Brooke. Ihnen folgte eine große Menschenmenge mit Spaten, Spitzhacken, Sicheln, Körben voller Nahrungsmitteln, Töpfen und Pfannen sowie allem für Bauarbeiten nötigem Gerät. Ich vernahm die Worte »Pioniere des neuen Zeitalters«. Dann und wann riefen sie alle laut »Halleluja!«, und bei diesem Jubel ging jedesmal eine große Welle Licht von ihnen aus. Darüber sah ich auf einer höheren Ebene hohe und geringere Lichtwesen, die Wache hielten über dieser großen Menge, und spürte, daß etwas Gewaltiges vorging.

Eine gedrängt volle, aufregende Zeit der Expansion brach an. Mein Innenleben konzentrierte sich mehr und mehr auf den Ausbau der Gemeinschaft, statt auf meine persönliche Entwicklung. Sozusagen über Nacht verbreitete sich die Kunde von dem, was wir in unserer winzigen Ecke Schottlands taten, und alle möglichen Menschen, alt und jung, strömten herbei, magnetisch angezogen von der spirituellen Kraft, die frei geworden war. Es gab ungemein viel zu tun: Wir mußten für Unterkünfte sorgen; wir brauchten einen Andachtsraum als Ersatz für Naomis Wohnwagen, der inzwischen zu klein für uns alle war; außerdem wurden die Gärten schnell vergrößert, um genug Obst und Gemüse für die wachsende Zahl von Leuten zu liefern. Das Leben war geschäftig und erfüllend.

Die Ankömmlinge hatten zuerst meist durch ihre Verbindung zu spirituellen Kreisen in Großbritannien von unserer Arbeit gehört. Viele von denen, die Fühlung zu uns aufnahmen, hatten Liebie Pugh gekannt und gehörten dem *Universal Link* an; andere wieder hatten Peter auf seinen Reisen in den Süden kennengelernt, insbesondere bei einer Konferenz, die Sir George Trevelyan abhielt, einer der Pioniere der neuen spirituellen Bewegung Englands, der uns ein guter Freund und Anhänger werden sollte. Trevelyan war so begeistert von unserem Werk, daß er Lady Eve Balfour von der *Soil Association* mitbrachte, damit sie mit eigenen Augen sehen konnte, welche außergewöhnlichen Erfolge wir in unserem Garten durch unsere Kooperation mit der Natur erzielten. Der Bericht, den sie über ihren Besuch bei uns schrieb, regte auch wieder viele Leute zu einem Besuch an. Sie kamen zwar zu Anfang nicht gleich in hellen Scharen, sondern grüppchenweise, aber einer sagte es dem andern, bis wir Ende 1970 schon etwa 50 neue Bewohner aller Altersstufen bei uns hatten. Auch unser Büchlein *Gott sprach zu mir* erreichte viele Menschen, die von seiner einfachen, klaren Botschaft so angerührt waren, daß sie sich mit eigenen Augen überzeugen wollten, was wir eigentlich machten. Einige blieben; andere besuchten uns nur hin und wieder und leisteten unserer wachsenden Gemeinschaft mit ihrer Energie, Anteilnahme und Begeisterung Beistand.

Ein Paar, Aileen und Ross Stewart, sollte eine entscheidende Rolle in der Gemeinschaft spielen. Die beiden kannten Joanie schon viele Jahre, und Aileen war sehr interessiert an den Ereignissen von St. Anne's und hatte Joan dort besucht. Ross war Marineoffizier im Ruhestand, der von viel mehr Dingen etwas verstand, als er besonders vor Marinefreunden zugeben konnte. Beim ersten Besuch in Findhorn hatte er allerdings große Bedenken, was die »spirituellen Typen« betraf. Ich glaube, seiner Vorstellung nach schwebten solche Leute über den Wolken, fern von der lauten Welt, und bei der ersten sich bietenden Gelegenheit begannen sie, über moralische und religiöse Werte zu predigen. Er merkte bald, daß wir absolut praktisch waren. Kurz nach der Ankunft von Ross und Aileen verschwand ihre Hündin eine Zeitlang, um schließlich schlammbedeckt und nach Nachbars Schweinen riechend, denen sie offensichtlich einen Besuch abgestattet hatte, zurückzukehren. Ich erhaschte einen Blick von Ross, der sich fragte, was ich »spirituelle Type« nun wohl machen würde. Ich nahm die Hündin selbstverständlich auf den Arm und trug sie in das winzige Badezimmer, wo ich sie in Wasser tauchte und gründlich schrubbte. Unangenehme Gerüche waren mir durch Peter und seinen Kompost wirklich nichts Neues!

Am Abend desselben Tages brachte Peter Ross und Aileen zu dem kleinen Hotel in Findhorn-Dorf hinunter, in dem sie untergebracht werden sollten.

»Trinken wir noch einen, Peter?« fragte Ross.

»Ich nehme einen roten Gin«, erwiderte Peter prompt.

Damit war die Sache entschieden. Von diesem Augenblick an kamen Ross und Peter wunderbar miteinander aus, erzählten sich Marine- und Luftwaffenanekdoten und gingen schließlich zu den ernsten Themen über, die beide so sehr beschäftigten.

»Ich war im Zweifel, ob ich herkommen sollte«, bekannte Ross, »denn manche von Aileens Freunden sind ziemlich elfenhaft. Und nun bin ich froh, daß ihr mit beiden Füßen auf dem Erdboden steht. Ich glaube, wir haben mehr gemeinsam, als ich erst dachte.«

Ross wollte mehr darüber wissen, was wir im Hinblick auf unsere wachsende Gemeinschaft vorhatten. Peter hatte bereits für jeden, der Interesse zeigte, eine Erklärung parat. »Unser Ziel hier ist«, sagte er Ross, »das Himmelreich auf die Erde zu bringen. Wir alle sind auf ganz unterschiedlichen spirituellen Wegen gekommen; Menschen jeder oder auch keiner Religion sind willkommen. Es handelt sich um eine völlig neue Vorstellung vom Leben. Wir probieren einen absolut neuen Lebensstil aus, der einen neuen Typ Mensch erfordert. Es wird sich immer mehr wissenschaftlich erhärten, daß die Lehren der großen Meister und Lehrer aller Jahrhunderte keine schwer zu befolgenden Moralgesetze sind, sondern genaue, präzise, definitive Fakten. Dann werden Wissenschaft und Religion, frei von einengender Dogmatik, in völliger Harmonie zusammenkommen.«

Peter hielt inne und trank einen Schluck. Ross wurde unruhig. »Manch einer würde jetzt sagen, ihr wärt lediglich Aussteiger und würdet andere dazu aufrufen, ebenfalls der Gesellschaft den Rücken zu kehren«, bemerkte er dann.

»Nun gut, aber wir sind eine *arbeitende* Gruppe«, sagte Peter nachdrücklich. »Wer hierher kommt, muß seine Fähigkeiten einbringen und hart arbeiten wollen. Für solche, die nur aus der Gesellschaft aussteigen und sich auf die faule Haut legen wollen, ist hier kein Platz. Daß wir eine starke Gemeinschaft in Gott aufzubauen versuchen heißt nicht, bloß ständig gemeinsam zu meditieren. Wir müssen das in die Praxis umsetzen, um die Liebe und Einheit mit Gott jeden Augenblick des Tages zum Ausdruck zu bringen.«

Ross nickte zustimmend und mit wachsendem Interesse. »Ihr habt euch da wirklich eine Riesenaufgabe gestellt«, sagte er. »Wißt ihr denn überhaupt, wo ihr anfangen wollt?«

Peter lächelte. »Wir tun einfach das, was getan werden muß, Schritt für Schritt. Wenn etwas unmöglich zu sein scheint, gehen wir trotzdem mit Glauben und Vertrauen daran. Normalerweise fehlen uns zu Anfang die nötigen Mittel und Möglichkeiten, aber wenn wir als einige Gruppe handeln und uns vollkommen auf Gottes unerschöpfliche Gaben verlassen, erreichen wir meist unser Ziel.«

Ross war begeistert. »Aus meiner Erfahrung mit Seeleuten an Bord eines Schiffes weiß ich, daß der Wille zur Zusammenarbeit und der Gemeinschaftssinn die Hauptfaktoren bei der Bewältigung einer Aufgabe sind«, sagte er. »Wenn dieser Geist da ist, *ist* Gott gegenwärtig, auch wenn wir es nicht immer erkennen. Wieviel mehr könnten wir doch erreichen, wenn uns diese spirituelle Verbundenheit bewußt wäre! Dann wären wir wahre Streiter Gottes!«

In diesem Aufbaustadium der Gemeinschaft erwies sich unser Vertrauen in die Kunst der Manifestation als wesentlich. Wir hatten noch immer kein Einkommen, und jede Vergrößerung wurde in absolutem Glauben vorgenommen. Eines Morgens wartete ich auf Joanie, die mich in die Stadt mitnehmen wollte; wie ich so neben ihrem Bungalow stand und auf das Durcheinander von Stechginster und Schutt blickte, tauchte vor meinem geistigen Auge das Bild von sieben Zedernholz-Bungalows auf, die inmitten von Gärten mit Bäumen und Blumen lagen. Als ich Peter meine Vision schilderte, war seine erste Reaktion: »Aber auf *den* Platz passen doch keine sieben Bungalows!« Ich zuckte die Achseln und beließ es dabei. Ich hatte so viele seltsame Visionen und innere Erlebnisse, die zu dem Zeitpunkt überhaupt keinen Sinn ergaben. Und wenn Peter meinte, das würde nicht gehen, ging es wohl auch nicht.

Am Abend jedoch erhielt ich die folgende Weisung, wie eine Vision zu realisieren sei: »Ich gebe dir eine klare Vorstellung – etwa von diesen sieben Bungalows –, und du siehst sie ganz deutlich mit deinem inneren Auge dastehen. Behalte nun diese Vision, fixiere das Bild im Fixierbad, um es dauerhaft zu machen, und geh von da aus ans Werk. *Vergegenwärtige* dir die sieben Bungalows an ihrem jeweiligen Platz, und mach dir keine Gedanken darüber, wer sie einmal bewohnt. Das wird sich alles ergeben. Sieh diesen Ort in aller Schönheit und Vollkommenheit und wisse, daß dies nur der Anfang einer großen Ausdehnung ist. Alles wird unter Meiner Führung Gestalt annehmen.«

Kurz danach wurden zwei der Wohnwagen, die am Rand des betreffenden Gebietes standen, fortbewegt, und Peter maß die Fläche aus. »Du hattest recht«, sagte er zu mir, »es passen noch sechs weitere Bungalows hinter Joanies. Aber woher sollten sie kommen?«

»Das weiß ich nicht«, entgegnete ich, »aber ich bin angewiesen

Die sieben Zedernholzbungalows inmitten blühender Gärten, wo vorher nur Sanddünen waren.

worden, mir ihr Bild zu bewahren, und daß sie irgendwann da sind.« Also schritten wir zur Tat. Wir markierten die Grundstücke und entfernten nach und nach die Ginsterbüsche. Der Eigentümer des Wohnwagenparks war über jede Verschönerungsmaßnahme auf dem Platz froh und ließ uns gewähren. Jemand erbot sich, Bauschutt dort abzuladen, womit wir die Senken füllen konnten und festen Boden zum Bauen gewannen. Als Aileen und Ross von unserem Plan hörten, ein paar Bungalows aufzustellen, wollten sie gleich den ersten kaufen. Am 28. Januar 1968 hatte ich die Vision von den Bungalows, und Ostersonntag, den 14. April, standen bereits drei, fix und fertig eingerichtet. Anthony Brooke und Monica Parrish erstanden den zweiten für die *Universal Foundation.* Den dritten bezahlte ein guter Freund, der den Wunsch hatte, unserer Familie einen Bungalow zu erwerben. Da es an Gastunterkünften mangelte, entschied Peter, daß wir vorerst bleiben wollten, wo wir waren, und der neue Bungalow einige der vielen Besucher aufnehmen solle.

Mittlerweile war klar geworden, daß wir dringend einen Andachtsraum brauchten. Naomis kleiner Wohnwagen, der uns so viele jahre lang gute Dienste geleistet hatte, war für die wachsende Gemeinschaft entschieden zu klein. Die Zeit war reif für ein besonderes Bauwerk, in dem meditiert werden und die Gruppe still sein konnte. Gott hatte mich in einer Vision ein schlichtes, hierfür geeignetes Zedernholzgebäude schauen lassen. Aber es sollte noch lange auf sich warten lassen.

Die meisten Leute, die zu uns hingezogen wurden, hatten schon selbst spirituellen Kreisen angehört; sie waren häufig sehr sensibel für andere Wirklichkeiten und erhielten eigene Weisungen. Peter ließ sich nur zu gern die Botschaften von Sensitiven und Medien erzählen, führte sie stets sofort nach ihrer Ankunft zu der gekennzeichneten Stelle, an der der Andachtsraum einmal entstehen sollte, und forderte sie auf, ihre Visionen mit ihm zu teilen. Ich hatte nichts dagegen einzuwenden, denn meine eigenen Weisungen waren ja absolut klar und eindeutig. Außerdem hatte es keinen Zweck, Peter zu widersprechen, da er weder auf mich noch auf irgend jemand anders hörte, außer bei einer Weisung von höherer Ebene.

Wann immer Peter mir also erzählte, daß jemand die Vision eines Sakralbaus gehabt hätte mit einem Allerheiligstem und einem heiligen äußeren Bezirk oder mit einer gläsernen Lichtkuppel oder gar mit einem Loch im Boden, das die Erdkräfte einließe, schwieg ich still. Mir stand das Bild eines schlichten Gebäudes ohne Anbauten und sonstiges Drum und Dran vor Augen, und andere mochten sich ruhig an ihren eigenen Visionen begeistern. Ich wußte, daß nichts dabei herauskommen würde, war jedoch zu bescheiden und meiner selbst zu unsicher, um meine Meinung lautstark zu vertreten.

Schließlich kam Peter zu mir. »All diese Energie und Begeisterung richtet sich auf einen Andachtsraum, der ganz offensichtlich dringend gebraucht wird, da Naomis viel zu klein für uns alle ist, und trotzdem geschieht nichts. Warum? Könntest du um Weisung bitten, damit wir herausfinden, was daran hinderlich ist?«

Ohne ein Wort zu sagen, versenkte ich mich in mein Inneres und schrieb nieder: »Meine Lieben, sobald absolute Einigkeit über den Andachtsraum besteht, wird er Gestalt annehmen. Es reicht nicht, einen Andachtsraum für notwendig zu befinden. Wenn ich dir eine klare Vorstellung gebe, mußt du dich unerschütterlich daran halten. Bisher haben so viele Leute die unterschiedlichsten Ideen vorgebracht, daß dieses Bild verwischt worden ist. Ich betone noch einmal nachdrücklich, daß es der Schönheit und Einfachheit bedarf. Du siehst ein schlichtes Zedernholzgebäude vor deinem geistigen Auge, und Ich habe dir gezeigt, wo es stehen soll. Anbauten sind nicht nötig. Der Andachtsraum wird der Mittelpunkt der ganzen Gemeinschaft sein und muß in allen Einzelheiten perfekt werden. Das Geheimnis des Manifestierens liegt in der klaren Vorstellung, darin, sich in dieser Sache völlig einig zu sein und zu wissen, daß sie auf jeden Fall gelingen wird, denn sie gehört zu dem vollkommenen Plan, den Ich für dieses magnetische Zentrum habe.«

Sofort ließ Peter alle anderen Ideen, so etwa die Anwendung von Farben mit bestimmter spiritueller Bedeutung, den Anbau von Räumen zu Heilzwecken oder den Bau eines Kuppeldaches fallen. Er schrieb an ROC und erzählte ihm, welch ein Wirrwarr dadurch entstanden war, daß er auf diverse Sensitive gehört und ihre Verschönerungsvorschläge miteinzubeziehen versucht hatte. Er gab zu: »Wieder ist uns nahegebracht worden, daß es Gott, und Gott allein, sein muß, der die Richtung weist und den Weg offenbart. Was den Andachtsraum betrifft, ist unbedingt Einigkeit geboten.« Peter schenkte meiner persönlichen Meinung womöglich keinerlei Beachtung, aber auf meine Weisung hin ließ er bereitwillig alle anderen Vorstellungen fallen, um ihr wortwörtlich Folge zu leisten.

Von da an ging alles glatt. Wir bestellten Fertigbauteile aus Zedernholz; das Geld dafür kam auf merkwürdigste Art zusammen. Den Andachtsraum manifest werden zu lassen war ein wichtiger Schritt für uns, und wir hatten viel zu lernen. Uns wurde geboten, nur beste Materialien, Teppichböden und Stühle zu bestellen; und wenn es Zeit wäre, die Rechnung zu begleichen, sei auch das Geld dafür da. Ich vernahm die Worte: »Alles soll den Augen wohltun; alles soll harmonisch sein und perfekt zueinander passen. Allerdings ist das Teuerste nicht immer das Beste, deshalb laßt euch bei eurer Wahl nicht vom Preis beeinflussen. Horcht nach innen, bis ihr absolut sicher seid, daß es das Rechte ist, und dann greift zu. Geld spielt keine

Rolle. Vergeßt nicht, was ich euch über Schönheit und Einfachheit gesagt habe, und laßt euch nicht zu etwas Aufwendigem hinreißen. Im Zweifelsfall sei du ganz still und laß dir von Mir das Richtige offenbaren.«

Bei der Ausstattung des Andachtsraums verwandten wir die Farben, über die ROC eine Weisung erhalten hatte: Gold, Grün und Magentarot. Dazu wählten wir einen dunkelgrünen strapazierfähigen Teppichboden; ein Freund, der eine Möbelfabrik besaß, bestellte ihn für uns. Als er ankam, wurden wir davon in Kenntnis gesetzt, daß der Freund ihn bereits für uns bezahlt hatte. Dann bestellten wir in unserem Gottvertrauen tatsächlich 50 Stühle mit teuren waschbaren Dralonsamtbezügen. Sie waren wunderschön. Als ich angewiesen wurde, weitere 20 zu bestellen, schluckte ich. Doch das Wunder geschah: Noch am selben Tag erhielten wir von jemandem in Kanada einen Scheck genau über die benötigte Summe! Nun suchten wir schwere magentarot-grüne Vorhänge aus, die in den langen, kalten Winternächten, wenn die Sonne schon um vier Uhr nachmittags unterging und nicht vor acht Uhr am nächsten Morgen wieder erschien, die Wärme im Raum halten sollten. Für jede Rechnung, die eintraf, hatten wir rechtzeitig die nötigen Mittel, sei es durch Spenden der vielen Menschen, die uns besucht hatten und unser Werk unterstützen wollten, oder auch solcher, die uns nie persönlich kennengelernt, aber *Gott sprach zu mir* gelesen hatten, das kleine Büchlein, das wir nach wie vor auf Anfrage verschickten.

In einer besonderen Weisung hieß es, der Andachtsraum solle weder geschmückt noch mit Kultgerät angefüllt werden, da es ein Ort des Friedens und Einklangs ohne Bezug zu einer bestimmten spirituellen Lehre sei. »Es ist sorgfältig darauf zu achten, daß der Andachtsraum nicht mit Geschenken von Leuten vollgestopft wird, die etwas dazu beitragen möchten. Solche Angebote müßt ihr freundlich und liebevoll ablehnen. Nichts soll euch in irgendeiner Weise stören oder festlegen, jeder soll Eingang finden und sich gleich als Teil des Ganzen empfinden. Die Schwingungen in dem Andachtsraum werden viel stärker als alles andere auf die Leute wirken, darum laßt ihn von Anfang an ein Ort sein, an dem alle, die hineingehen, den vollkommenen Frieden und die Liebe um sie herum spüren,

Im Andachtsraum

so daß Stille ihr ganzes Wesen überkommt und nichts sie ablenkt oder stört.«

Dann empfing ich die folgenden Worte, die, schön mit der Hand geschrieben, auf den Türen des Andachtsraums stehen sollten:

Friede sei mit allen, die in diesen Meinen Andachtsraum eintreten.
Mein Friede komme über euch,
Meine Liebe durchdringe euch,
Mein Licht leite jeden eurer Schritte;
Werft alles Alte von euch und werdet neu in Meinem Geist.

Ostersamstag 1969 war der Andachtsraum fertig. Und genau an diesem Tag kam von den Donovourd-Webern in Pitlochry ein herrlicher Seidenwandbehang an, auf dem der Sonnenaufgang dargestellt war. Wir hingen ihn im Andachtsraum auf – als einzigen Schmuck. Ostersonntag hielten wir unsere erste Meditation dort ab, und ich war voll Freude und Dankbarkeit über diesen Ort der Stille mitten im Herzen der Gemeinschaft.

Wir bauten und richteten ein, und dabei zogen wir mehr und mehr Leute an. Auf einer Fahrt nach Hull Anfang des Jahres hatte Peter Dennis kennengelernt, einen jungen Freund von ROC, der von unserer Arbeit gehört hatte und sich gern mit eigenen Augen ein Bild machen wollte. Es traf sich, daß er gerade seine Stellung gekündigt hatte, und so packte er seinen Rucksack und kam mit Peter zu uns.

»Alles, was ich will, ist frische Luft und viel Bewegung«, sagte er Peter.

»Nun, von beidem wirst du bei uns reichlich bekommen«, erwiderte Peter grinsend auf der Rückfahrt. Und so war es. Dennis wurde die Verantwortung für die Fundamente aller Gebäude, der Bungalows und des Andachtsraums, übertragen. Er war ein ausgezeichneter Arbeiter und ganz bei der Sache, ein Perfektionist, der die richtigen Schwingungen der Liebe und Sorgfalt ins Fundamentgießen einbrachte. Weitere Helfer stellten sich ein, und die Luft hallte den ganzen Frühling lang wider vom Klang der Schaufeln, vom Hämmern und Singen, denn jeder, der gesund war, half nach Kräften beim Bauen.

Verschiedene Male kam John Willoner, ein Freund von Dennis und Lehrer in England, zu Besuch und arbeitete voller Begeisterung mit. Schließlich hing er seinen Lehrerberuf an den Nagel und schloß sich mit seiner Frau Janet unserer Gemeinschaft an. Sie waren unter den ersten einer Welle jüngerer Leute, die es zu uns zog, und sie eröffneten unserer Gruppe eine neue Dimension. Sie schufteten vom Morgengrauen bis zur Abenddämmerung und erledigten alles, was anfiel, mit solchem Schwung und solcher Bereitwilligkeit, daß es die reine Freude war.

Allerdings paßten sich nicht alle jungen Leute so gut an wie Dennis, John und Janet. Wir hatten große Schwierigkeiten mit einigen, die meinten, das sei eine Hippiekolonie mit allem, was dazugehörte – lange Haare, Schmutz und Drogen. Sie wurden jedoch schnell eines besseren belehrt und fortgeschickt. Andere hatten noch nicht die Art von Arbeitsauffassung, die wir und speziell Peter voraussetzten, und verschwanden von selbst wieder.

Obgleich Berge von Arbeit vor uns lagen, denen wir uns viele, viele Stunden lang widmeten, blieb doch auch Zeit für Spaß und Fröhlichkeit, für Spaziergänge und Wanderungen in den Bergen und zum Schwimmen im eiskalten Wasser der Nordsee vor unserer Haustür. Peter war immer gern im Freien und ging voller Vergnügen mit den anderen wandern und schwimmen, wenn auch nicht so oft, wie er gewünscht hätte. Unsere drei Jungen hatten ebenfalls ihre Freude an diesen Wanderungen und gingen häufig mit. Sie kampierten und wanderten bei jedem Wetter, kletterten auf Berge und Klippen, durchstreiften Höhlen und fuhren Kanu. John und Janet hatten eine Vorliebe für Christopher, Jonathan und David. Als Lehrer fühlten sie sich den Kindern, die schon fast Teenager waren, besonders verbunden. Die vielen Leute, mit denen sie interessante Dinge unternehmen konnten, trösteten die Jungen wohl darüber hinweg, daß ihre Eltern so sehr damit beschäftigt waren, eine Gemeinschaft von Grund auf aufzubauen. Ich war zwar immer für sie da und stellte meine mütterlichen Pflichten der anderen Arbeit voran, aber ich meditierte ja abends auch noch etliche Stunden und hätte nie, auch nicht bei einem normalbürgerlichen Leben, Zeit oder Lust gehabt, solche Campingausflüge mit ihnen zu machen wie John und Janet. Und Peter, obschon gern draußen, wurde von den Pflichten der wachsenden Gemeinschaft gegenüber zeitlich und kräftemäßig so in Anspruch genommen, daß auch nicht viel für die drei energiegeladenen Burschen übrigblieb.

Peter und ich arbeiteten sehr eng zusammen. Es wurde oft gesagt, bei uns herrsche das vollkommene Gleichgewicht zwischen Licht und Liebe; wir waren wie die zwei Hälften eines Ganzen. Von Zeit zu Zeit mußte Peter das »Schwert der Wahrheit« kräftig und deutlich schwingen. Er war kompromißlos, was seine Vorstellungen von Perfektion und Positivität betraf, und erwartete von jedem Neuankömmling, daß er sein Bestes gab. Wer sein eigenes Wohl über das Wohl der Gemeinschaft stellte oder auch nur einen einzigen negativen Gedanken ausdrückte, auf den schoß Peter einen Lichtpfeil ab. Peter mochte das Bild vom Gärtner, das mir in einer Weisung gegeben worden war: »Du hast zugesehen, wie die Zweige eines Rosenbuschs eingekürzt wurden, bis nur noch ein Stumpf übrigblieb. Dabei hat dir das Herz weh getan, und du hast dich gefragt, ob nicht zuviel beschnitten wurde und ob es überhaupt nötig war. In der rechten

Jahreszeit siehst du dann auf einmal gesunde, starke Triebe, die schön und kräftig heranwachsen, um schließlich zur Freude aller die herrlichsten Blüten hervorzubringen. Da wird dir klar, daß der Busch nur langaufgeschossen und kraftlos geworden wäre, hätte er keinen Schnitt erhalten, und seine Blüten wären klein und verkümmert geblieben. Genauso ist es mit den Menschen.«

Mir wurde gesagt, daß Peter unter anderem diese Aufgabe hatte – die zurechtzustutzen, die mit allem Alten, Negativen hierherkamen. Darauf war er von Sheena vorbereitet worden, die das Schwert der Wahrheit sehr wirkungsvoll bei ihm gebraucht hatte. Manchmal hatte ich das Empfinden, daß Peter zu hohe Ansprüche an die Leute stellte. Er meinte, sie müßten die gleiche Ausdauer, das gleiche Perfektionsstreben haben wie er. Seinem Adlerblick entging nichts; er hatte ein unnachahmliches Talent darin, immer dann irgendwo aufzukreuzen, wenn jemand gerade eine Pause machte oder ein Schwätzchen hielt und zwangsläufig der Eindruck entstand, als hätten die Leute den ganzen Tag nichts anderes getan!

Ich selbst wuchs in die Rolle hinein, mich den Leuten zu widmen, mit ihnen über ihre Probleme zu sprechen und ihnen auf eine sanftere, liebevollere Art zu helfen, klarzukommen. Ich wußte, was es heißt, alles zu verlieren und so am Boden zerstört zu sein, daß nur der Ausweg blieb, Gott um Hilfe anzuflehen. Ich konnte mich in diese Seelen einfühlen, die sich auf ihrer Suche nach Gott im eigenen Innern abmühten und dabei gegen ihr halsstarriges, unnachgiebiges Ich ankämpfen mußten. Das alles kannte ich nur zu gut. Doch ich konnte sie ermutigen, durchzuhalten, da ich aus eigener Erfahrung wußte, daß sich der Kampf lohnt. Meine Beziehung zu Gott war zwar fest und sehr, sehr tief, aber die Kämpfe haben trotzdem nie ganz aufgehört.

Peter hat nie solche Schwierigkeiten gehabt, denn er hatte sein Leben ein für allemal Gott verschrieben. Er hat nie die Qualen der Trennung und Einsamkeit erlebt und darum auch nie begreifen können, wie sich jemand mit Seelenschmerzen plagen konnte, die ihn nur daran hinderten, das Werk Gottes zu tun. Auf eine Art hatte er recht, aber er übersah dabei, daß die emotionalen Widerstände, mit denen sich jemand umgibt, ihn schließlich blind machen, so daß es für ihn schwierig ist, den Lichtstreif am Horizont zu sehen, während ich dies sehr gut verstand. So ergänzten sich Peters Licht und meine Liebe auf vollkommene Weise. Es gab keine Konflikte; wir hatten die gleichen Ziele.

Ein paar sehr ungewöhnliche Leute tauchten auf, und hätte ich nicht wiederholt die Weisung empfangen, jedem Menschen gegenüber aufgeschlossen zu sein, wie immer er auch gekleidet sein oder aussehen mochte, hätten wir mit Sicherheit viele wundervolle Seelen abgewiesen. So jedoch hießen wir auch junge Leute willkommen, die lange Haare hatten und schmuddelig, manchmal sogar ausgesprochen dreckig waren, und wiesen ihnen einen Platz zu, bis Peter herausgefunden hatte, wes Geistes Kind sie waren. Diese Aufgabe fiel stets Peter zu, der dann in einem kurzen Gespräch der Sache auf den Grund ging. Er achtete bei Ankömmlingen auf dreierlei: ob sie sich von einer höheren Macht zur Gemeinschaft hingeleitet fühlten, ob sie die nötigen praktischen Fähigkeiten mitbrachten und ob sie gewillt waren, hart zu arbeiten. Traf eins davon nicht zu, durften sie nur über Nacht bleiben und wurden danach weitergeschickt. Erschien jedoch jemand auf der Bildfläche, der offenkundig die richtige »Manifestation« für eine bestimmte Aufgabe war, nahm Peter ihn mit offenen Armen auf und drückte ein Auge zu, was dessen Persönlichkeit, Äußeres und spirituellen Hintergrund betraf, denn das alles konnte sich mit der Zeit ändern. Mit solchen, die seinem Empfinden nach nur zum Vergnügen gekommen waren, machte er kurzen Prozeß. Dann pflegte er zu sagen: »Dies ist eine Arbeitsgemeinschaft und kein Ort für Aussteiger oder Erholungsbedürftige. Wenn du bereit bist, zu dienen und im Streben nach Vollendung hart zu arbeiten, kannst du bleiben. Wir erwarten, daß du jeden Morgen pünktlich im Andachtsraum erscheinst, statt bis in die Puppen zu schlafen, und dich hundertprozentig einzubringen. Dieser Ort dient dem Werk Gottes, und das hat Vorrang vor allem anderen.« Das galt für jeden, um wen es sich auch handeln mochte.

Ich erinnere mich noch gut daran, wie Eddie zu uns stieß. Eines Nachmittags spazierte ein kleiner, unordentlicher junger Amerikaner zum Tor herein, um sich in der Gemeinschaft umzusehen. Er schlenderte offenbar eine Zeitlang herum, bis er schließlich auf Pete

Godfrey traf, einen gnomartigen Mann mittleren Alters, der die Bauarbeiten zu beaufsichtigen hatte. Pete zeigte ihm alles und lud ihn dann zu einem Tee in Joanies Bungalow ein. Tee bei Joanie war eine feste Einrichtung geworden, und jeden Nachmittag um vier Uhr kamen dort regelmäßig fünf, sechs Leute zusammen.

Joanie war entsetzt, als sie Eddie sah. Er war schmutzig, weil er mehrere Nächte im Freien geschlafen hatte, und sein strähniges Haar hing ihm lang auf die Schultern herab. Er wirkte völlig fehl am Platz, wie er da auf ihrem Lehnstuhl mit Brokatbezug saß und aus einem feinen Porzellantäßchen Tee trank. Die anderen dort Versammelten stellten ihm zurückhaltend ein paar Fragen; sie hatten schon unerfreuliche Erfahrungen mit Leuten gemacht, die unsere Gastfreundschaft mißbraucht hatten. Schließlich bot Joanie ihm ein Bett für diese eine Nacht an. Dann beauftragte sie Len, einen jungen Mann, der für die Arbeitsgruppen verantwortlich war, ihm etwas zu essen zu geben und ihm den Wohnwagen mit sieben Schlafplätzen zu zeigen, den wir eigens für jüngere Besucher eingerichtet hatten. Darin war es zwar eng, aber es ging.

Am nächsten Morgen nach der Meditation traf Peter ihn im Büro. Mit seinem Röntgenblick sah er Eddie auf den Grund der Seele. Die äußere Erscheinung interessierte ihn nicht; er wollte wissen, wie es innerlich mit ihm bestellt war. Welchen Grund hatte er wohl, zur Gemeinschaft zu kommen? War er von Gott hierher gewiesen worden?

»Was machst du?« fragte er ihn.

»Ich bin Schriftsteller und Schauspieler«, erwiderte Eddie, etwas eingeschüchtert durch Peters durchdringenden Blick.

»Kannst du tippen?«

»Ja, kann ich – schnell und gut.«

»Dann wollen wir einmal sehen, wie du hiermit zurechtkommst«, sagte Peter und gab ihm das Notizbuch, in das ich die Weisung des vorigen Abends geschrieben hatte. Er ließ ihn im Büro bei Dorothy, schaute aber den ganzen Morgen dauernd herein, um ein Auge auf ihn zu haben. An der Schreibarbeit war nichts auszusetzen, aber Peter war nicht verlegen darum, ein paar Bemerkungen über Eddies Haartracht, schmutzige Stiefel und Gesamteindruck fallenzulassen. Eddie kam zum Mittagessen herunter, als ich gerade die Suppe austeilte. Ich sah einen traurigen, deprimierten Menschen, der mit seinem Suppenteller dastand und auf alle Welt wirkte wie ein verlorenes Schaf. Als ich ihm Suppe schöpfte, lächelte ich ihn an.

»Nur Mut«, sagte ich, »so schlecht ist das Leben doch nicht.« Dann stellte ich mich vor. Sein Gesicht erhellte sich.

»Sie sind also die Dame, deren Weisungen ich gelesen habe?« sagte er. »Jemand hat mir Ihr Büchlein gezeigt, und nachdem ich es gelesen hatte, mußte ich einfach herkommen und mehr über Sie in Erfahrung bringen. Ein kleiner Abschnitt hat mich tief bewegt. Er hat mein Leben verändert! So vieles von dem, was in dem kleinen Buch steht, habe ich selbst jahrelang ähnlich empfunden; es war das erste Mal, daß ich von jemandem hörte, der so denkt wie ich.« Eddie strahlte, und die frühere Armesündermiene war fort. Er war gekommen, um zu bleiben.

Das war die Arbeitsweise von Peter und mir. In einer Weisung wurden wir mit einer Uhr verglichen. »Du arbeitest unsichtbar und in aller Stille. Peter stellt das Zifferblatt und die Zeiger der Uhr dar, die vorrücken und die Zeit anzeigen, du hingegen die winzigen Zahnrädchen, die sich leise und stetig dahinter drehen und Zifferblatt und Zeigern die Arbeit erst ermöglichen. Beide werden gebraucht; ihr müßt in vollkommener Übereinstimmung zusammenwirken, um Ergebnisse zu erzielen.«

Leute, die in den starken Strahl von Peters Licht gerieten, wurden dadurch oft in einen neuen Bewußtseinszustand katapultiert, während ihnen meine Liebe half, die Schläge gegen ihr Ego abzumildern und auch ihre Liebe allmählich frei fließen zu lassen. Ich hielt mich sehr zurück und blieb im Hintergrund. Meine innere Stimme leitete mich durch Weisungen, die Peter allmorgendlich im Andachtsraum vorlas. Wenn mich jemand sehen wollte, mußte er mich erst ausfindig machen. Ich versteckte mich lieber, denn ich war nicht allzusehr von meinem Wert für die Gemeinschaft überzeugt, außer daß ich Abend für Abend Weisungen empfing, an die Peter sich hielt, wenn er Anleitung brauchte oder sich in einer Entscheidung bestätigt sehen wollte.

Trotzdem hatte ich ungemein viel zu tun. Ich sorgte nicht nur für die drei Jungen und Peter und putzte, wusch, bügelte und flickte, sondern kochte auch mit Joanie zusammen für die ganze Gemeinschaft. Außerdem erledigten wir sämtliche Einkäufe. Sie und ich machten alles gemeinsam. Joanie ist eine Perfektionistin und in ihrer Gewissenhaftigkeit furchtbar langsam, wohingegen ich gern schnell fertig werde, und so piesackten wir einander dauernd. Das geschah jedoch mit großer Liebe, deren Tiefe nur wir beide ermessen konnten. Zwei Jahre lang kochten wir für alle in der Küche ihres Bungalows, und gegessen wurde in ihrem Wohnzimmer und auf der Terrasse. Wir hatten sieben Gerichte, die wir jede Woche wiederholten, und gaben oft scherzhaft unserer Hoffnung Ausdruck, die Gäste möchten nicht länger als eine Woche bleiben, um nicht die gleichen Speisen wieder essen zu müssen!

Wir bereiteten ausschließlich vegetarische Mahlzeiten zu – immer mit Kartoffeln, ohne die britisches Essen undenkbar ist. Alle mochten das Essen sehr. Ich erhielt sogar Weisung, nicht zuviel Wert auf das Essen zu legen, da sonst die wahren Gründe für den Aufenthalt der Leute ins Hintertreffen gerieten. Das belustigte mich, meinte ich doch, wir brächten sowieso nur schlichte Hausmannskost auf den Tisch. Auf jeden Fall war das Essen bekömmlich, und ich glaube, das gefiel allen.

Sobald Joanie merkte, daß ich allnächtlich zur öffentlichen Toilette pilgerte, um zu meditieren, stellte sie mir ein unbenutztes Schlafzimmer in ihrem Bungalow zur Verfügung. In einer Weisung wurde mir bedeutet, das Angebot anzunehmen, und von da an vertiefte sich mein Meditationsrhythmus noch. Ich schlief jede Nacht ein paar Stunden, diente dann Gott fünf oder sechs Stunden, lauschte, zeichnete alles auf und las, stets unter Anleitung meiner inneren Stimme, bis ich um fünf Uhr früh heimkehrte, um für meine Familie dazusein. Ich war immer bei den Kindern, wenn sie erwachten, machte ihnen ihr Frühstück und schickte sie zur Schule. Dann gingen Peter und ich zusammen mit der übrigen Schar zur Morgenandacht, und Peter verlas, was ich die Nacht zuvor empfangen hatte. Das war stets von aktueller Bedeutung, es entzündete oft einen Funken in jemandem und wies ihm die Richtung, genau, was er in diesem Augenblick seines Lebens brauchte.

Meine Weisungen für die Gemeinschaft glichen denen für Peter oder mich – einfache, klare Worte mit einer tiefen Weisheit: »Liebe ist etwas, das *ist*. Darüber braucht man nicht zu reden; sie kommt wie das Atmen von selbst zum Ausdruck. Sie spiegelt sich in deinem ganzen Sein und Wesen wider. Sie ist das wahre Du. Ich bin sie, Ich in dir. Die Liebe ist absolut frei. Sie läßt sich nicht einschränken, denn das ist keine göttliche Liebe; das ist die menschliche besitzergreifende Liebe, die den Höhen und Tiefen des Lebens nicht standhält. Die göttliche Liebe ist grenzenlos. Sie übersteht alles. Das kleine Selbst und seine Reaktionen werden aus dem Weg gedrängt, wenn die göttliche Liebe frei in eine Seele und durch sie hindurch strömt. Mit lauterer Liebe im Herzen kannst du überall hingehen und jedem die Stirn bieten, denn dann ist in deinem Innern die Kraft Meiner göttlichen Liebe.«

Die Art unserer Beziehungen war, wie allezeit, von ausschlaggebender Bedeutung, und wir erhielten klare Anweisungen zum Thema Sex und freie Liebe. »Es ist überaus wichtig, daß ihr an sexuelle Dinge einen hohen Maßstab anlegt und unter denen, die hierher kommen, keinen lockeren Lebenswandel duldet. Ihr seid Pioniere des Neuen und müßt deshalb hohe, feste Maßstäbe haben. Der Geschlechtsverkehr ist ein heiliger Akt und sollte auch so eingestuft werden. Das hat nichts mit Prüderie oder Engstirnigkeit zu tun; es wird lediglich ein hoher spiritueller Maßstab verlangt. Laßt weder Zweifel noch Argwohn aufkommen, sondern lebt so, daß jeder, der hierher kommt, genau weiß, woran er ist, welcher Generation er auch immer angehören mag. Du und Peter, ihr tragt die schwere Verantwortung, mit Meiner Hilfe die Maßstäbe zu setzen. Versteht dies und laßt nie etwas zwischen euch treten.«

Diese Weisung hatte auch einen ganz persönlichen Bezug. Als Joanie zu uns gestoßen war, herrschte zwischen ihr, Peter und mir eine Liebe, deren Intensität mich erschreckte. Ich dachte, Peter hätte sich in sie verliebt, wurde jedoch durch die Weisung im Innersten angerührt, wir drei seien das Fundament der Liebe Gottes in unserer Gruppe. Ich hörte die Worte: »Dies alles gehört zu Meinem Plan. Die Fundamente des Lichts sind gelegt. Die Fundamente der Weisheit sind gelegt. Und jetzt werden die Fundamente der Liebe gelegt, die letzten und größten. Ich brauche drei, um diese gewaltigen Kräfte zu verankern. Dreiecke in Dreiecken. Erhebt euch über alles Persönliche in Mein göttliches Licht.«

Durch die Intensität meines inneren Erlebens in der Meditation allnächtlich hatte ich gerade eine schwierige Phase, was die körperliche Liebe betraf. Nach langen Stunden, die ich in einem gesteigerten Bewußtseinszustand verbrachte, lag mir nichts so fern wie die körperliche Liebe, obwohl ich Peter keineswegs weniger liebte als zuvor. Manchmal durchströmte ihn eine so starke erdhafte Kraft, daß ich es körperlich kaum ertragen konnte. Ich hatte das Empfinden, als würde ich dazu gebraucht, einen elektrischen Strom zu erden, und lag oft, wenn Peter längst eingeschlafen war, noch zitternd wach und spürte den scharfen Kontrast zwischen Himmel und Erde, zwischen der lauteren spirituellen Welt, in die ich erhoben wurde, und der Erdenwelt, in der jede Weisung Gottes ausgeführt wurde. Als ich mich nach innen um Hilfe wandte, wie ich mit dieser Situation fertig werden sollte, vernahm ich: »Peter muß begreifen, daß er über große Kräfte verfügt, die er zurückzuhalten lernen muß, wenn er in enger Berührung mit dir ist, da du sonst völlig aus dem Gleichgewicht kommst. Dabei mußt du ihm helfen, denn er ist sich der Gewalt dieser Kräfte, die er besitzt, gar nicht bewußt und macht unter Umständen gedankenlos und unüberlegt Gebrauch davon. Ihr beide braucht viel Liebe und Verständnis füreinander, um das Gleichgewicht zu halten. Außerdem bist du gerade in den Wechseljahren, die dein ganzes Wesen beeinflussen.«

Gott sagte mir ferner: »Meine Geliebte, du kannst immer und auf allen Ebenen eins mit Mir sein, ohne mich je mit deinem physischen Wesen zu berühren oder zu sehen. Das ist die göttliche Liebe. Du fragst dich, ob zwei Menschen diese Liebe miteinander erfahren und solches Einssein ohne sexuellen Verkehr erleben können. Ich versichere dir, daß sie es können, aber nur bei entsprechendem tiefem Verständnis und ebensolcher Hingabe. Das ist etwas Neues für euch. Ihr könnt lernen, über das Geschlechtliche hinauszuwachsen und trotzdem diesen gewaltigen Strom der Liebe zwischen euch zu spüren; wichtig ist nur, daß die Liebe nicht aufhört zu strömen. Ohne Liebe wäre das Werk tot.«

Damit war Peter nie einverstanden, aber wir hatten so viel zu tun und zu überlegen, daß wir nicht viel darüber sprachen. Im übrigen stand Peter jedoch voll hinter meinen Weisungen und verließ sich vollkommen darauf, und da ich diese größtenteils in der Nacht empfing, wenn ich in Joanies ungenutztem Zimmer meditierte, beklagte er sich selten; so nahm ich an, es machte ihm nichts aus, daß ich nicht mit ihm schlief. Die Arbeit, die wir gemeinsam bewältigten, um dieses spirituelle Zentrum aufzubauen, war höchst befriedigend und sinnvoll, und ich nahm an, sie war es wert, Gott ein kleines Opfer zu bringen.

Dennoch machte ich mir in den ersten Monaten, nachdem sich Joanie uns angeschlossen hatte, Sorgen um Peters Liebe zu ihr und war voller Angst, sie könnten miteinander schlafen. Das Ganze verwirrte mich und regte mich auf, obgleich mir in meinen Weisungen versichert wurde, die Liebe zwischen Peter und Joanie würde sich nie körperlich ausdrücken. Dann wäre nämlich das kostbare Dreieck für immer zerbrochen. »Denk daran, das ist kein gewöhnliches Dreieck. Laß die Liebe einfach fließen und sag Peter, er dürfe etwas, das so einzigartig und kostbar ist, durch nichts zerstören. Sieh zu, daß Mein Wille ohne Einschränkung geschieht. Deine eigene Beziehung zu Joanie muß so stark und unerschütterlich sein, daß sie allem standhält. Es ist Meine Liebe, die mit solcher Kraft zwischen euch waltet.«

Was mich noch mehr bestürzte, war die Gefühlstiefe zwischen Joanie und mir. Gott sagte mir, so sei es gut, und diese Tiefe würde noch zunehmen, aber ich war weiterhin betroffen. So etwas hatte ich in meinem ganzen Leben noch nicht erlebt. Mir wurde gesagt: »Sei ruhig. Die Zeit, in der jeder von euch geprüft wurde, mußte sein, damit nichts vom Selbst mehr übrigbleibt. Verbringt möglichst die Abende zu dritt, um den Frieden und das Verständnis zu finden, die für die Einheit der gesamten Gruppe nötig sind. Liebe vereint. Liebe ist die einzige Lösung. Laßt Meine göttliche Liebe durch euch drei hindurchströmen. Du, meine Geliebte, mußt dieses seltsame Leben weiterleben. Es dient dem Werk, das ich für dich vorbereite. Du kannst getrost in dem ungenutzten Zimmer in Joanies Bungalow schlafen. Ich muß dich in der Nacht oder frühmorgens jederzeit anrufen können. Du brauchst bei allem, was du tust, die volle Unterstützung von Peter und Joanie, denn ihr drei sollt in Meiner Liebe und in Meinem Licht eins werden.«

Durch das Erlebnis Weihnachten 1967 auf Cluny Hill wurde das Verhältnis zwischen Peter, Joanie und mir zu einem felsenfesten Bündnis. Wir wurden wirklich eins in der Liebe Gottes. Joanies Freundschaft gab mir Halt in meinem Leben, und da Peter und sie mich stets auf den Erdboden zurückholten, war ich nie in Gefahr, in höhere Sphären zu entschweben, um nie zurückzukehren!

Wir waren keine kleine Gruppe mehr, die in ein paar Wohnwagen lebte. Unsere Arbeit mit den Naturreichen und die verblüffenden Ergebnisse unserer Kooperation mit den Devas erregten Aufsehen, und 1969 hatten wir über 600 Besucher, darunter ein Fernsehteam der BBC. Manche blieben nur wenige Tage, andere einige Monate, und alle halfen beim Bauen, bei der Gartenarbeit und dem, was sonst noch in der Gemeinschaft anfiel. Es war schon wunderbar, wie oft jemand mit genau den Kenntnissen, die gerade gebraucht wurden, genau im richtigen Moment aufkreuzte.

Im Laufe dieses Jahres wurden außer dem Andachtsraum auch die sieben Bungalows aus meiner Vision alle an Ort und Stelle errichtet und ringsum ein Garten mit gewundenen Pfaden, einem Steingarten mit Lilienteich und Wasserfall sowie Bäumen, Büschen und Blumen angelegt. Es war wie ein Gemälde. Außerdem stellten wir den ersten von drei weiteren Bungalows, die bereits samt und sonders von Leuten gekauft worden waren, die bei uns leben wollten, auf der anderen Straßenseite auf, und erwarben ferner noch drei Wohnwagen, darunter den mit den sieben Schlafgelegenheiten für junge Gäste. Das Kopiergerät erhielt ein eigenes Gebäude neben dem Büro; wir sandten Kopien von *Gott sprach zu mir* aus, so schnell wir sie herstellen konnten.

In einem neuen Fertighaus hatten wir zudem eine Schreinerei, eine Klempner- und eine Elektrowerkstatt eingerichtet. Die Straße war frisch asphaltiert und der ursprüngliche Garten um einen wunderschön angelegten Kräutergarten erweitert worden.

Eines Tages im März sprachen Peter, Joanie und ich über das Problem, die wachsende Zahl der Gäste mit Nahrungsmitteln zu versor-

Ein neueres Bild von unserem alten Wohnwagen, aufgenommen vom Gemüsegarten aus, dahinter Andachtsgebäude und Empfangsbüro.

gen, wobei wir lediglich Joanies kleine Küche zur Verfügung hatten und das Essen für alle in zwei Runden in ihrem Bungalow servieren mußten. Uns war klar, daß wir in naher Zukunft andere Maßnahmen ergreifen mußten. Zweimal am Tag gewaltige Speisemengen herzurichten wurde uns allmählich zuviel. Ich empfand es auch langsam als Last, die ganze Kocherei zu bewerkstelligen und außerdem noch für die Kinder zu sorgen, alles trotz meiner strengen nächtlichen Meditationsroutine von Mitternacht bis fünf Uhr früh. Ich war müde und mußte mich nachmittags hinlegen.

Genau an dem Tag bemerkte eine Freundin, die bei uns wohnte, ihres Erachtens sei es an der Zeit, eine Gemeinschaftsküche sowie einen Eßraum einzurichten, und sie wolle bei der Finanzierung helfen. Sofort schritt Peter zur Tat. Er fand einen geeigneten Platz gegenüber unserer Einfahrt, kontaktierte den Besitzer des Wohnwagenparks und suchte das zuständige Bauamt auf – alles an einem einzigen Tag! Er stellte fest, daß die Planungsbeamten am folgenden Tag ihr vierteljährliches Treffen abhielten, und machte, seinem Stil getreu, noch am selben Abend Pläne, legte sie am nächsten Morgen einer Fertigbaufirma vor und ließ sie am gleichen Tag mittags genehmigen. Die geschätzten Kosten waren höher als erwartet, aber eine Weisung bestätigte, daß wir auf der richtigen Spur seien. »Fürchtet euch nicht, meine kleine Schar, denn es ist Mir eine Freude, euch das Himmelreich zu übergeben, und wenn zum Himmel ein Gemeinschaftszentrum gehört, wird auch das allerbeste Gemeinschaftszentrum entstehen. Nur zu, habt vollkommenes Vertrauen und fangt an. Schränkt Mich nie in irgendeiner Weise ein. Mir ist nur das Beste recht.«

Also fingen wir an, und im Juni desselben Jahres hatten wir dann ein Gemeinschaftszentrum, einen Speiseraum mit Teppichboden und eine perfekt eingerichtete Küche, in der für 100 Personen gekocht werden konnte, gerade rechtzeitig, um eine Busladung von 40 Gästen in Empfang nehmen zu können.

Als letztes in jenem Jahr manifestierte sich schließlich ein neues Heim für Peter, mich und unsere drei Söhne. Unser kleiner Wohnwagen war längst sichtlich zu eng, aber eine größere Unterkunft für uns stand auf der Prioritätenliste ganz unten. Zudem hatten wir uns an die drückende Enge gewöhnt und dachten nicht weiter darüber nach. Eines Tages im November jedoch war Peter krank und mußte im Jungenschlafzimmer das Bett hüten. Er war entsetzt, wie beengt es dort war – ein winziges Räumchen mit zwei Schlafkojen und einem Bett und gerade so viel Platz dazwischen, daß man hindurchgehen konnte! Ich nehme an, er war höchst selten in ihrem Zimmer und hatte nie ganz mitbekommen, wie es darin aussah, bis er jetzt selbst einen Tag dort verbringen mußte.

»Dieses Zimmer ist viel zu klein für die drei Jungen«, rief er zu mir in die Küche. »Da müssen wir uns etwas einfallen lassen – noch einen Wohnwagen dazustellen oder in einen größeren umziehen. Auf so engem Raum können sie unmöglich leben. Kannst du Weisung darüber einholen?« Ich lächelte in mich hinein. Wie lange hatte ich schon davon geredet! Die betreffende Weisung bestätigte uns, daß es an der Zeit wäre, umzuziehen, und zwar in einen eigenen Bungalow.

»Er wird euch von den vielen, nicht von den wenigen, gegeben werden, die eure Not erkennen und euch auf jede nur erdenkliche Weise behilflich sein wollen. Ihr seid als Familie der Puls der Gemeinschaft, und ein guter Arbeiter ist sein Geld wert. Sagt also, was ihr braucht, und strebt nach Vollendung.«

Joanie brachte schließlich den Stein ins Rollen. Sie schrieb aus eigenem Antrieb einen Brief, kopierte ihn und schickte die Kopien an alle, die über die Jahre zu uns gekommen waren, wie auch an die auf unserer Postliste, die wir zum großen Teil gar nicht persönlich kannten. Es war das erste Mal, daß ein Spendenaufruf von unserer Gruppe ausging, und die Reaktion war überwältigend. In kürzester Zeit waren die 3500 Pfund, die wir für den Bungalow benötigten, durch kleine und größere Spenden zusammengekommen. Wir waren tiefbewegt von der Erkenntnis, wie viele Menschen uns und unserer Arbeit auf diese Weise ihre Anerkennung aussprachen.

Sobald wir grünes Licht für den Start hatten, verlor Peter keine Zeit mehr. Er packte die Aufgabe vehement an, entschlossen, uns den Umzug zu Neujahr zu ermöglichen, damit wir das neue Jahr und ein neues Jahrzehnt im neuen Heim beginnen konnten. Zum damaligen Zeitpunkt erschien das unmöglich, aber so etwas konnte ihn nicht schrecken. Am Weihnachtstag, als ich aus dem Andachtsraum kam und an unserem fast fertigen Bungalow vorbeiging, war mein Herz so von Liebe, Verwunderung und Dankbarkeit erfüllt, daß es zu zerspringen drohte, denn dort hatte das Heim Gestalt angenommen, das nach Gottes Verheißung die vielen uns geben würden. Ich sah darin nicht einfach ein Haus, sondern ein wundervolles Geschenk von all diesen lieben Menschen. Meinem Empfinden nach waren sie alle die Hände und Füße Gottes – die Werkzeuge, die das durch ihre Liebe und Unterstützung möglich gemacht hatten.

Bis zum letzten Tag des alten Jahres waren dort Zimmerleute, Anstreicher und Teppichleger zugange. Pete Godfrey arbeitete rund um die Uhr, um die Zentralheizung rechtzeitig fertigzubekommen. Silvester bezogen wir unser neues Heim. Wir erwarteten alle zusammen das Neue Jahr, dankten Gott dafür und baten um Seinen Segen. Liebe Menschen hatten sich im Bungalow versammelt, und ich floß über vor Dankbarkeit.

Mit Dorothy, Peter und den drei Jungen 1970 im Garten des Caravan-Parks.

Ein Rückblick auf das vergangene Jahr setzte uns in Erstaunen über das, was alles so schnell und mühelos erreicht worden war. Anfang des Jahres hatte Gott uns davon in Kenntnis gesetzt, daß wir uns vergrößern würden, aber wir hätten nie gedacht, daß es in solchem Maße und mit solcher Geschwindigkeit vonstatten gehen würde! In der Weisung vom 28. Dezember 1969 sprach Gott zu mir: »Nur weil Ich euch Schritt für Schritt geleitet habe, habt ihr etwas vollbringen können, was ihr für unmöglich gehalten habt. Die mächtige Expansion, die hier mitten in eurem Leben ihren Anfang nimmt, wird sich ganz einfach entfalten wie eine Blüte. Ihr schafft das alles spielend, und dann sollt ihr zurückschauen und sehen, wie das scheinbar Unmögliche möglich geworden ist.« Wir waren jetzt vierzehn Erwachsene und drei Kinder.

1970 vergrößerten wir uns noch mehr. Ich hatte eine Vision, wie in Pineridge vier Werkstätten und auf dem Streifen Land zur benachbarten Farm hinüber weitere Bungalows entstanden. Auch ein Kindergarten stand mir vor Augen. Zu Beginn des Jahres erhielt eine Gruppe von jungen Leuten – Töpfer, Weber und Künstler – die innere Weisung, sich uns anzuschließen, und bald darauf waren auch schon die Werkstätten im Bau. Unter den jungen Leuten waren etliche begabte Musiker und Tänzer, und so verbrachten wir manchen Abend im Gemeinschaftszentrum und erfreuten uns an klassischer Musik, Tanz und lustigen Stückchen, alles vorgetragen von Mitgliedern unserer Gemeinschaft. Unsere Zahl war noch angewachsen – in weniger als einem Jahr auf 42 Erwachsene und neun Kinder. Nie kam Langeweile auf. Wir hatten noch mehr Besucher als im Vorjahr, und das Kopiergerät stand selten still, da die Nachfrage nach Informationen mit der Vergrößerung der Gemeinschaft stieg.

In diesen Jahren wurden wir schließlich auch als gemeinnützige Findhorn-Stiftung anerkannt, mit Ross Stewart als Vorsitzendem des Treuhänderausschusses und Joanie als Sekretärin. Die Stiftungsurkunde nannte als wichtigste Ziele:

Die Förderung der Religion sowie religiöser Studien und Praktiken . . . durch das Lehren, Anführen von Beispielen und Anschaulichmachen der Stichhaltigkeit der Kernwahrheiten aller Religionen und spirituellen Systeme . . . und die Unterstützung derer, die durch Wissenserwerb und Persönlichkeitsentwicklung aufrichtig danach trachten, zu einem tieferen Verständnis des Sinns und Zwecks des Lebens und seiner Beziehung zu Gottes universellem Plan zu kommen.

Sich der Findhorn-Gemeinschaft anzuschließen war nicht nur aufregend und reizvoll für die Leute, sondern auch eine Herausforderung – nicht allein wegen der aufreibenden Arbeit ohne festgesetzten Feierabend oder freie Wochenenden, sondern auch in spiritueller Hinsicht. Mir wurde gesagt: »Wer hierher kommt, wird ganz gefordert und auf Herz und Nieren geprüft, bis er über jeden Zweifel erhaben weiß, daß er an diesen Ort gehört. Niemand, der herkommen möchte, soll dazu aufgefordert oder entmutigt werden. Jeder muß selbst, ohne Hilfe von außen, im tiefsten Innern erkennen, was für ihn richtig ist. Er muß sehr flexibel sein. Ist er dazu nicht in der Lage, dann ist er noch nicht reif für diese Gemeinschaft.«

Unsere Hauptaufgabe bestand darin, die Leute dazu zu bringen, nach innen zu lauschen, und sie dazu anzuhalten, ein Gespür für die eigene innere Führung zu entwickeln, für die leise Stimme im eigenen Innern. Oft schien es mir leichter zu sein, lieber eine Weisung für jemanden zu erwirken, aber ich wurde eines anderen belehrt: »Du hilfst einer Seele nicht, wenn du ihre spirituelle Arbeit tust. Sie muß auf eigenen Füßen stehen, sich die Zeit zur Versenkung in ihr Inneres nehmen und die Quelle aller Weisheit selbst anzapfen. Suche nur bei Bedarf Bestätigung für ihr Tun. Dereinst wird jede Seele innen suchen und von diesem Zentrum aus wirken. Sie braucht keinen Mittler irgendeiner Art. Dies ist eine Übergangszeit, die Bekräftigung durch Medien und Sensitive braucht, aber all das geht vorüber. Wenn jede Seele die direkte Verbindung zu Mir sucht und findet, sind die Botschaften, die Ich dir täglich übermittle und die du so treu niederschreibst, nicht mehr nötig. Dann ist es keine Theorie mehr, sondern hundertprozentiges Leben und Üben dieser Lebensweise, in jedem Augenblick, Tag und Nacht.«

Die bedeutendsten Gäste im Jahr 1970 waren wohl David Spangler und Myrtle Glines. David, ein junger Amerikaner, hatte selbst jahrelang Weisungen empfangen und in den Vereinigten Staaten Vorträge über spirituelle Themen gehalten. Myrtle, seine Partnerin, war erheblich älter als er und in »Personologie« ausgebildet, einer spirituellen Beratungstechnik. Vor Jahren hatte uns jemand einmal die Kopie einer von David verfaßten Schrift mit dem Titel *Die Christuserfahrung und das Neue Zeitalter* geschickt. Sie hatte einen tiefen Eindruck auf uns gemacht, weil die darin hervortretenden Ideen den unseren so ähnlich waren. Normalerweise hätte ich so etwas gar nicht gelesen, denn ich befaßte mich nur selten mit esoterischer Literatur, fühlte mich jedoch sehr dazu hingezogen, es zu lesen, und als ich erst damit angefangen hatte, konnte ich nicht mehr aufhören. Es eröffnete mir neue Dimensionen. Jedes Wort brannte wie Feuer. Als ich hörte, ein 19jähriger hätte es geschrieben, konnte ich es kaum glauben. Peter las es ebenfalls, und uns war klar, daß wir zu diesem Menschen Kontakt aufnehmen mußten.

Unser Wunsch, David Spangler kennenzulernen, wurde erst ein paar Jahre später erfüllt, als er uns schrieb, er wolle mit Myrtle eine Vortragsreise durch Großbritannien machen und uns bei der Gelegenheit gern in Findhorn besuchen.

Mein erster Eindruck von David war nicht gerade überwältigend.

Mit David Spangler, Myrtle Glines und Peter an einem landschaftlich besonders schönen Flecken in der Nähe des Findhorn River.

Myrtle und ich tranken gerade Tee, als David hereinkam. Ich schaute den jungen Mann an und wunderte mich, wie er bloß so etwas Erstaunliches verfaßt haben konnte. Er nahm Platz und trank eine Tasse Tee, und dann erschien Peter. Zu meinem Erstaunen bat Peter David plötzlich, am Abend im Andachtsraum zu sprechen. Dabei durfte im Andachtsraum nicht gesprochen werden; es war ein Ort der Stille. Aber etwas in seinem Innern hatte Peter veranlaßt, diese Bitte vorzubringen.

David stand neben dem Sonnenaufgangs-Wandbehang und redete. Ich kann mich nicht mehr erinnern, was er sagte, aber während er sprach, hatte ich ein außergewöhnliches Erlebnis: Er löste sich auf, und an seiner Stelle war dort ein mächtiges, wunderbares Wesen. Da wußte ich, daß an diesem Menschen etwas Besonderes war, und fühlte mich ihm ganz nahe. Doch da ich nun dieses Besondere wahrgenommen hatte, erhob ich ihn auf ein Podest und hatte große Ehrfurcht vor ihm.

Eines Morgens saß ich im Andachtsraum und hörte ganz deutlich die Worte: »Wenn du David nicht von dem Podest herunterholst, wirst du nie mit ihm ins Gespräch kommen.« Stimmt, dachte ich, schließlich ist er ja nur ein 23jähriger mit einer Vorliebe für Schokoladenkuchen. Ich suchte ihn sofort in seinem Bungalow auf und sagte: »David, ich will dich jetzt gleich vom Podest herunterholen, denn ich möchte mich wirklich mit dir unterhalten.« Er lachte laut auf, und von da an waren wir die besten Freunde. Unsere Liebe und Achtung füreinander ist mit den Jahren noch gewachsen und hat sich immer mehr vertieft.

Peter fühlte sich David sehr verbunden und verbrachte viel mehr Zeit mit ihm als ich. Sie sprachen über die Entwicklungen in der wachsenden Gemeinschaft, und es war David zu verdanken, daß jetzt Erziehung und Ausbildung einen neuen Stellenwert in unserem Leben erhielten. Myrtle tat das Ihre, indem sie den Leuten ihre persönlichen Probleme klären half, und ich lernte von ihr viel über den Umgang mit Menschen, wofür ich ihr ewig dankbar bin.

David und Myrtle hatten uns ursprünglich nur für drei Tage besuchen wollen. Statt dessen blieben sie drei Monate, um im darauffolgenden Jahr für weitere drei Jahre zurückzukehren. Nach so vielen Vorträgen war David glücklich, endlich eine kleine Schar von Leuten gefunden zu haben, die tatsächlich das lebten, wovon er sprach.

Der Einfluß Davids und Myrtles auf die Gemeinschaft war enorm. Zu Davids Rolle gehörte es, uns den größeren Zusammenhang klarzumachen, in dem unsere Arbeit stand, und zu diesem Zweck hielt er eine Reihe von Vorträgen über das Neue Zeitalter und seine Werte. Wir pflegten am Spätnachmittag im Bungalow der *Universal Foundation* oder am Abend im Andachtsraum zusammenzukommen. David sagte, es sei bereits ein Wendepunkt im Bewußtsein der Menschheit erreicht, und wir seien dabei, einen völlig neuen Abschnitt unseres Weges zu Gott zu beschreiten. Die Zeit des Wartens auf die Wiederkehr Christi sei vorüber. Dieses Mal wäre Christus nicht leiblich erschienen, sondern im Herzen und Geist der Menschheit wiedergeboren. Jetzt sei es an der Zeit, sich dessen bewußt zu werden und danach zu handeln. Davids Weltbild war viel umfassender und esoterischer als meins, aber beide ergänzten sich vortrefflich.

Unser Austausch gipfelte darin, daß uns durch David eine direkte

Offenbarung der grenzenlosen Liebe und Wahrheit zuteil wurde, desselben Wesens, derselben Qualität, die sich schon durch Liebie Pugh ausgedrückt hatte. Als sie starb, war uns gesagt worden, daß die an St. Anne's gebundenen Energien auf uns in Findhorn übertragen worden seien, und jetzt verstand ich endlich, was das bedeutete. Die Verbindungen gingen tief, viel tiefer, als wir alle, insbesondere ich selbst, je für möglich gehalten hätten. Ganz offensichtlich brach gerade eine neue Ära für uns alle an.

Kapitel 8

Habe Ich dir nicht gesagt, daß du zur rechten Zeit wieder mit deinen Kindern vereint sein wirst? Sieh Meine Wunder an. Bleibe standhaft und wisse, daß alles sehr gut ist; sei geduldig und hör nie auf, Liebe und immer mehr Liebe auszustrahlen. Sei nie kleinmütig. Meine Verheißungen werden sich erfüllen. Du wirst mit deinen Kindern vereint werden, und das wird herrlich sein. Die Liebe behält den Sieg.

Der Neubeginn, den David Spanglers Ankunft markierte, fiel bei mir mit der Vollendung eines Lebenszyklus zusammen. Als ich vor 16 Jahren Andrew verlassen hatte, mußte ich dafür teuer bezahlen, denn ich verlor den Kontakt zu meinen ersten fünf Kindern. Mir war klar, daß ich diesen Preis durch meine Rückkehr ganz zu Anfang auch noch erhöht hatte. Obgleich mir in meinen Weisungen unablässig versichert wurde, wir würden eines Tages wieder vereint sein, wurde mein Glaube doch auf eine harte Probe gestellt, als ein Aussöhnungsversuch nach dem anderen scheiterte. Liebe, Liebe, Liebe. Bisweilen fühlte ich mich völlig machtlos mit nichts als dieser meiner unbestätigten Liebe zu den Kindern, die ich geboren hatte. Ob sie sie wohl spürten? Ob sie wohl wußten, daß ich sie noch immer von Herzen liebte und immer für sie da war, wenn sie Fühlung zu mir aufnehmen wollten?

Ich wünschte verzweifelt, sie wiederzusehen, war jedoch nicht gewillt, unliebsame Ereignisse aus meiner Zeit mit ihrem Vater hervorzukehren, um vor Gericht zu beweisen, daß ich recht und er unrecht hatte. 1958 waren die Kinder durch Gerichtsbeschluß Andrew zugesprochen worden, der damit bis zu ihrem 18. Lebensjahr das alleinige Sorgerecht für sie hatte, und ich durfte bis dahin keinerlei Verbindung zu ihnen aufnehmen.

Meine Briefe und Pakete kamen ungeöffnet zurück; die einzigen Nachrichten von ihnen erhielt ich durch meinen Bruder und meine Schwester, die den Kontakt zu ihnen aufrechterhielten und mir von Zeit zu Zeit Fotos schickten.

Andrew erwiderte auf einen Brief von mir eiskalt, ich sei für ihn gestorben und existiere einfach nicht mehr. Die Kinder wußten gar nicht, daß ich versuchte, mit ihnen in Berührung zu kommen, und müssen gedacht haben, ich hätte sie vollkommen vergessen. Ich nahm weiterhin jede Möglichkeit zur Kontaktaufnahme wahr, bis mir ein Rechtsanwalt schrieb, ich würde vor Gericht gestellt, wenn ich es weiterhin versuchte. Ich war so wütend und verbittert, daß sich mein Herz verhärtete.

Als ich mich an Gott um Hilfe wandte, hieß es: »Laß einen ununterbrochenen Strom der Liebe zu deinen Kindern hinfließen. Das ist ungemein wichtig, denn ohne Liebe können sie unmöglich ihre Ketten sprengen. Gedenke Andrews mit großer Liebe. Ich habe dir versprochen, daß du zur rechten Zeit mit deinen Kindern vereint sein wirst, sofern du Meinen diesbetreffenden Weisungen folgst. Vertraue Mir und harre aus im Glauben, mit viel Geduld. Laß dich nicht im Herzen bekümmern, sondern sieh, wie Mein Finger ein deutliches, perfektes Muster durch alles zieht, was geschehen ist. Wisse, daß sich alles für sie zum Besten wenden wird, auch für Andrew. Halte dein Herz offen, wie schmerzhaft es auch für dich sein mag, und laß die Liebe zu ihnen strömen. Sie brauchen nichts so sehr wie Liebe, und die Liebe behält den Sieg.«

Daran hielt ich mich, obwohl es mir manchmal so weh tat, als ob mir das Herz brechen wollte. Es fiel mir außerordentlich schwer, Andrew gegenüber keinen bitteren Groll zu empfinden, dessen moralisches Urteil über mich ich ungerechtfertigt fand, aber bei dem Bemühen, seine guten Seiten zu sehen und mich gedanklich auf höhere Ebenen zu konzentrieren, wo meine spirituelle Arbeit vonstatten ging, merkte ich, wie sich meine Verhärtung allmählich löste.

»Sieh Andrew als Mein Kind«, sagte Gott zu mir, »nach meinem Bild mir gleich geschaffen. Wisse, daß ich ihn brauche. Halte ihm Meine Gaben und mein Licht entgegen.« Als ich das tat, empfand ich Mitleid mit ihm. Ich öffnete ihm mein Herz, und da konnte ich verstehen, warum er sich in bezug auf die Kinder so verhielt. Er hatte Angst, er würde sie an mich verlieren, wenn ich Verbindung mit ihnen aufnähme. Wegen seines Engagements in der Moralischen Aufrüstung konnte er auch kein Mitleid mit mir haben, denn vom Standpunkt der MA aus hatte ich schweres Unrecht getan, und die Moralische Aufrüstung war seine Lebensgrundlage. Er wollte, daß die Kinder mit strengen moralischen Überzeugungen aufwuchsen, und glaubte, mein Einfluß würde diese Überzeugungen untergraben.

Ich sandte den Kindern und Andrew weiterhin meine Liebe, schrieb ihnen auch weiter, allerdings über Andrew. Als Jennifer und

Weihnachten 1963, die fünf Kinder aus meiner ersten Ehe. Jahrelang schaute ich mir jeden Tag dieses Foto auf dem Kaminsims an, um meine Kinder zu visualisieren und ihnen beständig meine Liebe zu senden.

Richard 18 geworden waren, schrieb ich direkt an sie. Das Kind, das mir am meisten grollte und zu dem ich am schwersten Zugang fand mit meiner Liebe, war Jenny, die Älteste, denn sie hatte meine Stelle bei der Erziehung der anderen Kinder einnehmen müssen. Ich konnte es ihr nicht verdenken.

In einer Weisung wurde mir gesagt: »Daß du Andrew verlassen hast, geschah unter Meiner Leitung. Ohne Mich wärst du nie dazu in der Lage gewesen. Gefehlt und die Dinge verschlechtert hast du durch dein eigenmächtiges Handeln, als du zu ihnen zurückgekehrt bist. Das hat Jenny furchtbar verletzt. Es war, als wäre Salz in offene Wunden gerieben worden. Aber keine Angst, diese Wunde wird auf jeden Fall heilen.«

Ich besaß ein Foto von allen fünf Kindern, das auf dem Kaminsims stand. Tag für Tag betrachtete ich mir eingehend die Gesichter der Kinder, die ich geboren hatte und die ohne mich aufwuchsen.

Meine innere Stimme gebot mir: »Verwende soviel Zeit wie nur möglich darauf, dieses Foto zu studieren, um jedes Kind genau zu kennen. Schau dir eins nach dem anderen an, während du ihnen Liebe entgegenstrahlst. Bei Jenny mußt du verschwenderisch sein mit der Liebe. Ihr Herz muß sich öffnen. Sie hat solche Angst, noch einmal verletzt zu werden, daß sie sich verschließt. Dabei ist sie der Schlüssel zum Herzen auch der anderen Kinder.«

Richard machte den Anfang. Sobald er 1960 18 Jahre alt wurde, schrieb er mir einen sehr persönlichen, ins einzelne gehenden Brief über sein Leben. Das waren seit sechs Jahren die ersten Nachrichten von ihm. Dann hörte ich lange Zeit nichts mehr. Schließlich schrieb ich an Richard:

Mein lieber Richard, wie schön wäre es doch, wieder von Dir zu hören. Ich gebe die Hoffnung nie auf und hüte Deinen einzigen Brief wie einen kostbaren Schatz.

An Jenny sandte ich per Einschreiben ein Geschenk zu ihrem 20. Geburtstag, aber das Päckchen wurde vom Familienanwalt ungeöffnet zurückgeschickt. Da schrieb ich ihr:

Mein liebes Kind, wann wirst Du je lernen, zu vergeben und zu vergessen? Willst Du denn wirklich nicht lesen, was ich Dir zu sagen habe? Wie kommt es, daß andere Leute vergeben und vergessen können, nur Du und Daddy nicht? Mein Herz tut mir weh um Euch beide. Gott segne Euch und gebe, daß Ihr den wahren Sinn des Vergebens erkennt. Alles, alles Liebe, mein Herz, von Deiner Dich ewig liebenden Mami.

Kein Wort. Im folgenden Jahr schrieb ich an Andrew, daß ich Jenny ein Geschenk zu ihrem 21. Geburtstag schicken wolle, sofern sie es annähme. Ich erhielt ein knappes Antwortschreiben, daß sie ihren eigenen Kopf und Willen hätte und selbst entscheiden müßte. Weiter hörte ich nichts, sandte also auch kein Geschenk in diesem Jahr und ließ ihr nur, da ich ihre Adresse in Frankreich nicht wußte, durch Andrew einen Brief zukommen.

Meine liebe Jenny, ich habe so sehr gehofft, Du hättest ein Einsehen und würdest mir schreiben. Wie gerne hätte ich Dir zu Deinem 21. Geburtstag ein Päckchen geschickt, aber ich wollte es nicht wieder ungeöffnet zurücknehmen müssen. Jenny, mein Liebes, soll diese Kluft für immer zwischen uns bestehen? Hast Du keinen Funken Liebe mehr für mich in Deinem Herzen? Ich sehne mich danach, von Dir zu hören. Gott segne Dich, mein Liebling.

An ihrem 22. Geburtstag nahm Jenny zum ersten Mal ein Geschenk von mir an. Daraufhin schickte sie mir einen höflichen Dankesbrief. Über sich oder die anderen Kinder ließ sie kein Wort fallen, aber sie hatte ja immerhin geschrieben. Ich war ganz aufgeregt und schrieb gleich zurück:

Du kannst nicht ahnen, wie gut es getan hat, von Dir zu hören. Ich bin von Herzen froh, daß Dir das Geschenk gefallen hat! An Deinem Geburtstag habe ich immerfort an Dich denken müssen. Ich kann es, ehrlich gesagt, kaum glauben, daß Du schon 22 bist! Albern, nicht wahr, aber es liegt wohl daran, daß wir einander so viele Jahre nicht gesehen haben und die Vergangenheit wie ein Traum ist. Die Vorstellung, lauter erwachsene Kinder zu haben, erscheint mir einfach wirklichkeitsfern. Wenn ich so empfinde, nehme ich Eure Fotos und studiere sie eingehend. Ihr seid mir tatsächlich fremd, und doch weiß ich, daß wir, wenn wir uns irgendwann einmal wiedersehen, dort anknüpfen können, wo wir aufgehört haben, nur sind wir dann älter und weiser.

Ich hoffe, Du schreibst mir wieder über die Familie. Ist Sue noch immer in den Vereinigten Staaten? Hat Mary Liz ihre Prüfung bestanden? Wie geht es Penny? Ich habe ihren Geburtstag nicht vergessen, nur konnte ich nicht schreiben oder etwas schicken, denn das ist mir untersagt. Seid alle gewiß, daß ich nie einen von Euch an seinem Geburtstag vergesse. Täglich denke ich an Euch und bewahre Euch in meinem Herzen. Was macht Daddy? Ich nehme an, mit seinem Rücken ist es jetzt besser. Ich hätte noch viele, viele Fragen, aber ich will den Brief lieber schnell zur Post bringen und auf neue Nachricht von Dir warten. Alles Liebe Dir und der ganzen Familie!

Danach schrieb Jenny von Zeit zu Zeit, aber sie erzählte überhaupt nicht von sich und erwähnte auch die anderen mit keiner Silbe. Von Andrew hörte ich ebenfalls nichts über die Familie. Er hegte noch immer einen schrecklichen Groll gegen mich; wenn ich an die Kinder dachte und ihnen Liebe entgegenbrachte, sandte ich stets auch ihm Liebe. Ich hatte das Gefühl, daß er zutiefst unglücklich war, und deshalb wollte ich klare Verhältnisse zwischen uns schaffen. So schrieb ich auch ihm:

Mein lieber Andrew, ich muß Dir einfach schreiben, und doch weiß ich gar nicht was, denn meinen letzten Brief hast Du ignoriert; vielleicht hattest Du zuviel zu tun, um zu schreiben. Vielleicht gab es für Dich auch nichts zu beantworten.

Ich möchte, daß Du weißt, daß mir nicht nur die Kinder dauernd im Sinn liegen, sondern auch Du. Jeden Tag wieder ruft mein Herz nach Euch allen. Die Jahre gehen immer schneller dahin. Die Weltlage wird immer gespannter. Jedesmal, wenn ich einen Blick in die Zeitung werfe oder Nachrichten höre, bin ich entsetzt über den Zustand der Welt. Es ist so leicht, die Sackgasse zu erkennen, in die andere geraten sind, aber was tun wir selbst in dieser Situation? Ich habe Deine Vergebung gesucht, und Du sagst, Du hättest mir vergeben, aber ist denn Dein Sein und Leben wirklich eine Bestätigung dafür?

Ich hatte kürzlich ein Erlebnis, bei dem ich konkret und stichhaltig beweisen mußte, daß ich mein Herz wirklich weit öffnen konnte, um die Liebe Gottes einzulassen und jemanden zu lieben, dem ich nie Liebe entgegenbringen und vergeben zu können glaubte. (Es handelte sich um Sheena.) *Das war mit das Schwierigste, was ich je getan habe, und wahrscheinlich werde ich wieder und wieder auf die Probe gestellt, damit sich erweist, daß ich wirklich vergeben und vergessen habe. Aber ich weiß jetzt, daß ich etwas überwunden habe, was ich bis dahin für ein unüberwindliches Hindernis hielt.*

So wollen wir doch sicher nicht für den Rest unseres Lebens weitermachen, oder? Wenn wir dieses Jahr noch einmal in den Süden fahren, wärst Du dann bereit, Dich mit mir zu treffen? Ich möchte mich keinem von Euch aufdrängen, aber ich würde nur allzugern ein für allemal aus dieser schrecklichen Sackgasse herauskommen.

Ein Wunder geschah. Ein paar Monate, nachdem ich diesen Brief geschrieben hatte, genau zwei Tage vor meinem Geburtstag, erhielt ich einen wundervollen Brief von Andrew, in dem er mich bat, ihm alles zu vergeben, was er mir in den Jahren unserer Ehe Böses gesagt und angetan habe, und mir versicherte, er habe mir aufrichtig verziehen. Ich war außer mir vor Freude. Am darauffolgenden Tag bekam ich einen Brief von Richard, der kommen und mich sehen wollte. Der Freudenkelch fing schon fast an überzulaufen. Voller Glück lud ich Andrew, Jenny und Richard für eine Woche im August ein. In dieser Zeit wollte Peter ins südliche England fahren, um seinen Eltern beim Umzug zu helfen, und Dorothy und Naomi mitnehmen, deren Unterkünfte dann Gästen zur Verfügung standen. Angesichts dieser Aussichten geriet ich in helle Aufregung und machte im Geiste schon Pläne für die große Zeit. Doch da erhielt ich einen Brief von Jennifer, der mich umwarf. Ihm folgte am Tag darauf ein Brief von meinem Bruder Paddy, der in Andrews Namen schrieb; Andrew war so bestürzt über meinen Brief, daß er ihn nicht selbst beantworten konnte. Was im Himmel war bloß passiert?

Jenny und Andrew hatten offenbar meine Einladung, in Peters Abwesenheit hierherzukommen, als einen Versuch meinerseits mißdeutet, mich ohne Peters Wissen wieder mit meiner ersten Familie zu liieren. Ich konnte es nicht glauben! Nichts lag mir ferner. Natürlich hatte ich die Sache mit Peter abgesprochen, bevor ich an sie schrieb, und darüber hinaus in der Meditation die Bestätigung erhalten, daß es so richtig sei. Ihre Vermutung, zwischen mir und Peter gäbe es Schwierigkeiten, war absolut falsch, denn Peter und ich arbeiteten damals gerade in vollkommener Harmonie eng zusammen, sogar enger als sonst. Es verblüffte mich, daß eine in lauterster Absicht ausgesprochene Einladung so mißverstanden werden konnte, nicht nur von Andrew, sondern auch von Jennifer. Von Richard hörte ich nichts.

Am meisten bedrückte mich die Art, wie Jennifer sich selbst die Schuld daran gab, daß ich Andrew verlassen hatte. Sie sagte, sie hätte mich einmal im Stich gelassen, vor langer Zeit, als sie mir nicht half, zu den Verpflichtungen zu stehen, die ich auf Lebenszeit übernommen hatte, und das würde sie keinesfalls wiederholen, indem sie mich in Peters Abwesenheit besuchen käme. Sie wolle mir lieber helfen, dem treu zu bleiben, wozu ich mich die letzten Jahre bekannt hätte, damit Peter und meine Söhne ein erfülltes, intaktes Familienleben genießen und glücklich und im Bewußtsein meiner vollen Unterstützung ins Leben hinaustreten könnten. Das Herz tat mir weh um sie. War ihr denn nicht klar, daß sie mich vor all den Jahren gar nicht hätte beeinflussen können? Peter und ich waren vom Schicksal füreinander bestimmt. Sie fuhr fort:

Ich bitte Dich nicht, zu uns zurückzukehren, sondern darum, das fortzusetzen, was Du begonnen hast. Du liebst auch uns, das weiß und akzeptiere ich, aber wir wollen nichts weiter von Dir, als daß Du dem Weg treu bleibst, den Du eingeschlagen hast.

Jennys Brief brachte mich zu der Erkenntnis, daß sie mir nur aus Loyalität der Familie gegenüber ferngeblieben war. Sie wollte Penny nicht durch einen Besuch bei mir verletzen, die noch zwei Jahre lang dem Gerichtsbeschluß unterstand. Sie empfand es als zu schwer für Penny, das hinnehmen zu müssen, nur weil sie jünger war. Daran hatte ich natürlich nicht gedacht; ich hatte nur niedergeschrieben, was mir auf dem Herzen lag. Jetzt erkannte ich, wie gut Jenny die Familie schützte, daß sie die Verantwortung auf sich genommen hatte, die Mutterlosen alle zusammenzuhalten, und sich selbst die Schuld daran gab, daß sie mich hatte gehen lassen. Ich spürte ihre Wut und ihre tiefe Verwundung, wenn auch die Verurteilung, die daraus sprach, schwer zu schlucken war. Daß sie mich verurteilte, weil ich Mann und Kinder verlassen hatte, war ebenso verständlich wie die Tatsache, daß sie mir nicht vergeben hatte. Aber ich konnte nicht hinnehmen, daß sie mir wie einem ungezogenen Schulmädchen ins Gewissen redete.

So liebevoll es mir möglich war, versuchte ich über die Vergebung zu schreiben:

Wie sehr sehne ich mich nach dem Tag, an dem Du mir endlich Dein Herz öffnest! Wir haben uns über zehn Jahre nicht gesehen, und ich habe in diesem Zeitraum nur wenige Briefe von Dir bekommen. Die ich erhalten habe, waren entweder nette Dankschreiben aus Pflichtgefühl oder Vorhaltungen. Jenny, ich weiß, daß Du verletzt bist, und deshalb hast Du Dein Herz vor mir verschlossen, um nicht noch einmal verwundet zu werden. Aber soll ich fürs Leben gebrandmarkt, sollen all meine Handlungen stets fehlgedeutet werden? Ist das die vollkommene Liebe?

Ich weiß, daß Du nach den vier absolut verpflichtenden Grundsätzen der Moralischen Aufrüstung zu leben versuchst (Ehrlichkeit, Lauterkeit, Selbstlosigkeit und Liebe). *Aber danach zu leben heißt auch, sie anderen zu beweisen, was äußerst schwierig ist, denn das bedeutet, vergeben und Liebe erweisen zu müssen. Jesus vermochte der Ehebrecherin zu vergeben. Er sagte zu ihr: Gehe hin und sündige nicht mehr. Kannst Du nicht zu vergeben versuchen, mein Liebling?*

Jenny, mein Herz, ich weiß nicht, warum Du Dir die Schuld an dem gibst, was mit Peter und mir geschehen ist. Du warst zu jung, um es zu begreifen, aber Du hättest ohnehin nichts daran ändern können. Es steht Dir frei, noch die zwei Jahre mit Deinem Besuch zu warten, bis Penny volljährig ist. Ich hoffe, daß wir auch dann noch gesund und munter sind, damit wir nichts bereuen.

Du weißt, daß meine Einladung für alle Zeiten gilt; Du weißt, wie gern ich Dich sehen, Dich sprechen, Dich wieder kennenlernen möchte, aber die Entscheidung liegt bei Dir. Ich bete, daß Dein Herz weich wird und Du kommst.

Doch es war Richard, der 1968 die Mauer zwischen uns niederriß. Er hatte zweieinhalb Jahre auf einer Farm in Südafrika gearbeitet und schrieb, er wolle mich gern auf dem Weg zu Sues Hochzeit in New Mexico, USA, besuchen. Drei Tage verbrachte er mit uns. Vor 14 Jahren hatte ich ihn zum letztenmal gesehen; als ich einem netten jungen Mann von 27 die Tür öffnete, war es, als wären wir nie getrennt worden. Schon als Kind war er mir eng verbunden gewesen, und die gleiche Liebe war trotz der Trennungsjahre noch unverändert da. Mir war immer wieder gesagt worden, die Zeit, die ich daran wende, meinen Kindern Liebe entgegenzubringen, würde uns wieder vereinen, und so war es nun auch mit Richard. Die Jahre lösten sich einfach in Nichts auf.

Ich erinnerte mich an das letzte Mal, wo ich ihn gesehen hatte: Wir waren kurz vor seinem Eintritt in ein Internat zusammen Schulkleidung einkaufen gegangen. Damals war er fast so groß wie ich gewesen, doch jetzt überragte er mich, dieser gutaussehende, erwachsene junge Mann. Die Jungen mochten ihren neuen Stiefbruder gleich gern, und Richard fand leicht und gut Zugang zu Peter und mir. Daß er nicht eher zu mir gekommen war, lag in erster Linie daran, daß er seiner Familie nicht in den Rücken fallen wollte. Herrliche Tage waren das, allerdings viel zu kurz, aber immerhin war das Eis jetzt gebrochen, und wir blieben auch dann noch in Verbindung, als er längst wieder in Südafrika war, wo er heiratete und mit seiner Frau zwei Kinder bekam.

Als nächste wagte Jennifer den Durchbruch. Sie schrieb, sie mache mit einem Freund zusammen eine Reise durch Schottland und wolle mich bei der Gelegenheit besuchen. Obwohl sie es eher beiläufig erwähnte, wußte ich, daß es für sie ein großer Schritt war. Richard hatte den Weg geebnet. Ich war natürlich entzückt. Ich merkte gleich, daß sie mir immer noch grollte, aber das würde sich mit der Zeit ändern. Als ich mir diese hübsche junge Dame ansah, war ich zutiefst dankbar, daß sie sich der anderen Kinder so gut angenommen hatte. Wir sprachen zwar nicht viel über die Vergangenheit, da ich eine verständliche Zurückhaltung bei ihr spürte, verbrachten jedoch eine herrliche Zeit miteinander, und die Jungen machten einen Riesenwirbel um sie. Endlich standen wir uns von Angesicht zu Angesicht gegenüber, und nun konnte sich eine neue Beziehung zwischen uns entwickeln.

Dann erhielt ich einen Brief von Mary Elizabeth. Sie schrieb mir, sie sei schwanger. Der Vater des Kindes wollte nicht, daß sie es austrug; er stand kurz vor seiner Rückkehr nach Neuseeland und fühlte sich noch nicht reif für eine Ehe. Mary Liz war 21 Jahre alt. Mein Herz wandte sich ihr zu. War ich nicht ebenso beschämt gewesen und gesellschaftlich mißachtet worden, weil ich Christopher und Jonathan unehelich geboren hatte? Sie war verzweifelt. Sie wollte keine Abtreibung, hatte aber auch niemanden, der ihr zuredete, das Kind zu behalten. Es klang ganz so, als habe sie mit ihrer Situation bei der Familie in ein Wespennest gestochen, und nun wandte sie sich in ihrer Verzweiflung an mich.

Sofort schrieb ich ihr:

Du glaubst nicht, wie sehr ich mich gefreut habe, als Dein Brief gestern ankam, und wie gut es tut, daß Du Dich getrost an mich gewandt und mir so freimütig von Dir erzählt hast. Ich fühle mich Dir so nahe, mein Liebling, und ich möchte Dich am liebsten in meine Arme nehmen und ganz fest drücken, um Dich vor all denen zu schützen, die Dich vielleicht verurteilen und verdammen, wie viele es tun, wenn man vom ausgefahrenen Geleise abweicht. Sie denken mit keinem Gedanken daran, daß so etwas auch ihnen geschehen könnte und daß man in solcher Lage Hilfe, Liebe und Verständnis braucht, statt verdammt und verurteilt zu werden. Du siehst, mein Herz, daß ich gut verstehe, was Du durchmachst und fühlst. Ich war ja so lange das schwarze Schaf der Familie. Ich wurde verurteilt, verdammt und schlechtgemacht, und doch hat mich Gottes Liebe durch meine Einsamkeit und meine Probleme hindurchgetragen.

Ich frage mich, ob Du wohl herkommen und Dein Kind hier bei mir bekommen möchtest? Mir wäre das eine große Freude. Hier gibt es eine Menge zu tun, das Dich vom Grübeln abhalten könnte, und vielleicht wäre ich Dir in diesen Monaten auch eine Hilfe. Ich weiß noch, daß ich mich immer nach meiner Mutter gesehnt habe, als ich mein erstes Kind erwartete. Bitte überleg Dir dieses Angebot sehr gründlich; Du bist mir wirklich von Herzen willkommen. Es wäre herrlich, Dich hier zu haben und wieder neu kennenzulernen. Warum kommst Du nicht einfach mal auf einen Besuch vorbei und siehst Dir an, wie es hier ist – und natürlich auch, wie ich bin –, bevor Du Dich endgültig entscheidest?

Mary Liz kam, blieb und wurde von uns allen in der noch kleinen Gemeinschaft liebevoll und herzlich empfangen. Damals, 1969, lebte erst ein Dutzend Leute bei uns. Allerdings nahm die Zahl der Gäste ständig zu, und die ersten Erweiterungen waren im Gange. Ich war regelrecht aus dem Häuschen, meine Tochter bei mir zu haben, und die Jungen mochten sie auch gern. Beschäftigung gab es genug für sie, sie half bei der Essenszubereitung und vielem anderen mehr.

Als sie schon eine Weile bei uns war, beschloß ich nach Rücksprache mit Gott, Eric, dem Vater des ungeborenen Kindes, zu schreiben:

Mein lieber Eric, ich will Dir doch einmal schreiben, wie es Mary Elizabeth geht. Nachdem sie den Anfangsschock, schwanger zu sein, überwunden hatte und ihr klar war, daß Du sie nicht heiraten wolltest, fand sie sich sehr beherzt mit der Situation ab. Sie hat sich für das Kind entschieden und will es behalten. Ich bewundere sie, denn sie läßt sich durch nichts schrecken, obwohl es für ein junges Mädchen nicht leicht ist, sich so zu verhalten. Sicherlich wirst Du ihr finanziell die Last erleichtern, Dein Kind zu bekommen und allein großzuziehen.

Wir können ihr kein Heim bieten, aber sie lebt jetzt in einem Wohnwagen, der der Gemeinschaft für Besucher zur Verfügung gestellt wurde und für den Miete und Kostenanteile zu zahlen sind. Sie trägt ihr Teil dazu bei und wird es weiter tun, solange sie kann. Was passiert, wenn das Baby da ist, wird sich zeigen. Sie weiß, daß sie hier bleiben und das Kind hier aufziehen kann, wenn sie will, nur muß sie frei entscheiden können. Sie haßt Dich nicht und ist Dir auch nicht böse. Deine Haltung hat sie zwar bestürzt, aber sie nimmt es hin.

Mary Liz hat mir erzählt, Du hättest ihr geschrieben, daß Du sie vor Deiner Abreise nach Neuseeland gern noch einmal sehen möchtest. Du bist uns willkommen und kannst sie jederzeit besuchen. Ich hoffe sehr, daß Du kommst und wir miteinander reden können.

Eric bzw. Shack, wie ihn alle nannten, kam Mary Liz besuchen. Als ich ihn an meiner Wohnwagentür in Empfang nahm, begrüßte ich ihn mit einer herzlichen Umarmung, die ihn aus der Fassung brachte. Ich war hocherfreut über seinen Besuch und hatte ganz vergessen, daß er wahrscheinlich erwartete, von einer zornerfüllten, empörten Mutter empfangen zu werden! Er war offensichtlich sehr froh, freundlich aufgenommen zu werden, und auch über das Wiedersehen mit Mary Liz. Ich sah gleich, daß die beiden sich noch mochten. Aber was am nächsten Tag geschah, hätte ich nicht für möglich gehalten. Sie kamen zu mir, und Shack sagte: »Eileen, wir wollen heiraten. Ich bin jetzt zu diesem Schritt bereit, und ich will nicht nach Neuseeland fahren und Mary Liz zurücklassen. Ich werde mich nach einer Arbeit hier in der Nähe umschauen und bleiben, bis das Baby geboren ist, und dann werden wir weitersehen.«

Ich war vollkommen perplex. Weder ich noch meine Tochter hatten irgendeinen Druck auf ihn ausgeübt, um ihn zu diesem Entschluß zu bringen; wahrscheinlich war er mit sich ins reine gekommen, weil er Mary Liz hier in einer freundlichen Atmosphäre wiedergesehen hatte, in der niemand ihm seine Verpflichtungen vorhielt. Ich war entzückt. Mary Liz schrieb an ihren Vater, daß sie auf dem Standesamt von Forres getraut würde, und lud ihn zu ihrer Hochzeit ein. Er nahm die Einladung an, stellte allerdings klar, daß er nicht bei uns wohnen wollte, und so buchten wir ihm ein Zimmer in einem kleinen Hotel in Forres.

Der Hochzeitstag von Shack und Mary Liz war für mich einfach herrlich. Andrew hing sehr an Mary Liz, doch obwohl ihn ihre mißliche Lage über die Maßen bekümmert hatte, war es ihm aufgrund seiner strengen moralischen Grundsätze nicht gelungen, damit fertig zu werden. Er war mir außerordentlich dankbar, daß ich so für meine Tochter eingetreten war, und das half mehr als alles andere, die Kluft zwischen uns zu überbrücken. Als ich ihm eine Nelke ans Revers steckte, zitterte meine Hand heftig. Ich hatte das eigenartige Gefühl, außerhalb meiner selbst zu stehen und mir diese Szene zu betrachten, und ich konnte mir nur mit großer Mühe vorstellen, fünf Kinder mit diesem Mann gehabt und 15 Jahre lang intime eheliche Beziehungen mit ihm unterhalten zu haben.

Nach der kurzen Zeremonie auf dem Standesamt nahmen Andrew, Mary Liz, Shack und ich in einem nahegelegenen Hotel zusammen das Mittagessen ein. Die Atmosphäre war herzlich und angenehm. Wir rührten nicht an die Vergangenheit, aber als Andrew und ich später am Strand spazierengingen, sprachen wir zum ersten Mal seit 20 Jahren über die Familie.

Mary Liz und Shack blieben 14 Monate bei uns. Shack arbeitete als Chemiker in Inverness, während Mary Liz der Gemeinschaft bei allem möglichen half, von der sie als Familienmitglied akzeptiert wurde. Ihr Junge, Garvin, verhalf mir zu der neuen Würde einer Großmutter und gab mir Gelegenheit, meine Schulden gegenüber Mary Liz zu begleichen, indem ich ihr nach Kräften half. Es war die reine, ungetrübte Freude.

1970, Mary Liz hatte gerade ihren Sohn geboren und war noch im Krankenhaus, besuchte mich Penny, meine jüngste Tochter, um mir ihren Verlobten Pete vorzustellen. Sie war 20, ein hübsches, sanftes, bezauberndes Mädchen voller Witz und Lebensfreude. Allerdings hing sie an Pete fest wie eine Klette. Er ließ sie nicht aus den Augen, und sie konnte nicht einmal Zeit mit mir allein verbringen, um mich besser kennenzulernen. Pete und ich kamen nicht gut miteinander aus. Es war unangenehm, mitansehen zu müssen, wie er Penny in Beschlag nahm. Ich wußte, daß sie nur zusammen glücklich werden würden, wenn er ihr mehr Freiheit ließ. Sie waren noch sehr jung, und meines Erachtens war es für beide bei weitem besser, erst das Studium zu beenden, statt übereilt zu heiraten.

Eines Tages sagte ich den beiden klar meine Meinung. Das versetzte Pete in helle Wut, und er beschuldigte mich, sie auseinanderbringen zu wollen. Ich hatte ihn gebeten, Penny eine Weile hier zu lassen, wo sie Mary Liz nach deren Heimkehr mit dem Baby helfen konnte, aber davon wollte er nichts hören. Sie fuhren ab, Penny hin und her gerissen und in Tränen. Es stimmte mich traurig, daß der Besuch eine solche Katastrophe war, aber immerhin hatte ich eine natürliche Bindung an Penny gespürt, die ich ja nicht mehr gesehen hatte, seit sie ein kleines Mädchen von fünf Jahren war. Ich wußte, daß sich alles mit der Zeit von selbst regeln würde, und konnte nur hoffen, daß sie miteinander glücklich wurden und mich Lügen straften.

Penny schrieb mir einen wutschnaubenden Brief, in dem sie einmal alles Gift herausließ. Ich hatte die Hoffnung, der Grund des Übels sei ebenfalls beseitigt, und antwortete ihr:

Es ist Dein Leben. Wenn Deine Wahl für einen Lebenspartner auf Pete fällt, ist das Deine Sache. Ich werde Dich nicht davon abhalten. Ich hoffe nur und bete, daß Du rundum glücklich wirst – und sich erweist, daß ich ganz und gar unrecht hatte.

Ich habe versucht, Pete als Familienmitglied aufzunehmen, aber er ist vor mir zurückgescheut wie ein ängstliches Pony. Ich wollte mit ihm ins Gespräch kommen, aber er ließ den Kopf hängen und versteckte sich hinter seinem Haarschopf, so daß ich keinen Zugang zu ihm fand. Bleibt mir nur noch zu sagen, Pen-Liebling, daß er selbst zeigen muß, was in ihm steckt. Ich weiß, wie jung er ist und daß er noch viel lernen muß.

Einige Zeit später meldete sich auch Pete. Sein Brief war steif und förmlich und ein wenig unverständlich – gar nicht so, wie ich es von einem zukünftigen Schwiegersohn erwartet hätte. Er muß sehr nervös und unsicher mir gegenüber gewesen sein. Aber ich war froh, daß er überhaupt geschrieben hatte, und das sagte ich ihm auch in meiner Antwort. Ich gab ferner noch einmal meiner Besorgnis über seine übermäßigen Besitzansprüche Penny gegenüber Ausdruck und drang erneut in sie beide, mit dem Heiraten doch noch zu warten.

Es erforderte einen gewissen Mut, Penny und Pete so offen meine Bedenken gegen ihre Heirat ins Gesicht zu sagen, denn ich wollte schließlich die Beziehung zu meiner jüngsten Tochter nicht gleich im ersten Stadium der Aussöhnung wieder zerstören. Penny war mir tatsächlich fremd. Ich wollte sie so gern lieben und wiedergeliebt werden, mochte jedoch andererseits auch nicht aus Kompromißbereitschaft unehrlich sein. Ich schrieb Andrew von meinen Sorgen und hoffte nur, alles würde gut werden. Mir war klar, daß weder Pen noch Pete gern hörten, was ich in meinem Brief an Pete geschrieben hatte. Pen hatte voller Wut geäußert, sie wolle nichts mehr mit mir zu tun haben, wenn ich ihren Verlobten ablehne, aber ich mußte dieses Risiko eingehen und offen aussprechen, was mir auf dem Herzen lag.

Penny behielt die Fassung. Sie schrieb mir, sie hätten den Zeitpunkt für ihre Hochzeit festgesetzt, und fragte an, ob wir mit unserer Presse die Einladungen drucken könnten. Leider war unsere Maschine nicht dazu geeignet, aber ich war froh, daß sie gefragt hatte. Obwohl sie schon den Heiratstermin bestimmt hatten, wollte sie doch noch meine Meinung zu ihrer Hochzeit einholen, was ich für überflüssig erklärte, da sie sich ja bereits entschieden hatte. Ich fügte hinzu:

Aber Du weißt, mein Liebling, daß ich immer für Dich da bin, wenn Du mich brauchst, und ich hoffe, daß wir eines Tages Gelegenheit haben, uns besser kennenzulernen. Ich wünsche Dir alles Glück, Liebling. Gott segne Dich.

Es gab mir einen Stich ins Herz, als die Einladungen zur Hochzeit ankamen und ich sah, daß Andrew zwar mich und die drei Jungen, nicht aber Peter eingeladen hatte. Das Kriegsbeil war also noch immer nicht begraben, obgleich ich Mary Liz und ihr Baby hier hatte und sich in den Briefen zwischen mir und Andrew eine Klimaverbesserung abzeichnete. Wir hatten ein äußerst betriebsames Ostern, und wie die Dinge lagen, war es einfacher, wenn Mary Liz zu der Hochzeit fuhr und mir Garvin überließ. Ich blieb also zu Hause. Aber ich sandte ihnen meine Liebe, in dem Wissen, daß die Macht dieser Liebe unsere Verbindung aufrechterhalten und uns schließlich zusammenführen würde. Ich hatte jetzt volles Vertrauen in diese Liebe, denn sie hatte ihre Wirkungskraft bewiesen, wenn alles andere versagte.

Kurz bevor Mary Liz und Shack nach Neuseeland abreisten, luden sie Andrew zu einem Besuch ein. Wir bestellten ihm ein Zimmer in einer Pension in der Nähe, hielten jedoch auch ein Bett in einem ungenutzten Raum ihres Wohnwagens bereit, falls er bei ihnen zu bleiben wünschte. Ich freute mich, daß er kommen wollte; er sollte absolut frei entscheiden können, wie er sich uns gegenüber verhalten wollte.

Nach seiner Ankunft ging ich zu dem Wohnwagen hinüber, um ihn zu begrüßen. Er fühlte sich nicht wohl, war ablehnend und gereizt, und so ging ich ihm lieber fürs erste aus dem Weg, bis er selbst den Anfang machte. Er beschloß aus eigenem Antrieb, bei Mary Liz, Shack und dem kleinen Garvin im Wohnwagen zu bleiben. Am nächsten Morgen nahm Mary Liz ihn mit zu mir, und da fragte ich beiläufig: »Würdest du dir gerne alles ansehen?« Wir gingen hinüber zum *Universal*-Bungalow, in dem Anthony Brooke und Monica Parrish wohnten, und es stellte sich heraus, daß sie und Andrew gemeinsame Freunde hatten, da sie mit der Moralischen Aufrüstung in Verbindung standen. Als wir durch den Garten schlenderten, entspannte sich Andrew allmählich. Dann kam auf einmal Peter mit seinem üblichen Schwung um die Ecke. Die beiden konnten einander nicht mehr ausweichen und gaben sich infolgedessen einfach höflich die Hand. Von da an war das Eis gebrochen. Andrew entdeckte wieder neu, was ihn vor vielen Jahren einmal zu Peter hingezogen hatte, und er genoß es sichtlich, lauter Leute kennenzulernen, die ähnlich über die Spiritualität dachten wie er. Die Veränderung, die in einer Woche mit diesem Mann vorging, war unglaublich.

Andrew und ich führten ein gutes, offenes Gespräch über die Vergangenheit, das sehr heilsam war. Als ich Mary Liz aufnahm, war ihm durch den Kopf gegangen, daß doch etwas Gutes an mir sein müsse, und dadurch hatte er mich und meine Lebensart besser verstehen können. Es war eine glückliche Aussöhnung zur rechten Zeit. Wir nahmen herzlich Abschied voneinander, und ich konnte spüren, wie dankbar Andrew war, daß es mit der alten Feindschaft vorbei war. Wieder und wieder dankte ich Gott für dieses Wunder.

Als letzte der Familie besuchte mich Suzanne, meine mittlere Tochter. Wir standen schon jahrelang brieflich in Kontakt. Sie war lange in den Vereinigten Staaten und Kanada gewesen, und 1972 endlich wollte sie mich sehen, bevor sie mit ihrem frischgebackenen Ehemann Alan nach Kanada auswanderte. Was für ein glückliches Wiedersehen! Ihr Mann gefiel mir sehr, und ich war ganz stolz auf Sue. Die Kinder waren alle fünf zu netten jungen Menschen herangewachsen! Aus dem Abstand, den ich hatte, konnte ich noch mehr Gefallen an ihnen finden, da ich ja kaum an ihrem Werdegang mitgewirkt hatte. Sie waren zur Unabhängigkeit gezwungen worden, was sicher oft genug hart für sie war, aber dafür hatten sie ohne Mutter gelernt, sich auf die eigenen Füße zu stellen. Ehrfurcht überkam mich, als ich diese herrlichen Menschen anschaute und mir klarmachte, daß sie mein eigen Fleisch und Blut waren.

Die allergrößte Freude machte mir Jennifers Hochzeit. Diesmal wurden wir alle ohne Ausnahme eingeladen – auch Peter. Wir fuhren zusammen nach London und übernachteten bei alten Freunden in einem Pfarrhaus in der Nähe von Andrews Wohnung. In der Kirche saß ich vorn in der ersten Bank zwischen Andrew und Peter und sah zu, wie mein erstes Kind, von Christopher und Jonathan geleitet, durch den Mittelgang nach vorne schritt. Tränen der Freude und Dankbarkeit stiegen mir in die Augen, denn hier vollzog sich in aller Öffentlichkeit unsere Aussöhnung. Jenny hatte es so gewollt; jeder sollte wissen, daß wir jetzt eine durch Freundschaft verbundene Familie waren. Andrews Verwandte waren da, ferner viele Freunde von der Moralischen Aufrüstung und sogar welche aus seiner Royal-Air-Force-Zeit. Gottes Versprechen all die Jahre lang, daß die Liebe den Sieg behalten würde, kam mir ins Gedächtnis, und ich mußte lächeln.

Das war aber noch nicht alles. Ein paar Jahre später planten Peter und ich eine Vortragsreise durch Neuseeland. Ich flog schon einige Wochen früher, um Zeit mit Mary Liz, Shack und meinen zwei Enkeln zu verbringen. Als ich dort war, erreichte uns die Nachricht, daß Andrew schwerkrank im Hospital lag. Mary Liz, die ihm immer sehr nahegestanden hatte, sagte: »O Mami, wie gern würde ich jetzt zu ihm. Ich wollte, wir lebten nicht so weit weg.«

»Warum fährst du dann nicht?« fragte ich.

»Das ist unmöglich mit den zwei Buben und bei Shacks langer Arbeitszeit. Aber ich würde ja zu gerne fahren.«

Ich zog mich still zurück und wandte mich innerlich an Gott. Meiner ersten Regung folgend hätte ich mich sofort erboten, dazubleiben und für die Kinder zu sorgen, so daß Mary Liz fahren konnte. Sollte ich meine Reise mit Peter absagen? Würde ihn das bekümmern? War es recht, all die Leute zu enttäuschen, die viel Zeit und Geld geopfert hatten, um uns auf der anderen Seite des Erdballs über die Findhorn-Gemeinschaft berichten zu hören?

Im tiefsten Herzen wußte ich aber auch, daß ich eigentlich dazu verpflichtet war, um einen Teil der Schuld gegenüber Mary Liz und der Familie zu tilgen. Meine Weisung bestätigte meine Empfindungen.

»Wenn ich hierbliebe und mich um Shack und die Jungen kümmerte, könntest du dann das Geld für eine Englandreise zusammenbekommen?« fragte ich meine Tochter.

Sie war starr vor Staunen. »Ist das dein Ernst? Ich müßte mindestens einen Monat bleiben! Onkel Nick wollte mir den Hin- und Rückflug bezahlen . . .« Hilfesuchend blickte sie Shack an.

»Natürlich fährst du«, sagte der. »Nimm Eileens Angebot an. Ich freue mich, wenn sie hierbleibt!«

»Laß dir ruhig sechs Wochen Zeit«, schlug ich vor. »Du willst doch mit deinem Vater zusammensein, und außerdem hast du dir Ferien verdient. Ich komme schon zurecht, und ihr Jungs helft mir, nicht wahr?« Ich drückte den kleinen Garvin an mich, der trotz seiner engelhaften Miene ein echter Bengel war.

Also blieb ich, während Mary Liz nach Großbritannien flog. Es war ein ganz neues, interessantes Erlebnis, wieder für zwei kleine Jungen zu sorgen, für die Familie zu kochen und einkaufen zu gehen, und dabei vor aller Welt als gutbürgerliche Großmutter dazustehen! Peter akzeptierte meine Entscheidung ohne Murren. Ich schrieb lange Briefe an all meine lieben Freunde daheim und bestürmte sie, mir doch zu berichten, wie es ihnen und der Gemeinschaft gehe. Obwohl ich wußte, daß ich richtig gehandelt hatte, fühlte ich mich vom Rest meiner Welt abgeschnitten, und das »normale« Leben zehrte an meinen Kräften.

Mary Liz kehrte nach einer herrlichen Zeit mit Andrew und ihren Geschwistern zurück. Richard war damals gerade wieder in England. Nur Sue traf sie nicht an, die noch immer in Kanada war. Acht Tage nach ihrer Rückkehr rief Richard an und sagte, Andrew sei gestorben, ruhig und in Frieden – um so mehr, als er Mary Elizabeth noch einmal gesehen hatte. Ich seufzte, dankbar und erleichtert darüber, daß ich nicht auf die Vortragsreise gegangen war, die mir so wichtig erschienen war. Nie hätte ich es mir verziehen, wenn ich Mary Liz nicht ermöglicht hätte, ihren Vater vor seinem Tod noch einmal zu sehen. Gott sei Dank.

Richard erzählte mir noch, daß Andrew vielen Menschen im Krankenhaus spirituell eine große Hilfe gewesen sei. Er hatte zu innerer Gelassenheit gefunden, die er seiner Umgebung mitzuteilen vermochte. Ich hatte ihm aus Neuseeland geschrieben, und wie Richard mir sagte, hatte Andrew ihn immer wieder gebeten, den Brief laut vorzulesen. Ich weiß nicht mehr, was ich damals geschrieben habe, aber ihm muß es zu diesem Zeitpunkt seines Lebens viel bedeutet haben. Mir wurde bewußt, daß die Wunden bei uns beiden vollkommen geheilt waren, und ich dankte Gott noch einmal für seine Hilfe dabei.

Als Penny kurz vor der Geburt ihres vierten Kindes stand, fuhr ich zu ihr und Pete. Ich freute mich, ihnen behilflich sein zu können, und wir kamen alle sehr gut miteinander aus. Meine bösen Ahnungen bezüglich ihrer Heirat hatten sich nicht erfüllt, wie ich mit Freuden zugab. Alle noch verbleibenden Differenzen zwischen uns aus jener Zeit waren bei meiner Abreise restlos beseitigt. Wie ich merkte, hatte Pete eine rauhe, aber herzliche Art, war stets zu Späßen aufgelegt und neckte mich unablässig. Penny war so reizend wie eh und je, eine prächtige Mutter und Tochter.

Schon ein Jahr später, 1980, richteten sie einen dringenden Hilferuf an mich. Penny war mit Verdacht auf Tuberkulose ins Krankenhaus eingeliefert worden. Ich ließ alles stehen und liegen und reiste für sechs Wochen zu ihnen, um mich meiner vier Enkelkinder anzunehmen. Catherine war eben ein Jahr alt, und es war nicht gerade leicht, wieder für ein Baby zu sorgen – Wickeln, Fläschchen geben und nachts füttern. Nach eingehender Untersuchung stellte sich glücklicherweise heraus, daß Penny keine Tuberkulose, sondern nur eine schwere Lungenentzündung hatte. Als sie sich zu Hause davon erholte, hatten wir endlich Zeit und Gelegenheit, uns kennen und lieben zu lernen.

Zehn Jahre nach ihrem kurzen Besuch bei mir kam Suzanne an die Reihe. Ich befand mich auf einer Vortragsreise in Kanada, und Sue erholte sich gerade von einer Rückenoperation. Alan, ihr Mann, mußte geschäftlich nach Deutschland, und so buchte ich meinen Rückflug ab, um mich um sie und ihre zwei Jungen zu kümmern. Sue, eine dynamische, energische junge Frau, verband ein aktives Berufsleben mit ihren Pflichten als Hausfrau. Sie glaubte fest an die Befreiung der Frau von ihrem ausgetretenen Platz an der Küchenspüle und bestand darauf, daß Alan sein Teil zur Hausarbeit beitrage, damit sie ihrer kreativen Arbeit nachgehen könne.

Meine Ansichten über die Mutterschaft sind ja vielleicht altmodisch, jedenfalls warf ich ihr vor, selbstsüchtig zu sein und ihre eigenen Bedürfnisse denen Alans und der Kinder voranzustellen. Sue brauste wütend auf.

»So lasse ich nicht mit mir reden!« explodierte sie. »Raus hier!«

Ich ging. Wir trennten uns in denkbar schlechtem Einvernehmen, und es sollten zwei Jahre vergehen, ehe ich sie wiedersah. Aber wie schon bei Penny und Pete hatte ich mich genötigt gefühlt, offen zu sprechen, allerdings ohne zu wissen, daß sie so heftig reagieren würde. Jedenfalls lud sie mich nach zwei Jahren, als ich wieder in Kanada war, zum Erntedankfest ein, weil die Jungen nach mir fragten. Von da an verbesserte sich unsere Beziehung mit jedem Zusammentreffen mehr. Ich blieb immer in Verbindung mit ihr, und dann kam ein Brief, in dem sie mir all ihre Schwierigkeiten anvertraute und mich um moralische Unterstützung bat. Sie hatte mich einfach anbrüllen müssen, um den lange in ihr angestauten Gefühlen endlich einmal Luft zu machen. Nun, ein paar böse Worte waren ganz und gar nicht ausreichend, mich für immer in die Flucht zu schlagen – nicht nach so vielen Jahren, in denen ich in meinem Herzen die Beziehung aufrechterhalten hatte.

Die letzte, mit der es schließlich zu einer heilsamen Klärung kam, war Jennifer. Als sie ihr zweites Kind erwartete, war ich zu ihr und ihrem Mann Peter gefahren, um mich um den dreijährigen Andrew zu kümmern. Sie war zwar freundlich und zum Plaudern aufgelegt, aber ich spürte, daß sie tief im Innern immer noch Groll gegen mich hegte, der sich irgendwann entladen mußte.

Einige Zeit später besuchte ich sie ein paar Tage. Eines Morgens wurde mir in der Meditation gesagt: »Frag Jenny, wie sie darüber denkt, daß du sie und die Familie verlassen hast.«

Ich dachte: »Gut, es ist ohnehin an der Zeit, daß alles ans Licht kommt. Ich will sie fragen.« Und das tat ich auch.

Jennys Gesicht wurde sofort hart. »Ich würde lieber erst darüber reden, wenn Peter hier ist«, erwiderte sie eisig.

Nach dem Abendessen schnitt sie dann selbst das Thema an. »Peter«, sagte sie, »Mam hat mich heute nachmittag gefragt, wie ich darüber denke, daß sie die Familie hat sitzenlassen. Ich wollte nur warten, bis du zu Hause warst, denn du hast ja auch ein Wörtchen mitzureden.«

Dann begannen sie, mich in Stücke zu reißen. »Deine Wertvorstellungen sind absolut falsch«, sagte Jenny. »Die Ehe ist ein heiliger Akt, und indem du deine erste Familie verlassen hast, hast du Gott in deinem Leben verleugnet. Was du hörst, kann unmöglich die Stimme Gottes sein. Es muß die Stimme des Teufels sein. Wenn man heiratet, tut man das fürs Leben, wie schwierig es auch manchmal sein mag, und für den, der solch ein heiliges Versprechen vor Gott bricht, gibt es keine Vergebung.«

Endlich hatten sie Gelegenheit, all die Ablehnung, Verurteilung und Empörung auszuspucken, die sich mit den Jahren angestaut hatten. Es brach so heftig aus ihnen heraus, daß ich es wie einen Schlag empfand. Aber ich ließ sie gewähren. Ich wollte es so. Ich hörte ihnen zu und wandelte all die Negativität in etwas Positives um. Sie waren wie ein Vulkan, der einfach ausbrechen *mußte.*

Als alles heraus war, warteten sie auf meine Antwort. »Jenny, Peter«, sagte ich, »ich bin so froh, daß ihr das alles herausgelassen habt. Unsere geistigen Wertvorstellungen sind vollkommen verschieden, und ich glaube nicht, daß ich irgend etwas rechtfertigen kann. Ich weiß, wie ihr empfindet, und ich weiß auch, wie fest ihr beide an die Grundsätze der Moralischen Aufrüstung glaubt, die absolut verdammt, was ich getan habe. Ich kann nur sagen, daß ich alles unter der Leitung Gottes getan habe und mich nichts davon hätte abhalten können. Ich weiß, daß meine Weisungen von Gott kommen, weil sie für mich stimmen und etwas bewirken. Sie haben sich immer wieder bewährt. Ich muß einfach feststellen, daß wir ganz verschiedene Ansichten haben, und kann nicht beurteilen, welche richtig oder falsch, besser oder schlechter sind. Ich sehe ein, daß eure Überzeugungen für euch richtig sind, aber ich muß tun, was ich tue, und liebe euch trotzdem. Was immer ihr mir auch an den Kopf werft, ich werde euch immer lieben.«

Jetzt war die Wut heraus. Die verborgenen Spannungen hatten sich gelöst, und Jenny war ganz anders, als ich sie je erlebt hatte. Sie war nicht mehr ständig reizend und rücksichtsvoll, sondern konnte endlich frisch von der Leber weg sprechen. Das tat sie mit einer Offenheit, die vorher gefehlt hatte.

Wieder zu Hause, erkrankte ich an einer Bronchitis und mußte tagelang das Bett hüten. Dabei hatte ich Zeit, über Jenny und Peter nachzudenken. Obwohl die Aussprache sehr unangenehm für mich gewesen war, war ich doch zutiefst dankbar, daß alles ans Licht gekommen war. So war es besser für Peter und Jenny, aber auch besser für mich. Seitdem hat es nie mehr diese unterdrückte Wut gegeben, wenn die beiden auch noch immer nicht mit mir, meinen Überzeugungen und meinem Lebensstil einverstanden sind. Das macht jedoch nichts, solange wir noch Liebe füreinander empfinden. Im Verhältnis dazu sind unsere Ansichten darüber, wie man leben sollte, unwichtig. Und für mein Leben gilt weiterhin das Versprechen, das mir vor vielen Jahren gegeben wurde: daß die Liebe den Sieg behält. Das wird sie gewiß.

Kapitel 9

In einer Vision schaute ich einen Mann und eine Frau. Auf dem Mann standen die Worte »Licht, Intellekt« und auf der Frau »Liebe, Intuition«. Ihr Verhältnis war voller Spannungen, und ich sah sogar Haß und Feindschaft. Dann lag die Frau ergeben am Boden, und der Mann trat auf ihr herum und putzte sich die Füße an ihr ab.

Eine Stimme sagte: »Erhebe dich, o Frau. Sei dem Manne nicht so ergeben, denn bist du nicht seine Gefährtin? Sollt ihr einander nicht ergänzen und so in Einigkeit und Harmonie vollkommen eins werden?« Der Mann mußte die Stimme gehört haben, denn ich sah ihn neben der Frau niederknien und sie sanft aufheben. Er zog ihr das schmutzige Gewand aus und ein rein weißes an.

Dann sah ich, wie zwei große Hände den Mann und die Frau ergriffen und zu einem einzigen Klumpen formten, als seien sie aus Lehm. Die Hände warfen den Tonkloß auf eine Töpferscheibe und machten ein wunderschönes Gefäß daraus. Ich schaute zu, wie es ins läuternde Feuer gestellt wurde. Als es wieder herausgenommen wurde, glänzte es wie die helle Sonne. Es war so schön, daß nur Gottes Hände es geschaffen haben konnten.

Jetzt sah ich aus dem Gefäß Blumen aller Farben und Formen wachsen. Mir wurde klar, daß das geschehen konnte, wenn nichts Trennendes mehr zwischen Mann und Frau stand, zwischen Licht und Liebe, Intellekt und Intuition. Ewigen Frieden und Wohlgefallen wird es nur geben, wenn sie zu eins verschmelzen.

Zum Schluß sah ich einen Pfeil hoch in die Luft fliegen und vernahm die Worte: »Stecke dir hohe Ziele, und du wirst sie erreichen.«

In den drei Jahren nach David Spanglers Eintreffen wuchs unsere Gemeinschaft auf 15 Personen an. Natürlich war David nicht allein für diese Vergrößerung verantwortlich. Aber seine Anwesenheit brachte neuen Schwung in das, was acht Jahre lang stetig gewachsen war. Er zeigte uns unsere Arbeit in einem ganz neuen Licht und stellte sie in einen weltumspannenden Zusammenhang, der viel größer war, als wir uns vorgestellt hatten. In einer Weisung wurde mir gesagt: »Sieh, wie sich deine und Davids Arbeit ergänzen. David ist das neue Zeitalter, während du mit Peter den Weg weist und die Menschen vom alten ins neue geleitest. Ihr werdet stets sehr eng zusammenarbeiten.«

Wie Peter die konkrete, greifbare Erweiterung der Findhorn-Gemeinschaft in Gang gesetzt hatte, so brachte David neue Ideen in Umlauf – ein tief spirituelles, philosophisches Denken, das eine katalytische Wirkung auf das innere Wachstum der Menschen hatte. Mein Beitrag waren die Weisungen als Grundstein der Arbeit, die wir unternommen hatten. Ich verbrachte allnächtlich, wenn alle schliefen, viele Stunden in der Meditation, und auf dem, was ich empfing, baute sich die Morgenmeditation auf, von der das Zusammenleben unserer Gruppe abhing. Jede Schwierigkeit, jede Entscheidung in der Gemeinschaft oder bei einzelnen ihrer Mitglieder wurde durch eine meiner Weisungen überprüft. Das Kochen für die gesamte Gemeinschaft hatte ich inzwischen Jüngeren überlassen und verbrachte jetzt die meiste Zeit zu Hause in unserm Bungalow, hielt alles blitzblank, flickte die Sachen von Peter und den Jungen und stand jedem Hilfesuchenden mit meinen Weisungen bei. Ich äußerte Peter oder anderen gegenüber nie meine persönliche Meinung, sondern verließ mich vollkommen auf die Weisheit, die wie von selbst durch mich hindurchströmte.

Es passierte eine Menge in der Gemeinschaft. Mittlerweile überwogen zahlenmäßig die jungen Leute – meist aus den Vereinigten

Staaten –, während die älteren nur noch ein Drittel ausmachten. Einen wichtigen Stellenwert in unserem Leben nahm jetzt die aktive, bewußte Weiterbildung durch Kurse und Arbeitsgruppen ein, für die David mit seinen Weisungen unermüdlich reichhaltiges Material heranschaffte. Auch die bildenden Künste kamen nicht zu kurz, und fast jede Woche wurden Theaterstücke, Musicals und lustige Sketche über das Leben der Gemeinschaft aufgeführt. In den Werkstätten wurden Webarbeiten, Töpfereierzeugnisse und Kerzen produziert, und *Findhorn Publications*, der Verlag, hatte sich zu einem blühenden kleinen Erwerbszweig gemausert.

Ohne Peters Energie und Schwung wäre allerdings wenig zustande gekommen. Ich bemerkte, wie sich alles verlangsamte, als er einmal wegen einer Gallenblasenoperation ein paar Wochen im Krankenhaus lag. Zum ersten Mal war ich mit der Gemeinschaft allein, gezwungen, aus meinem Schneckenhaus herauszukommen und mich mehr unter die Leute zu mischen. Ich war Menschen immer zugetan, schreckte jedoch davor zurück, mich zu sehr auf sie einzulassen, um nicht in etwas Unangenehmes hineingezogen zu werden. Jetzt schlüpfte ich in eine neue Rolle, die ich in einem Brief an Myrtle, als sie mit David fort war, folgendermaßen beschrieb:

Die schmutzige Arbeit habe ich stets Peter überlassen und mich einfach im Hintergrund gehalten. Jetzt muß ich mit Gottes Hilfe selbst damit zurechtkommen, und es ist hochinteressant, auch einmal mit dem Schwert der Wahrheit umzugehen oder »loszudonnern«, wie Du es nennen würdest! Seit ich nicht mehr die meiste Zeit in der Küche verbringe, lerne ich die einzelnen ganz neu kennen. Ich kann mir Zeit für sie nehmen und herausfinden, was in ihnen vorgeht, mir ihre kleinen Wehwehchen anhören und eine Lösung zu finden versuchen. Dir habe ich zu danken, daß Du mir die Augen für den Umgang mit Menschen geöffnet hast. Ich muß aber noch viel lernen.

Nach Peters Rückkehr fiel ich allerdings sofort in meine alte Rolle zurück und überließ ihm wieder die schwierigere Aufgabe, mit den Leuten zurechtzukommen. So hatte ich es am liebsten. Viele von denen, die damals zu unserer Gemeinschaft stießen, mußten erst noch gehörig abgeschliffen werden. Jeder, der den spirituellen Pfad einschlug, hatte seine eigene Persönlichkeit, auf die man sich einstellen mußte, und es dauerte eine Weile, bis der einzelne sich harmonisch in das Ganze einfügte. Da Peter keine Skrupel hatte, es jemandem geradeheraus zu sagen, wenn er von ihm glaubte, auf seinen eigenen Vorteil statt auf das Wohl der Gemeinschaft bedacht zu sein, war ich froh, daß er sich den Ankömmlingen widmete und ich zu meiner Aufgabe zurückkehren konnte, als Kanal für Weisungen zu dienen und den Menschen sanft aus ihren Schwierigkeiten herauszuhelfen.

Im Oktober 1971 erhielt ich eine Weisung, die mein Leben verändern sollte: »Meine Geliebte, jetzt ist der beste Zeitpunkt für die vollkommene Änderung deines Lebensrhythmus gekommen. Es ist nicht mehr notwendig, daß du jeden Tag eine Weisung von Mir für die Gemeinschaft und viele andere entgegennimmst. Eine lange Zeit habe Ich Mich nun Tag für Tag wiederholt. Jetzt ist es an der Zeit, daß Mein Wort gelebt und anschaulich gemacht wird. Für alle die, die es sich bisher nicht zu Herzen genommen haben, und für alle, die stets daran erinnert werden müssen, ist es da, schwarz auf weiß gedruckt. Jetzt ist es Zeit, es zu leben, und je früher das geschieht, um so schneller werden Veränderungen eintreten. Man kann ein Kind nicht ein Leben lang füttern. Es kommt die Zeit, wo es selbst essen lernen muß, und dazu mußt du es anhalten.

Laß los, tritt zurück und ermögliche es allen in der Gemeinschaft, ein Leben unter Meiner Anleitung und Führung zu leben. Sie sollen aus eigener Erfahrung lernen, positiv zu leben und mit ihrem eigenen Leben die Gesetze zu veranschaulichen, nach denen sich alles manifestiert. Wenn dadurch die Arbeit eine Zeitlang aufgehalten werden sollte, dann laß es geschehen. Solange das Leben nicht gelebt wird, werden keine Lektionen gelernt, und diese Lektionen sind viel wichtiger, als sich zu vergrößern, ohne dabei zu lernen, und nach dem zu leben, was andere gelernt haben.«

Diese Botschaft war die letzte, die im Andachtsraum verlesen wurde. Allmorgendlich das Wort Gottes zu empfangen war zwar inspirierend für die Gemeinschaft, machte die Menschen jedoch auch abhängig. Ich wurde an eine Weisung erinnert, die ich 1968 erhalten hatte, nämlich daß diese Botschaften nur so lange nötig seien, bis sich jeder Mensch von selbst nach innen wenden, die direkte Verbindung zu Gott herstellen und selbst zum Kanal werden konnte. Auch David war sich der menschlichen Neigung bewußt, sich auf eine äußere Autorität zu verlassen, und vermied es selbst nach Kräften, solche Abhängigkeiten zu schaffen.

Damit vollzog sich eine ungeheure Veränderung in meinem Leben, die eine tiefe Wirkung auf Peter und die gesamte Gemeinschaft hatte. Sie markierte den Beginn eines Zeitabschnitts, in dem unsere zwischenmenschlichen Beziehungen, unsere Rollen und unsere Arbeit eine Wandlung durchmachten. Sogar meine Beziehung zu Gott veränderte sich. In früheren Jahren hatte ich an Gott wie an einen Vater gedacht. Ich war ein Kind, um das Gott sich kümmerte. Doch allmählich hatte sich daraus eine ziemlich gleichberechtigte Partnerschaft entwickelt. Fast schien es, als sei ich innerlich eine Ehe mit dem Göttlichen, dem Geliebten, eingegangen.

Obgleich uns sowohl meine Weisungen als auch Davids Einstimmung auf höhere Welten für diese neue Periode vorbereitet hatten, fehlte uns noch jedes Verständnis dafür, welchen Sinn sie wohl haben mochte. Meine Stimme sagte mir: »Die Gemeinschaft ist kein dünner Schößling mehr, der bei jedem harten Windstoß schwankt. Sie ist jetzt eine starke Eiche, die ihre Wurzeln tief ins Erdreich gesenkt hat und fest in Mir begründet ist. Ihr Stamm ist kräftig, und jeder Ast ist vollkommen. Betrachte jeden neuen Aspekt der Arbeit als neuen Ast, der aus dem starken Stamm herauswächst. Ich bin der Saft, die Lebenskraft, die in diesem Baum strömt. Der Wind mag hart durch das Laub des Baums fahren, Stürme mögen seine Äste biegen oder brechen, aber nichts vermag jetzt die wahre Vollkommenheit und Schönheit Meines Werkes zu beeinträchtigen.«

Weihnachten dieses Jahres fragte ich mich verwirrt, wie ich überhaupt noch in die Gemeinschaft paßte, da doch meine Weisungen nicht mehr nötig waren. Als ich meine Empfindungen Peter gegenüber äußerte, fragte er sofort: »Und welche Rolle spielst du jetzt?«

»Ich weiß es nicht«, seufzte ich, »keine Ahnung.«

»Du bist auf jeden Fall immer die letzte Instanz in allen Angelegenheiten der Gemeinschaft«, sagte Peter. »Und wenn du dich nur mehr unter die Leute mischen würdest, könntest du ihnen auch eine große Hilfe sein!«

Im Laufe des Morgens schoß mir der Gedanke durch den Kopf: »Warum nicht den Geliebten fragen?« Also nahm ich Notizbuch und Stift zur Hand, zog mich in mein stilles Schlafzimmer zurück und fragte: »Geliebter, welche Funktion habe ich in Deinem großen Werk?«

»Sei ganz ruhig«, lautete die Antwort, »du wirst dich in deiner neuen Rolle entfalten, wie eine Blume ihren Kelch in der Sonne entfaltet, so einfach und natürlich, daß du nicht einmal merkst, was vor sich geht. Gewaltige Energien werden jetzt freigesetzt, die du in dein Wesen aufnehmen sollst, so daß du mit ihnen verschmilzt. Laß los, laß los. Du darfst dich nicht sträuben. Fürchte nichts, denn Ich bin stets bei dir. Öffne dich deinen allertiefsten Empfindungen. Du brauchst diese Zeit der Ruhe und Stille, des Alleinseins. Widme dich jeweils nur wenigen Menschen. Dies alles hat seinen Sinn. Was leer ist, kann jetzt wieder mit Meiner Liebe, Meinem Leben gefüllt werden und davon überfließen.«

Am darauffolgenden Morgen ging ich früh in den Andachtsraum, aber nicht früh genug, um dort allein sein zu können; David und noch jemand waren schon da. Ich saß in vollkommenem Frieden und meditierte, als ich auf einmal durch einen furchtbaren Krach aus der Stille gerissen wurde. Der Deckel des Plattenspielers war heruntergefallen, und der Schlag beim Aufprall war mir durch Mark und Bein gegangen. Ich brach in Tränen aus und begann am ganzen Leibe zu zittern; David und Jim kamen herüber, um mich zu trösten. Die Ereignisse der nächsten Tage führten mir klar vor Augen, daß ich diesen Schock gebraucht hatte, um mich öffnen zu können.

Als ich anderntags in der Frühe allein im Andachtsraum war, wurde mir im Innern geboten, OM zu singen, ein tibetisches Mantra, das ich schon früher benutzt hatte. Ich sang es fünfmal; danach saß ich still, und da war mir, als öffne sich meine Schädeldecke, und Licht ergoß sich in mein ganzes Sein und Wesen und floß aus meinen Fingerspitzen wieder heraus, als könne mein Körper es nicht fassen.

Das Erlebnis wiederholte sich am dritten Morgen, nur daß die Kraft des Lichts diesmal so gewaltig war, daß es jede Faser meines Wesens durchdrang. Dann war mir plötzlich, als müsse ich ersticken. Ich bekam keine Luft mehr. Irgend etwas in mir wollte sich frei machen. Panik befiel mich, doch da erinnerte ich mich an die Worte: »Laß los, laß los. Du darfst dich nicht sträuben.« Das war leichter gesagt als getan, denn ich rang unter Keuchen und Würgen nach Luft, aber als ich mich schließlich entspannte, fühlte ich in mir etwas hochsteigen, und es schien mir, als schwinge sich eine weiße Taube aus meinem Kopf empor und flöge davon. Ich vernahm die Worte: »Ich bin frei, frei, frei!« Und ein wunderbares Gefühl des Befreitseins überkam mich.

Ich hielt mich auch am folgenden Tag an die Anweisung, und mir war bewußt, daß durch das laute OM-Singen meine Schwingungen angehoben werden sollten. Wieder strömte Licht von ungeheurer Kraft in mich herein und aus mir heraus, und mir war, als mache ich eine seltsame Wandlung durch. Eine Sekunde lang hatte ich wieder schreckliche Angst, bis mir die Worte ins Gedächtnis zurückkamen: »Fürchte nichts, denn Ich bin stets bei dir.« Nun wurde ich mit meinem ganzen Wesen zur gequälten und mißhandelten Erde, und ein entsetzlicher Schmerz fuhr durch meinen Körper. Ich meinte zu sterben. Ich versuchte, loszulassen und auf Gott zu vertrauen, aber der Schmerz wurde so stark, daß ich ihn nicht mehr ertragen zu können glaubte.

»O Gott, hilf mir!« schrie ich auf, und im selben Augenblick fühlte ich mich ganz liebevoll und sacht zur Sonne hin geschoben. Je näher ich der Sonne kam, um so weniger Schmerz fühlte ich, und dann nahm mich die Sonne in sich auf. Der Schmerz war nicht mehr und war doch auch alles, denn alles war eins. Dann hörte ich die Worte: »Die Erde und die ganze Menschheit wird neu geschaffen.«

Am fünften und letzten Morgen sang ich wieder das OM und erlebte noch einmal, wie das Licht mich ganz und gar durchdrang. Es war, als sei ich der Transformator, durch den das reine Licht hindurch- und zu jenen hinströmen konnte, die noch nicht in der Lage waren, es direkt aufzunehmen. Nach und nach kam mir eine weitere Empfindung zu Bewußtsein: Mir war, als würde mir die Haut abgezogen, langsam und sanft, von der Öffnung oben in meinem Kopf bis herunter zu meinen Zehen. Ich konnte sie deutlich vor mir liegen sehen wie die leere Schuppenhaut einer Schlange. Einen Augenblick lang *wußte* ich, wie es war, ein Lichtwesen zu sein. Ich hörte die Worte: »Gehe hin und sei Mein Licht, Meine Liebe, Meine Weisheit.«

In der darauffolgenden Nacht erwachte ich um halb zwei morgens. Ich knipste das Licht an und griff nach meinem blauen Notizbuch auf dem Nachtschränkchen. Es erklangen die Worte: »*Sei* jetzt einfach und laß Mich von dir Gebrauch machen.« Da setzte ich mich gerade im Bett auf und gab mein ganzes Sein und Wesen Gott hin. Ich sagte: »Geliebter, brauche mich in jeder Weise. Mehr als alles in der Welt möchte ich Dir und der ganzen Menschheit zu Diensten sein.«

Der stärkste Strahl reinen Lichts, den ich je erlebt hatte, ergoß sich in mich, strömte von oben durch meinen Kopf in mich ein und durch jede einzelne Pore wieder hinaus. Lange saß ich so und diente einfach als Transformator. Als mir schließlich geboten wurde, die Nachttischlampe auszuschalten, bemerkte ich, daß es halb fünf in der Frühe war. Ich lag ganz still in der Dunkelheit, und das Licht durchströmte mich weiter. Dann ging es aus. Trotzdem schien es fortzuleuchten, es strahlte aus mir selbst heraus. Bis acht Uhr morgens lag ich so und ließ die Erfahrungen der letzten sechs Tage in mir nachklingen. Die Kraft, mit der ich in Verbindung stand, war so gewaltig gewesen, daß ich, wenn ich mich weiter gesträubt und gefürchtet hätte, mit Gewißheit verglüht wäre. Und die schlichte Frage über meine Funktion im Werk Gottes, die ich so naiv gestellt hatte, war erschöpfend beantwortet worden: »Sei Mein Licht, Meine Liebe, Meine Weisheit.«

Statt meine Weisungen einfach weiterzugeben, mußte ich nun lernen, sie zu *sein*. Das erwies sich als eine der schwierigsten Aufgaben meines Lebens. Ohne meine Funktion als Kanal für das Wort Gottes, die mir Halt gegeben hatte, fühlte ich mich schwach, unwirksam und wertlos. Aber ich vertraute auf Gott, und ich konnte auch weiterhin Weisungen empfangen, die mich innerlich stärkten und stützten. Alles blieb jetzt auf mein Inneres beschränkt, konnte ich mich doch an nichts mehr außerhalb meiner selbst wenden.

Die schwerste Prüfung hatte ich zu bestehen, als mir klar und deutlich geboten wurde, keine Weisungen mehr an Peter weiterzugeben. Schon länger teilte ich der Gemeinschaft wie auch einzelnen Mitgliedern, die meinen Rat suchten, nicht mehr mit, was meine innere Stimme sagte, nur Peter erhielt auf seine Bitte hin mehrmals täglich Weisungen zu Angelegenheiten der Gemeinschaft, die ihn in seinen eigenen intuitiven Entscheidungen bestärkten. Doch jetzt wurde mir ziemlich klar bedeutet, daß für Peter die Zeit gekommen war, sich nach innen zu wenden. Wenn ich ihm weiterhin Weisungen übermittelte, hemmte ich ihn nur in seiner Entwicklung. Meine Aufgabe bestand darin, Peter zu ermutigen, sich auf seine eigene innere Stimme zu verlassen, statt sich an eine »höhere Autorität« zu klammern, deren Sprachrohr ich war. Damit war unsere alte Beziehung beendet.

Ich war am Boden zerstört. Jahrelang hatten wir in dieser Weise zusammengearbeitet, und mir war wohl dabei gewesen, im Hintergrund zu sein und als Kanal für das Wort Gottes zu dienen. Waren Peter und ich nicht die zwei Hälften eines Ganzen, er von mir und ich von ihm abhängig? Warum sollte sich daran etwas ändern? Wenn ich Peter keine Weisungen mehr zukommen lassen durfte, was sollte ich dann tun? Vielleicht würde Peter sich schließlich an andere Sensitive halten und das Gefühl haben, mich gar nicht mehr zu brauchen in seinem Leben. Angst nagte an mir.

Peter verstand Gottes Weisung ebenfalls nicht. Er behauptete, sich längst in sein Inneres zu versenken und seiner Intuition zu folgen und sich von mir nur die letzte Bestätigung zu holen. Etwa um diese Zeit verließen David und Myrtle die Gemeinschaft und kehrten in die Vereinigten Staaten zurück, so daß für Peter eine weitere Quelle höheren Wissens versiegte, der er vertraut hatte. Statt nun vereint an unsere neue Aufgabe zu gehen, fingen wir an, auseinanderzutreiben.

Bald danach mußte ich mich im Krankenhaus einer Operation unterziehen. Dieser Wechsel in der Alltagsroutine machte es mir leichter, mit meinen alten Verhaltensmustern zu brechen, und als ich nach Hause entlassen wurde, wußte ich überhaupt nicht mehr, wo ich stand, weder in bezug auf meine Weisungen noch auf mein Leben. Ich war sehr schwach und blieb im Bungalow bei Joanie, die mir die liebevolle Aufmerksamkeit und Pflege angedeihen ließ, die ich so nötig brauchte. Ich fühlte mich sehr einsam und verletzlich.

Einmal kam Peter zu Besuch und bat mich um Weisung zu einem Problem mit einem Paar, das seines Erachtens die Gemeinschaft verlassen sollte.

»Was meinst du selbst zu dieser Situation?« fragte ich ihn.

Peters Miene verdüsterte sich, und er machte eine ungeduldige Bewegung. »Ich weiß, was ich darüber denke«, sagte er, »ich will von dir nur die Bestätigung.«

»Du weißt doch, daß ich dir keine Weisung mehr geben darf –«

»Ich will keine Weisung«, fiel mir Peter ins Wort, »mein Gefühl sagt mir, daß ich recht habe. Ich will nur irgendwie darin bestätigt werden.«

Wie gerne wollte ich ihm helfen! Die Worte einer Weisung klangen mir schon in den Ohren, aber aufgrund des neuen Gebotes war ich mir nicht sicher, wieviel ich sagen sollte. Schließlich sagte ich Peter gar nichts, und da machte er auf dem Absatz kehrt und ging verärgert davon.

Meine Ängste bewahrheiteten sich allmählich. Da sich der Ruf der Gemeinschaft verbreitet hatte, höhere Bewußtseinsebenen erschlossen zu haben, blieb es nicht aus, daß ein ziemlich großer Prozentsatz der Besucher ebenfalls in irgendeiner Weise sensitiv veranlagt war. Peter wandte sich immer häufiger an diese Leute, wenn er Bestätigung suchte. Es beunruhigte mich, zu sehen, wie manche dieser »Sensitiven«, meist Frauen, sich von der herrschenden Atmosphäre mitreißen ließen. Ich hatte das dumpfe Gefühl, daß sie sich wichtig nahmen, weil ein Peter Caddy sie um Weisung bat. Besonders hart war es, wenn der Rat, den sie übermittelten, nicht mit meinen eigenen Weisungen übereinstimmte, die ich weiterhin empfing, aber für mich behielt. Was sollte ich bloß tun? Sollte ich sprechen oder schweigen?

In den nächsten Jahren sollte dieses Weisungsdilemma beim Bau der *Universal Hall* deutlich zutage treten. Ich hatte 1973 ursprünglich die Weisung erhalten, wir sollten so schnell wie möglich ein

Luftaufnahme vom Zentrum der Gemeinschaft, dem Caravan-Park — im Vordergrund die noch im Bau befindliche *Universal Hall*; ca. 1977.

Zweckgebäude errichten, um das überstrapazierte Gemeinschaftszentrum zu entlasten, das trotz eines neuen Anbaus für unsere großen Versammlungen bereits zu klein war. Die Halle sollte ein einfacher Bau sein, der in einem bis anderthalb Jahren zu errichten war, ein größeres Zentrum für die darstellenden Künste hingegen sollte erst später entstehen. Das Bauvorhaben weckte überall, auch bei Architekten und Baumeistern, lebhaftes Interesse. Als die Pläne für die neue Halle Gestalt annahmen, entstand durch die Kreativität und das Engagement der vielen daran beteiligten Menschen abweichend von der ursprünglichen Idee das schöne, allerdings auch sehr komplexe Bauwerk, das heute im Park steht. Es ist der Hingabe Hunderter von Leuten zu verdanken, die mit viel Liebe ihre Zeit geopfert haben, um ein Gebäude von großer Kraft und Herrlichkeit zu schaffen. Aber während der zehn Jahre Bauzeit mußte die Gemeinschaft überfüllte Versammlungen auf beengtem Raum hinnehmen und sich abmühen, die erheblichen Mittel zur Fertigstellung des Gebäudes aufzubringen.

Wer könnte beim Anblick der Universal Hall heute sagen, was richtig oder falsch war! Konnte man überhaupt fehlgeleitet zu einer solchen Errungenschaft kommen? Und doch: Wir bauten nie unser schlichtes Zweckgebäude, und außerdem hat es bisweilen Zeiten gegeben, wo uns die persönlichen Weisungen einzelner von unserem ursprünglichen Ziel abbrachten. Mir waren die ganze Zeit über die Lippen verschlossen. Meine Stimme war nur eine unter vielen und hatte nicht mehr – oft sogar weniger – Gewicht als die anderer Menschen.

Äußerte ich in diesen ersten Jahren, in denen ich meine Weisungen nicht mehr weitergab, Bedenken, ohne genau zu wiederholen, was ich empfangen hatte, beschuldigte mich Peter, pessimistisch zu sein und von einer emotionalen statt einer höheren Ebene auszugehen. Er hatte teilweise recht, denn ich fühlte mich sehr verwundbar und reagierte emotional auf die ganze Sache, aber das änderte nichts an dem, was ich als recht erkannt hatte. Um keinen Ärger zu machen, hielt ich darum meistens einfach den Mund.

Einmal war ich so verzweifelt, daß ich Gott in der Meditation fragte: »Darf ich Peter nicht wenigstens Weisung geben, wenn alles ein Wirrwarr ist? Ich habe das Empfinden, daß wir auseinandertreiben und er sich einfach an andere wendet statt an mich.« Die Antwort lautete: »Selbstverständlich hast du deinen freien Willen. Du kannst tun und lassen, was du willst. Aber wenn du in deine alte Rolle zurückschlüpfst, hemmst du Peter in seiner Entwicklung. Ungeheure Veränderungen sind im Gange, und du hast das Gefühl, am Rande eines Vulkans zu leben, der jeden Augenblick ausbrechen kann. Laß dich dadurch in keiner Weise stören; jede Veränderung ist nur zum Guten. Du bewegst dich spiralförmig nach oben. Wisse, daß Ich in dir bin.«

Ich liebte Peter viel zu sehr, um seinem Wachstum im Wege sein zu wollen. Durch meine Weigerung, ihm weiterhin Weisung zuteil werden zu lassen, war das Band zwischen uns dünn geworden, und doch konnte ich nichts dagegen machen. So viele Jahre war ich meiner inneren Stimme gefolgt, und ich wußte, daß ich ihr jetzt nicht untreu werden durfte. Deshalb schwieg ich weiter still oder brachte meine Empfindungen nur zaghaft und mit wenig Überzeugung zum Ausdruck, so daß es kein Wunder war, daß Peter völlig unbeeindruckt blieb.

Wenn er nach einem geschäftigen Tag in der Gemeinschaft nach Hause kam und ich wissen wollte, was er getan hatte, gab er mir oft zur Antwort: »Ich habe den ganzen Tag geredet. Ich möchte mich einfach nur entspannen.« Und dann schaltete er den Fernsehapparat ein. Das brachte mich in Rage und verletzte mich tief. Ich nahm großen Anteil an allen Veränderungen in der Gemeinschaft. Schließlich war sie irgendwie unser Kind, und jetzt wurde ich einfach ausgeschlossen.

Immer mehr junge Leute schlossen sich der Gemeinschaft an, und ihre Energie und Begeisterung machten es erforderlich, daß Peter die Verantwortung für die verschiedenen Bereiche aufteilte. Er bildete eine Kerngruppe von etwa zehn Personen, die neben ihrer normalen Arbeit nun die Gemeinschaft mitlenken sollten. Viele Mitglieder wollten zwar gern mehr Verantwortung übernehmen, aber sie entsprachen oft nicht den Anforderungen, die Peter an sie stellte. Er war und ist ein Perfektionist. Es brachte ihn zur Verzweiflung, wenn er einmal nach einer Reise heim kam und Licht unnötig brennen, Papierabfall in der Einfahrt herumfliegen und anderes mehr sah, was auf Nachlässigkeit schließen ließ, denn das fand er absolut untragbar.

»Wie kann ich Leuten Verantwortung übertragen, wenn sie nicht hundertprozentig dafür geradestehen?« pflegte er zu sagen. »Nur das Vollkommene ist gut genug für Gott.« Er hätte auch noch hinzufügen können ». . . und für mich.«

1972 hieß es in einer meiner Weisungen: »Allen in der Gemeinschaft muß das Ganze am Herzen liegen, und dabei hilft Peter ihnen, indem er ihnen viele der Arbeiten überläßt, die er viel zu lange selbst ausgeführt hat. Er soll anderen mehr Verantwortung aufbürden. Sie mögen ruhig Fehler machen und an diesen Fehlern wachsen. Er kann ja stets für sie da sein und ihnen Rat geben, aber es ist an der Zeit, daß er aufhört, alles selbst zu tun, und anderen ihre Weiterentwicklung ermöglicht. Das wird ihm nicht leichtfallen, doch auf die Dauer wird es so am besten sein. Peter muß das Beste in jedem einzelnen sehen und es aus ihm herausholen, statt dessen Schwächen und Fehler hervorzuheben.«

Ich fühlte mich genötigt, Peter das Wesentliche dieser Botschaft mitzuteilen. Es widerstrebte ihm zutiefst. »Ich kann mich nur ändern, wenn sich die Gemeinschaft ändert«, protestierte er. »Und sie sind meines Erachtens noch nicht so weit, daß ich jetzt schon von meinen Pflichten zurücktreten könnte. Jedenfalls trage letztlich ich die Verantwortung, und so wird es immer sein, getreu dem spirituellen Gesetz, daß man stets für das verantwortlich ist, was man eingeleitet hat.«

»Aber wenn du anderen keine Pflichten überträgst, werden sie nie lernen, ihnen richtig nachzukommen«, wandte ich ein. »Ich glaube, die Gemeinschaft ändert sich dahingehend nur, wenn du manches losläßt.«

»Das sehe ich anders, Eileen. Wenn du mich mehr unterstützen und mir deine Weisungen zeigen würdest, sowie du sie erhältst, könnte ich mich leichter damit abfinden.«

Mir kam es vor, als säße ich zwischen Gott und Peter in der Falle, aber schließlich rang ich mich dazu durch, das Ganze einfach als eine Phase zu betrachten, durch die Peter und ich hindurch mußten, bis wir mit der Zeit neue Wege der Zusammenarbeit finden würden.

Dorothy verließ uns 1973, um mit David und Myrtle in die Vereinigten Staaten zu gehen; ich für mein Teil wußte jedoch, daß mein Platz noch in der Gemeinschaft war. Außerdem hatte ich eine neue Art des Umgangs mit den Menschen dort gefunden, die mir bewies, daß ihnen mein Beistand, sich in ihr eigenes Inneres zu versenken, statt ihnen fertige Lösungen anzubieten, von Nutzen war. Ich wurde den Gemeinschaftsmitgliedern und den vielen Besuchern gegenüber immer aufgeschlossener und merkte allmählich, daß ich tatsächlich etwas zu ihrem spirituellen Leben beitrug.

Manchmal war das, was ich sagen mußte, nicht gerade angenehm für die Leute, wenn ich ihre Hinwendung zu Gott in Frage stellte und ihren Wünschen oder Neigungen ihre spirituelle Entwicklung voranstellte. Doch konnte ich mit Genugtuung feststellen, daß die meisten Leute sich meine Worte zu Herzen nahmen, weil sie um mein eigenes Gottvertrauen wußten.

Nach und nach erstarkte mein Selbstgefühl, empfand ich mich wieder als nützlich, und alles schien mir normal zu sein. Sicherlich würde sich meine Beziehung zu Peter ebenfalls von selbst einrenken. 1974 war mir Peter den ganzen Sommer über irgendwie fern, dauernd war er anderweitig beschäftigt, aber ich machte mir keine großen Sorgen darüber, da damals außerordentlich viel zu tun war: Wir hatten mehr Gäste als je zuvor, Paul Hawken lebte bei uns in der Gemeinschaft und schrieb sein Buch *The Magic of Findhorn*, jeder Wohnwagen war belegt, und zudem hatte die Arbeit an der neuen Halle begonnen.

Es war ein herrlicher, warmer Sommer. In der Gemeinschaft herrschte ein geschäftiges Treiben wie in einem Ameisenhaufen, überall wimmelte es von Arbeitsteams. Daß Peter so viel unterwegs war, schob ich auf seinen Arbeitseifer, mit dem er sich um alles kümmerte und überall nach dem Rechten sah.

Mittlerweile waren so viele Leute bei uns, daß wir eine Art Personalabteilung einrichteten, die aus Peter, mir und einer 22jährigen Schwedin mit einem guten Gespür für Menschen bestand. Wir drei arbeiteten sehr eng zusammen, unterhielten uns mit jedem, der sich der Gemeinschaft anschließen wollte, suchten ihm eine Unterkunft und einen passenden Arbeitsplatz und widmeten uns darüber hinaus natürlich auch seinen persönlichen Problemen.

Eines Mittags kam Peter in den Wohnwagen gestürzt, um sich eine Decke zu holen. »Ich werde am Strand essen«, rief er mir über die Schulter hinweg zu, und fort war er wieder. Irgendwie war mir beklommen zumute. Dabei ging Peter oft mittags zum Strand, meist zum Schwimmen mit anderen Gemeinschaftsmitgliedern. Aber diesmal sagte mir mein Gefühl, daß etwas nicht stimmte. Und dann fiel es mir wie Schuppen von den Augen: Er hatte sich in Alice verliebt!

Am selben Abend führte Peter mich zum Essen aus – was selten vorkam –, und ich fragte ihn einfach. Zuerst erschien er mir sehr verlegen, aber dann gestand er mir, daß es genau das sei.

»Zum ersten Mal in meinem Leben hat sich mein Herz ganz geöffnet«, sagte er. »Mit dir bestand immer eine spirituelle Gemeinschaft, aber ich habe mich nie in dich verliebt. Ich wußte, daß wir von

Gott zusammengeführt worden waren, nur hast du mir irgendwie nie so das Herz geöffnet wie Alice.«

Peters Worte schnitten durch mich wie ein Messer. »Ich verstehe nicht, was du meinst«, weinte ich, »nach allem, was wir zusammen durchgemacht haben, und so harmonisch haben wir all die Jahre zusammengearbeitet . . . ich habe alles aufgegeben, um bei dir zu sein! Trotz aller Höhen und Tiefen war ich stets davon überzeugt, daß Gott uns zusammengegeben hat und nichts uns trennen könnte.«

»Nichts wird uns je trennen«, entgegnete Peter, »wir gehören zusammen, und du bist mir lieb und wert. Aber diese Erfahrung mit Alice ist so neu – und passend. Mir ist gesagt worden, ich solle mich ändern, und dabei hilft mir Alice. Ich weiß, daß es Gottes Fügung ist.«

Nein, nein, nein! Ich schrie innerlich auf. Wie könnte das eine Fügung Gottes sein? Wir sind die zwei Hälften eines Ganzen; wir sind einer dem anderen zugehörig. Wie konnte uns das bloß geschehen? Ich war blind vor Schmerz und Wut. Was Peter da anfing, war ohne Sinn und Nutzen. Die Türen meines Herzens schlugen zu, und ich war nun eingeschlossen und verzehrte mich in wahnsinniger Eifersucht.

In einem so erregten Gemütszustand war es mir fast unmöglich, eine klare Weisung für mich zu empfangen. Ich zog mich in mein Schneckenhaus zurück wie ein waidwundes Tier und sprach tagelang kaum mit jemandem. Die häusliche Atmosphäre war eisig, und die Jungen machten sich rar, weil sie fühlten, daß etwas in der Luft lag. Nur Christopher, damals gerade 18 Jahre alt, fragte mich, was denn los sei, und ich sagte es ihm. Er bewahrte Haltung, ergriff auch keine Partei, aber selbst er konnte mich in meinem Elend nicht trösten.

Als ich mich endlich zur Ruhe zu zwingen und zu lauschen vermochte, empfing ich die folgende Botschaft: »Ruhig, ganz ruhig, alles geht nach Meinem göttlichen Plan. Peter ist lediglich dabei, sich dem Vorbild der universellen Liebe zu nähern. Du kannst nicht erwarten, daß das über Nacht vor sich geht. Denk nur einmal an eine Rosenknospe, wie sie sich unmerklich entfaltet und auf einmal in voller Pracht, Schönheit und Vollkommenheit dasteht. Peter entfaltet sich. Im Augenblick weiß er noch nicht, wie er mit der Liebesenergie umgehen muß. Sei sehr liebevoll und sehr geduldig und wisse, das alles ganz, ganz gut ist. Seine Liebe zu Alice wird allmählich nachlassen; sie akzeptiert ihn und kann ihm helfen, ins Gleichgewicht zu kommen. Vertraue ihr voll und ganz. Sie ist keine Bedrohung für deine Beziehung oder Ehe.

Ruf dir ins Gedächtnis zurück, wie es war, als sich die Türen *deines* Herzens der universellen Liebe öffneten und du eine ungeheure Freiheit und Liebe zu jedermann empfunden hast. Ist bei dieser Liebe Eigennutz im Spiel, kann daraus Chaos entstehen, aber wenn sie dem Höchsten dient, ist sie das Schönste und Wunderbarste auf der Welt. Darauf bewegt sich Peter zu. Sei möglichst nicht zu negativ in deinen Reaktionen; denk einfach daran, daß die Zeit nahe bevorsteht, wo ihr in gleicher Weise agieren werdet und Meine universelle Liebe durch euch beide hindurchströmen wird. Das ist der kosmische Christus.«

Das war zuviel für mich! Anscheinend war die ganze Welt verrückt geworden, einschließlich meines Gottes. Die jahrelangen Auseinandersetzungen mit Sheena hatten mich zu der Überzeugung gebracht, daß es besser für mich war, mich meiner größten Angst zu stellen, als meine Einbildung mit mir durchgehen zu lassen, und so setzte ich mich mit Alice zusammen und hatte ein gutes Gespräch mit ihr. Wir waren sehr offen zueinander; ich fing zu begreifen an, wie ein junges Mädchen sich dadurch geschmeichelt fühlen mochte, daß ein älterer Mann – und noch dazu ein so kraftvoller – sich in sie verliebte. Alice stellte klar, daß sie keine körperliche Beziehung mit Peter einzugehen gedachte, und ich merkte, daß mein Vertrauen in sie wuchs. Ich spürte auch, daß die Liebe, die ich immer für sie empfunden hatte, ebenfalls wuchs.

Obwohl ich mich nun ein wenig sicherer fühlte, sah ich noch immer nicht recht, wie ich mich verhalten sollte. Mir *war* einfach nicht nach Geduldigsein, Freundlichkeit und Wohlwollen zumute. Ich wußte nicht, wie ich mich anders als ablehnend verhalten sollte, wie ich anders fühlen sollte, als ich fühlte. Ich haßte mich dafür, daß ich in Tränen ausbrach, mich ärgerte und mich isoliert fühlte, daß jedesmal, wenn ich sie zusammen sah, Argwohn in mir aufstieg und daß ich mich vor Peter verschloß. Aber ich brachte es nicht fertig, mein Verhalten zu ändern.

In dieser Zeit hatte ich die Vision eines zusammenfallenden Gebäudes. Die Wände wurden abgerissen und der Schutt weggeräumt. An seiner Stelle, auf denselben soliden Fundamenten, entstand ein herrlicher Tempel des Lichts. Ich sah darin unsere Beziehung versinnbildlicht und fand wieder Kraft und Entschlossenheit. Es war, als sei unsere alte Form des Zusammenlebens vollkommen zerstört worden, um etwas Neuem Platz zu machen.

Aber was für ein neues Verhältnis war das? Ich sehnte mich von ganzem Herzen danach, der Typ Frau zu werden, in den Peter sich verlieben konnte, und suchte innerlich nach einer Lösung. Es war Neuland für mich. Bis jetzt hatte ich zu Gott die tiefste Beziehung gehabt; ihm hatte all mein Streben gegolten, und dabei war das Allzumenschliche zu kurz gekommen. Jahrelang hatte ich meine Persönlichkeit zu überwinden getrachtet und nach Höherem gestrebt, und nun nahmen die Schwächen meiner Persönlichkeit ein so erschreckendes Ausmaß an, daß sie nicht länger zu übersehen waren. Was ich in meinem Innern sah, gefiel mir überhaupt nicht. Meine Vision von 1969, die mir gezeigt hatte, wie ein Mann und eine Frau zu einem schönen Gefäß geformt wurden, aus dem Blumen aller Formen und Farben herauswuchsen, ergab allmählich einen Sinn für mich. Mir wurde klar, daß es für jeden von uns unbedingt nötig war, das innere Gleichgewicht zu finden, so daß wir einander gleich waren, und daß ich innerlich etwas dafür tun mußte. Aber wie?

Ich versuchte, mich zu behaupten, indem ich meine männlichen Qualitäten in den Vordergrund rückte. Allzu lange hatte ich mich weiblich passiv und empfangend verhalten, wobei Peter das männliche Gegengewicht bildete; jetzt war es meinem Gefühl nach an der Zeit, mich von einer anderen Seite zu zeigen. Peter war in meinen Augen ein Prototyp männlicher Eigenschaften, und deshalb versuchte ich nun, ihm im Handeln nachzueifern – Stärke, Entschlossenheit und Kraft zu zeigen. Es war eine Katastrophe. Ich trat der Kerngruppe bei, und statt meine Empfindungen still für mich zu behalten, wenn ich mit etwas nicht einverstanden war, sagte ich frank und frei meine Meinung. Sie brach mit so viel Kraft und Gefühl aus mir heraus, daß alle vor den Kopf gestoßen waren. Ich klang aggressiv, herrisch und einseitig – und fühlte mich auch so. Ich schoß weit über das Ziel hinaus. Den Leuten fiel es schwer, mit mir zurechtzukommen, selbst wenn sie wußten, worum ich mich bemühte, und mich darin unterstützen wollten. Peter konnte es kaum ertragen. Aus der sanftmütigen alten Eileen war eine hitzige Frau geworden, die kein Blatt vor den Mund nahm. Er zog sich noch mehr zurück.

Meine innere Stimme sagte mir, ich solle mich wieder von der Kerngruppe lösen, was ich gegen den Protest anderer in der Gruppe, das sei ein Rückzieher, auch tat. Obwohl sie mein Verhalten widersprüchlich fanden, wollten sie, daß ich dabeiblieb und mich mit mir auseinandersetzte. Ich wußte jedoch, daß ich erst einmal an die harte Arbeit gehen mußte, mein Gleichgewicht wiederzugewinnen. Eine Zeitlang rang ich mit mir selbst um eine Lösung, doch als ich merkte, daß ich nicht weiterkam, bat ich Gott, mir durch jemanden einen Fingerzeig zu geben.

Kurz danach stieß eine Frau namens Naomi zur Gemeinschaft. Sie war in Psychosynthesis ausgebildet, einer der neuen Richtungen in der Psychologie, die der spirituellen Seite des ganzen Menschen Rechnung tragen, und arbeitete mit der Technik der gelenkten Phantasie. Eines Tages unterhielt ich mich lange mit Naomi, und zum Schluß fragte sie mich: »Möchtest du nicht den Versuch machen, deine maskulinen und femininen Seiten zu visualisieren?«

»Nun . . . na schön, ja«, erwiderte ich. Zwar glaubte ich nicht, daß es irgendeine spürbare Wirkung auf mich haben würde, aber ich wollte nichts unversucht lassen.

Zu Beginn der Übung mußte ich meine Augen schließen und bewußt den ganzen Körper entspannen. Dann gebot mir Naomi, mir meine Gefühle als großen See vorzustellen. »Sieh, wie sich die Oberfläche des Wassers allmählich glättet, bis sie wie ein Spiegel ist . . .

Achte jetzt auf deine Gedanken . . . verfolge einen jeden, der aufsteigt, ein, zwei Sekunden . . . und laß ihn davontreiben . . .

Vergegenwärtige dir nun bildhaft, was du als den männlichen Aspekt deiner selbst empfindest. Mach ihn dir langsam bewußt . . . wie er aussieht, Form, Größe, Farbe . . . und werde dir klar darüber, was du dabei empfindest.

Tritt jetzt in dein Bild ein . . . identifiziere dich damit. Erlebe, wie es ist, dieser Vorstellung zu entsprechen . . .

Und tritt jetzt wieder einen Schritt zurück und sieh es dir gut an.«

Im weiteren Verlauf der Sitzung bat mich Naomi, noch ein Bild aufsteigen zu lassen – diesmal verkörperte es meine Weiblichkeit – und in der gleichen Weise zu ergründen.

»Laß nun die beiden Bilder miteinander in Beziehung treten«, fuhr Naomi dann fort. Sieh, wie sie miteinander verschmelzen . . .«

An diesem Punkt wurde die Sache schwierig. Beim ersten Versuch erschien mir ein riesiger Baum als Symbol meiner Männlichkeit und ein winziges Maiglöckchen als Sinnbild meiner Weiblichkeit. Aber es war mir trotz aller Bemühungen unmöglich, sie in Beziehung zu bringen und miteinander zu verschmelzen. Es ging einfach nicht. Naomi war so freundlich und bot mir an, die Übung in einigen Tagen noch einmal mit mir zu wiederholen. Diesmal war das männliche Symbol ein mächtiger, kraftvoller Löwe mit herrlicher goldener Mähne, das weibliche hingegen ein Einhorn – weiß, rein, grazil und scheu. Doch als ich die beiden Bilder zu verschmelzen versuchte, ging es wieder nicht. Inzwischen war ich vor Ärger und Enttäuschung den Tränen nahe; meine Führerin schlug vor, ich solle doch den Löwen und das Einhorn miteinander tanzen lassen. Die beiden begannen umeinander zu kreisen, erst ganz langsam, dann immer schneller. Plötzlich wurden sie eins. Endlich!

Der Löwe war ein recht eindeutiges Männlichkeitssymbol, aber ich fragte mich, warum ich mir als weiblichen Aspekt ein Einhorn vergegenwärtigt hatte. Ein paar Tage später las ich zufällig einen Artikel von George Trevelyan, der Licht in dieses Dunkel brachte. »Das Einhorn ist im Mythos ein seltsames, wundervolles Geschöpf«, schrieb er,

. . . ein weißes Pferd mit großen, sanften Augen, Gazellenbeinen und einem leuchtenden Horn auf der Stirn. Das Pferd symbolisiert eine Intelligenz, die der des Menschen ähnlich ist. Das weiße Pferd bedeutet also geläuterte und erhöhte Intelligenz, und das vom Sitz des dritten Auges aufsteigende Horn symbolisiert spirituelles Wissen und die Fähigkeit des wachen Hellsehens. Mit seinen Gazellenbeinen kann

das Einhorn leicht über den Sumpf des Materialismus, über Besitzgier und Selbstsucht, hinwegspringen. In der Legende heißt es, daß eine Jungfrau nur dann ein Einhorn finden kann, wenn sie ergeben am Rande eines dunklen Waldes wartet, aus dessen geheimnisvollen Tiefen das wundersame Tier hervortreten und seinen Kopf in ihren Schoß legen wird. Auf die gleiche Weise kann sich die geläuterte und zu jungfräulicher Reinheit zurückgekehrte Seele darbringen, um von spirituellem Wissen befruchtet zu werden. So wird das Einhorn als Symbol für das höhere Selbst gesehen, als erfüllt vom Christuslicht, das Geist, Herz und Willen durch das Einströmen der kreativen Weisheit und Liebe erlösen kann.

Das beschrieb meines Erachtens aufs vollkommenste mein höheres Selbst und den wahren Sinn und Zweck meines Lebens. Jetzt erkannte ich den Wert der Arbeit an all den »niederen« Aspekten meiner selbst. Je mehr ich mich in dieser Hinsicht läuterte und rein wurde, um so stärker verkörperte sich in mir das Christuslicht.

Sobald ich das Männliche und Weibliche in mir selbst zu erkennen vermochte, konnte ich von diesen Symbolen jederzeit Gebrauch machen, wenn ich aus dem Gleichgewicht geraten war. Brüllte mein Löwe zu gewaltig, erschien mein Einhorn in all seiner Sanftheit auf der Bildfläche, und war mein Einhorn zu scheu, um an die Öffentlichkeit zu treten, gab ihm mein Löwe die nötige Kraft. Allerdings war mir auch bewußt, daß ich noch einen weiteren Schritt auf diesem seltsamen spirituellen Weg tun mußte – hin zur bedingungslosen Liebe.

Es ist unmöglich, in einer Gemeinschaft etwas geheimzuhalten. Peter und ich teilten in aller Offenheit mit, was wir durchmachten, erst einzelnen und dann der ganzen Gruppe. Ich hielt es für besonders wichtig, über meine Vision des zusammenfallenden Gebäudes zu sprechen. Meine innere Stimme sagte: »Es ist die kosmische Christusenergie, die hier freigesetzt worden ist, die allumfassende Liebe. Jetzt gilt es, mit dieser gewaltigen Liebeskraft weise und verständig umgehen zu lernen. Jede Seele dieser Gemeinschaft wird von ihr erfaßt, und den einen oder anderen hat sie aus dem Gleichgewicht gebracht.« Das stimmte sicherlich: Viele Paare hatten offenbar ähnliche Schwierigkeiten wie Peter und ich.

Peter und mir wurde allseits nachgesagt, wir seien Archetypen, und damit verband sich die Erwartung, daß jeder in der Gemeinschaft davon profitieren würde, wenn Peter und ich wieder Ganzheit und Klarheit in unsere Beziehung bringen würden. Die Verantwortung für die ganze Gemeinschaft zu tragen war eine schwere Last. Ich wollte nicht für alle ein Vorbild sein.

Das Gebot, anderen keine Weisungen mehr zu übermitteln, damit sie sich nach innen kehrten, schien auch mehr Verwirrung zu stiften als klärend zu wirken. Die Leute strengten sich zwar aufrichtig an, ihrer eigenen Stimme zu folgen, doch kam es mir vor, als entspringe so manche »Weisung« reiner Selbstsucht und sei oft die Rechtfertigung dafür, einem persönlichen Wunsch nachgegeben zu haben. David Spangler schrieb in einem offenen Brief an die Gemeinschaft, die Sache mit den Weisungen werde übermäßig idealisiert und dadurch verzerrt, wobei der eigene Nutzen statt das höchste Wohl im Vordergrund stünde. Da ich meine Weisungen nicht mehr mitteilen durfte, tröstete ich mich damit, ein Tagebuch zu führen und darin meiner Enttäuschung und Betroffenheit Luft zu machen.

Um diese Zeit etwa hatte ich eine Vision von Peters neuer Rolle: Ich sah, wie die Gemeinschaft sehr stark wurde und ein Gemeinschaftsbewußtsein entwickelte, wobei Peter die Rolle eines Anwalts, Freundes und Beraters spielte – eine Person mit großer Weisheit und tiefem Verständnis, bei der die Leute um Hilfe und Rat suchten. Er brauchte nicht länger allein die Zügel in der Hand zu halten. Er konnte sie in vollkommenem Vertrauen und in dem Wissen loslassen, daß jeder einzelne selbst für das Ganze verantwortlich war. Es war eine herrliche Vision, die mich aufrichtete. Voller Begeisterung schilderte ich sie Peter, aber er verhielt sich, wie schon einmal bei diesem Thema, ablehnend. Er wollte nichts davon annehmen. In der Gemeinschaft wuchs mittlerweile die Unruhe, und fast jede Gruppendiskussion endete mit der Frage, wie Peter dazu veranlaßt werden könnte, loszulassen. Ich war total frustriert. Peter schenkte meinen Ansichten keinerlei Beachtung, und doch durfte ich ihm nicht durch eine Weisung zeigen, daß ich recht hatte.

Ich befand es als das Beste für mich selbst und die anderen, für eine Weile fortzugehen, um einmal Ruhe und Abstand zu finden. Ich fuhr nach Südengland zu Ross und Aileen Stewart. Meine Tochter Jenny lebte mit ihrer Familie in der Nähe, und ich besuchte sie jeden Tag. Dort fand ich meinen Seelenfrieden. Ich war einfach die geliebte Großmama, von der nichts weiter erwartet wurde als dazusein, Geschichten vorzulesen und Jenny im Haushalt zu helfen.

Als ich einmal auf dem Weg zurück zu Ross und Aileen war und aus dem Busfenster sah, schoß mir der Gedanke durch den Kopf: Kann ich zu dir und du zu mir »ich liebe dich« sagen, ohne daß sich einer von uns beiden dabei unbehaglich oder bedroht oder unter Druck gesetzt fühlt? Können wir einander bedingungslos lieben?

Ich dachte darüber nach. Konnte ich von mir behaupten, Peter so zu lieben? Ehrlich gesagt nein. Ich erwartete von ihm, mir die gleiche Beachtung zu schenken wie Alice oder den vielen Sensitiven, die seinen Weg kreuzten. Ich fühlte mich bedroht und unwohl in meiner Haut. Es fiel mir ungemein schwer, ihm in dem Wissen, daß er bestenfalls neben einer anderen Frau auch mir noch Zuneigung entgegenbrachte und schlimmstenfalls überhaupt nichts mehr für mich übrig hatte, liebevoll und herzlich zu begegnen. Konnte ich denn sagen, daß ich meine Enkelkinder so vorbehaltlos liebte? Zweifelsfrei ja. Auch wenn sie sich schlecht betrugen, liebte ich sie trotzdem und nahm sie, sobald der Koller vorbei war, auf den Schoß und herzte und küßte sie. Warum brachte ich es dann nicht fertig, mich auf die Kante von Peters Stuhl zu setzen, die Arme um ihn zu legen und zu sagen: »Ich liebe dich«? Irgendwie konnte ich das nicht, wenn ich nicht sicher war, daß Peter mich ebenso liebte. Aber ich wollte es gerne können.

Gut erholt kehrte ich zur Gemeinschaft zurück und meinte, die Heilung könne nicht länger ausbleiben. Aber ich ging kaum wieder meinen Alltagspflichten nach, als alle Wunden erneut aufbrachen. Ich war gereizt und betroffen, unfähig, die Dinge im richtigen Licht zu sehen. In mein Tagebuch schrieb ich:

Ich habe solche Angst, solche Angst. Es ist so, als sei alles, woran ich geglaubt habe, ein Trugbild, ein Traum gewesen – und was kam nach dem Erwachen? Ich habe das Gefühl, ich werde nicht gebraucht, und sehne mich danach, im Hintergrund zu verschwinden. Ich weiß nicht, was mit meinem Verhältnis zu Peter los ist. Ich bin meilenweit von ihm entfernt. Ich möchte ihm vertrauen, bin mir jedoch nicht sicher, ob ich das kann. Mein Glaube an ihn ist erschüttert worden. Er sagt, alles, was er in bezug auf Alice getan hat, sei auf eine Weisung hin geschehen, aber ich ertappe mich dabei, daß ich daran zweifle. Vorher habe ich nie an ihm gezweifelt; ich hatte vollkommenes Vertrauen zu ihm, da Du uns zusammengeführt hast.

Tief im Innern habe ich wohl das Gefühl, daß das, was dies eine Mal mit Alice passiert ist, immer wieder geschehen kann, und jedesmal wird er von einer Weisung sprechen. Das tut weh. Ich möchte ihm völlig freie Hand lassen und mich um nichts kümmern, doch das hieße zum gegenwärtigen Zeitpunkt nur, ihm mein Herz zu verschließen, und das kann ich nicht.

Es liegt mir so viel an ihm. Wie gern würde ich die Vergangenheit und all das Schmerzliche, was er mir gesagt hat, hinter mir lassen und im Jetzt leben, noch einmal von vorn anfangen. Was hindert mich bloß?

In einer Vision erschien mir eine Tafel voller Kritzeleien und durcheinander gewürfelten Worten, die keinen Sinn ergaben. Dann sah ich, wie eine Hand einen feuchten Lappen nahm und den ganzen Wirrwarr wegwischte. Ich hörte die Worte: »Nimm auf Treu und Glauben hin, daß alles klar und sauber ist, und begib dich in etwas Neues hinein. Sieh, wie Strich für Strich das vollkommene Bild entsteht. Es ist Zeitverschwendung, zurückzuschauen. Nimm das feuchte Tuch des Glaubens, des Vertrauens und der Überzeugung und wisch die Vergangenheit weg. Fang gleich damit an.«

Wenn das nur so einfach ginge! Ich versuchte, die Erinnerungen aus meinem Gedächtnis zu löschen, aber das Durcheinander blieb. Anscheinend wollte es mir nicht gelingen.

Im Sommer kam einer der vielen Besucher unserer Gemeinschaft, Sandy Mills aus Kanada, zu mir. Im Verlauf unseres Gespräches erzählte ich ihm von meiner Tochter Sue in Kanada, die ich lange nicht gesehen hatte. Einige Wochen nach seiner Abfahrt erhielt ich zu meiner Überraschung einen sehr netten Brief von ihm, in dem er mich nach Kanada einlud und anbot, mir den Flug zu bezahlen. Meine erste Reaktion war: Ach nein, das kann ich nicht annehmen! Mir von einem Mann die Reise bezahlen lassen? Altmodisch, wie ich war, bekam ich Gewissensbisse, und insgeheim fragte ich mich sogar, ob Sandy wohl »Absichten« hegte! Ich wollte mich nicht kompromittieren lassen.

Bei längerem Nachdenken kam ich zu dem Schluß, es handle sich lediglich um reine Freundlichkeit von seiten eines Menschen, der mir etwas Gutes tun wollte. Nur zu gerne würde ich Sue wiedersehen und ihre kleinen Söhne kennenlernen, die ich noch gar nicht kannte, und die Vorstellung, einmal Ferien zu machen, war ebenfalls bestechend. Also nahm ich an. Peter zuckte nicht mit der Wimper, er wußte demnach, daß von Sandy keine Gefahr drohte, oder aber es war ihm gleichgültig. Eine aufrührerische leise Stimme in mir sagte: »Peter hat ja schließlich sein Vergnügen gehabt, warum dann nicht auch ich?«

Zum ersten Mal seit Jahren reiste ich allein. Ich flog von London nach Montreal, wo mich Sandy vom Flughafen abholte und zu seiner Wohnung mitnahm. Er hatte mehrere Dinner-Partys arrangiert, bei denen ich seine Freunde kennenlernen sollte, und er zeigte mir alle Sehenswürdigkeiten. Von ihm umsorgt, fühlte ich mich endlich wieder als Frau; er brachte mir Blumen mit und war in jeder Hinsicht reizend zu mir. Wir fuhren nach Toronto und besuchten Sue und ihre Familie, eine herrliche Tour, und die ganze Zeit über stellte er keinerlei Ansprüche an mich. Ich konnte mich einfach zurücklehnen und genießen.

Als mir mein Gewissen schlug, weil ich soviel Liebe und Zuwendung annahm, bat ich um Weisung. »Meine Geliebte, betrachte deine Beziehung zu Sandy als Geschenk von Mir. Sie besteht in Liebe, Freude und Freiheit. Halte sie lieb und wert, bewahre sie dir und sei stets dankbar dafür, denn sie ist etwas wirklich Schönes. Er wird mit seiner Liebe und seinem Verständnis die Wunden heilen helfen, damit du den wahren Sinn von Freude und Freiheit erkennst. Die ganze Zeit über lernst du, auf eigenen Füßen zu stehen und unabhängig zu sein. Laß alles sich entwickeln. Vor dir liegt noch viel Arbeit; dies ist erst der Anfang. Der alte Zyklus ist abgeschlossen. Binde dich nie wieder durch eine neue Beziehung.«

Ich mochte Sandy sehr gern. Ich konnte vollkommen ich selbst sein, wenn ich mit ihm zusammen war. Er verlangte nichts von mir, und ich für mein Teil tolerierte seine Eigenheiten vorurteilsfrei und humorvoll. Die Frage fiel mir ein, die ich mir im Bus gestellt hatte. Konnte ich zu Sandy sagen »ich liebe dich«, ohne daß es einem von uns peinlich war oder Erwartungen damit verknüpft wurden? Ich ließ es einfach auf einen Versuch ankommen. Es war wunderbar! Zwischen uns bestand die tiefste Liebe und zugleich die größte Freiheit. Wie sehnte ich mich danach, daß Peter und ich uns genauso liebten! Wenn es mit Sandy ging, mußte es doch auch mit Peter möglich sein.

Erfrischt und neugestärkt kehrte ich nach Hause zurück. Eine Zeitlang war eine Verbesserung im Verhältnis zwischen mir und Peter zu spüren, aber ich hatte das dumpfe Gefühl, als sei er nur erleichtert, daß ich eine so schöne Zeit mit Sandy zusammen verbracht hatte, weil er damit die Freiheit zu haben glaubte, selbst nach Belieben handeln zu dürfen. Ich haßte mich für dieses lieblose Denken.

1975 im Sommer fuhr Alice wieder nach Schweden, wo sie zu Hause war. Anthony Brooke, der damals in Schweden lebte, lud mich kurz danach zu einem Besuch ein, und während meines Aufenthalts dort verbrachte ich auch einige Tage bei Alice. Wir sprachen sehr offen miteinander, und mir wurde klar, daß sie keine Bedrohung für unsere Ehe darstellte. Es ging viel tiefer. Peter brauchte die Erfahrung mit ihr, um einen Teil seiner selbst zu öffnen, den er bisher nicht hatte zum Ausdruck bringen können – von dem er eigentlich sogar nichts gewußt hatte –, und mit mir war ihm das nicht gelungen. Mein Selbstwertgefühl war dadurch noch immer verletzt, aber ich empfand große Liebe für Alice und vertraute ihr. Sie hatte meine Hochachtung, weil sie, jung wie sie war, in einer so schwierigen Situation solche Integrität und Weisheit bewies.

Ganz abgesehen davon, daß ich persönlich Schweres durchzustehen hatte, blühte und gedieh die Gemeinschaft weiterhin. Einer der wichtigsten Marksteine auf unserem Weg war die Rückkehr nach

Cluny Hill. Vor 14 Jahren, als wir zum Trossachs umzogen, hatte Gott uns verheißen, daß wir nach Cluny Hill zurückkehren würden, aber nachdem Peter seine Stellung bei der Hotelkette verloren hatte, kam uns das sehr unwahrscheinlich vor. Außerdem war unser Leben so voll und ganz von der Entwicklung des Lichtzentrums in Anspruch genommen, aus dem die Gemeinschaft im Wohnwagenpark hervorging, daß die Wehmut, die uns beim Gedanken an Cluny Hill erfüllt hatte, langsam verging.

In den Jahren unserer Abwesenheit war es mit dem Cluny-Hill-Hotel schnell bergab gegangen. Es war nicht mehr der saubere, lichte Ort voller Aktivitäten wie zu der Zeit, als wir es noch führten; jetzt war es ein verfallenes, heruntergekommenes, scheunenartiges Gemäuer. Im Sommer 1965 waren wir zu einem Besuch gebeten worden, und da war bereits die Veränderung spürbar gewesen. An jenem Abend hatte Gott gesagt: »Nun hast du mit eigenen Augen sehen können, daß die Lebenskraft von Cluny Hill gewichen ist. Es ist tot. Und doch konntest du bei einem Gang durch den Garten die Schwingungen im Gelände spüren. Versuch, es wie eine Pflanze zu sehen, die nach ihrer Blütezeit bis auf einen Strunk zurückgeschnitten wurde. Nach außen hin wirkt sie wie tot, dabei ist in ihren Wurzeln die Lebenskraft bewahrt, so daß sie zur rechten Zeit wieder austreibt, blüht und gedeiht.«

Bis 1975 hatte die *Findhorn Foundation*, wie sie jetzt genannt wurde, einen solchen Bekanntheitsgrad erreicht, daß wir die vielen Menschen, die uns besuchen kamen, kaum unterbringen konnten. Aber erst als ein amerikanischer Gast Peter darauf hinwies, daß sich die Lage noch verschlimmern würde, und ihn fragte, wie er damit fertig zu werden gedachte, kam Peter auf den Gedanken, daß sich Cluny Hill hervorragend als Gästehaus eignen würde. Er erkundigte sich und stellte fest, daß das Hotel zum Verkauf stand, wahrscheinlich, weil es für die Besitzer keinen Gewinn mehr abwarf.

Es kam darauf an, daß jedes Mitglied der Gemeinschaft bereit war, den mächtigen Sprung ins Ungewisse voll zu unterstützen, den der Kauf des Hotels bedeutete, und so mehrten sich die Versammlungen und Diskussionen, während kleine Abordnungen der Gemeinschaft nach Cluny Hill hinübergingen, um sich auf den Ort einzustimmen. Am 17. November 1975, dem 13. Geburtstag der Gemeinschaft, fiel schließlich die Entscheidung zum Kauf. Das Besondere daran war, daß Peter und ich zu diesem Zeitpunkt fort waren, und es war dies eine der ersten wichtigen Entscheidungen, die die Gemeinschaft als solche durch Abstimmung fällte, ohne sich dabei nach einer Weisung von mir oder einer Eingebung Peters zu richten.

So wurde das Cluny-Hill-Hotel, jetzt umbenannt in *Cluny Hill College*, als Gästezentrum mit Werk- und Klassenräumen ein Teil der Findhorn-Gemeinschaft. Wir waren wahrhaftig zurückgekehrt – allerdings auf eine Weise, die wir uns nicht hätten träumen lassen. Ich war eigentlich nicht weiter überrascht. Gott hatte mir gesagt, wir würden wiederkehren, und obwohl es 14 Jahre gedauert hatte, war ich von tiefer Dankbarkeit erfüllt, daß sich meine Weisung bestätigt hatte.

Kapitel 10

Ein Impuls läuft durch dich hindurch, der die Schule oder der Strahl Mariens genannt werden könnte. Du, Eileen, trägst deine Einstimmung in das Marienprinzip in dir, das von alters her die Christusenergien weckt und nährt und mit der menschlichen Natur vereinen hilft. Dieses Prinzip ist weder männlich noch weiblich in körperlichem Sinne; es ist die Manifestation eines femininen Prinzips. Es ist mehr als nur Liebe. Es ist zugleich ein Aspekt des Willens und der Intelligenz und dient der organisierten Gestaltung, aber nur von einem Bewußtsein aus, das in der Tiefe mit den Feinheiten und Wechselspielen des menschlichen Charakters und Geistes vertraut ist.

Zur Errichtung des neuen Zeitalters ist unbedingt eine Kraft erforderlich, die ausgewogen ist, die Liebe und Weisheit herabrufen kann und die die Fähigkeit hat, diese Liebe und Weisheit wirkungsvoll in die Tat umzusetzen, sie aus der abstrakten in die konkrete Welt zu holen, wo der normale Mensch etwas mit ihnen anfangen kann.

Von David Spangler empfangene Botschaft

Im Lauf der Jahre hatte ich eine ganze Reihe von tiefgreifenden Erlebnissen mit Maria, der Mutter Jesu Christi. Angefangen hatte es, als ich einmal die Bettkojen der Jungen in unserem alten Wohnwagen herrichtete und mir gesagt wurde: »Du bist Maria, die Mutter Jesu des Christus.« Als ich daran zweifelte, hatte Gott mich gefragt, ob ich es als einen »Strahl« akzeptieren könnte, der durch viele Menschen zum Ausdruck komme. Das leuchtete mir vollkommen ein, denn von Kindheit an hatte ich mich wesensverwandt mit Maria gefühlt. Einige Zeit später besuchte mich eine Frau, die mir mit gewichtiger Miene anvertraute, sie sei die Reinkarnation von Maria. Ich erzählte ihr von meinem eigenen Erlebnis und sagte, es befänden sich wohl viele Seelen auf dem Marienstrahl. Aber sie mochte das nicht so hinnehmen, empfand sie doch sich selbst so stark als *die* Maria, und deshalb beließ ich es dabei; ich für mein Teil hatte ungeheure Freude und ein Gefühl der Freiheit, den Strahl mit vielen anderen Seelen zu teilen.

Eines Tages, als ich im Andachtsraum meditierte, wurde ich auf einmal in eine Heilungs-Kultstätte bei Glastonbury versetzt, die ich kannte, saß dort in einem Stuhl und blickte auf einen Kamin. Rechts neben dem Kamin stand Maria und lächelte mir zu. Sie streckte die Hand aus, und ich ging zu ihr. »Komm jetzt und nimm in Freude meinen Geist in dich auf, denn dies ist das neue Zeitalter«, sagte sie. Als ich meine Hand in die ihre legte, verschmolz ich mit ihr.

Etwa drei Tage später erhielt Peter einen Brief von einer alten Frau aus Holland. Sie schloß ihren Brief mit den Worten: »Alles Liebe für Eileen. Für mich ist sie die Verkörperung Marias, der Mutter Jesu, die für mich *die* Frau des neuen Zeitalters ist . . .« Es verschlug mir die Sprache. Ich hatte diese Frau nur einmal zu einem kurzen Gespräch getroffen und nicht gedacht, daß sie mich näher kannte. Und bestimmt hatte ich ihr nichts von meinen Marienerscheinungen erzählt.

Mein nächstes Marienerlebnis hatte ich ein paar Jahre später in der Türkei. Im August 1972 hatten wir einen Besucher, der einigen Wirbel verursachte. Sein Name war Dr. Tanman, und er war Bürgermeister des türkischen Ortes Ephesus. Sein Besuch war für Peter und mich die absolute Bestätigung dafür, daß die vielen arbeitsreichen Jahre, in denen wir innerlich Liebe und Licht ausgestrahlt hatten, fruchtbar geworden waren. Dr. Tanman stieg mit Tränen in den Augen aus dem Flugzeug und umarmte Peter und mich, als würden wir einander schon Jahre kennen, was in einem gewissen Sinne ja auch stimmte.

Sobald wir bei der Gemeinschaft eintrafen, erzählte er uns seine Geschichte. Vor langer Zeit, Anfang der sechziger Jahre, hatte er angefangen, sich regelmäßig mit einer Gruppe von Geschäftsleuten zum Meditieren zu treffen. Ihr Ziel war, telepathisch Verbindung zu Lichtzentren in der ganzen Welt aufzunehmen, darunter einem in Großbritannien, von dem ihnen gesagt wurde, es gehöre zu den fünf oder sieben bedeutendsten bestehenden Lichtzentren. Sie hatten keine Ahnung, wo es sich befand und wie es hieß. 1972 lernte ein Mann aus dieser Gruppe, der eine Jugendherberge in Istanbul leitete, einen Piloten kennen, der im Laufe ihrer Unterhaltung den Namen Findhorn erwähnte.

»Findhorn? Was ist das?« fragte ihn der Herbergsvater.

»Das ist ein Ort in Schottland, wo ein paar Leute eine spirituelle Gemeinschaft ins Leben gerufen haben«, erklärte der Pilot und erzählte, was er davon wußte.

Der Herbergsvater geriet in helle Aufregung. »Ich würde mich freuen, wenn Sie zur Zusammenkunft der Leute mitkämen, mit denen ich meditiere, und ihnen das alles noch einmal erzählen«, sagte er und griff zum Telefonhörer.

Bald darauf versammelte sich die Gruppe, und die Quelle ihrer Weisungen bestätigte ihnen, daß die Findhorn-Gemeinschaft tatsächlich das Zentrum war, mit dem sie in der Meditation schon so lange verbunden waren. Sogleich wurden Vorbereitungen getroffen, damit Dr. Tanman uns persönlich aufsuchen konnte. Wir alle waren tiefbewegt, denn das war der Höhepunkt unserer zehnjährigen Arbeit – der konkrete Beweis dafür, daß unser »Netzwerk aus Licht«

Wirklichkeit war. Andere hatten ähnliche Arbeit wie wir selbst geleistet. Die Gruppe von Geschäftsleuten, die ich in einer Vision gesehen hatte, existierte also wirklich!

Wie selbstverständlich lud Dr. Tanman uns zu seiner Gruppe nach Istanbul ein. Dort hatte ich ein ergreifendes Erlebnis, daß mich noch stärker mit der Marienkraft in Verbindung brachte und mir die Rolle deutlich machte, die Maria in meinem Leben spielte. Ein paar Tage nach unserer Ankunft in der Türkei wurden wir nach Selsuk mitgenommen, einem kleinen Dorf in der Nähe von Ephesus, um Marimana zu besichtigen, das Haus Mariens. Als ich mich der Kapelle näherte, drückte etwas meine Schultern nieder, als trüge ich eine schwere Bürde. Ich setzte mich an diesem schlichten Ort zum Meditieren nieder, und da war mir, als lege sich die schreckliche Last allen Kummers und Elends der Welt auf mich und drücke mich ins Dunkel hinab.

Tränen strömten mir übers Gesicht, und ich schluchzte vor Gram um die Welt. Beim Weinen kamen mir die Worte Mariens aus der Heilungs-Kultstätte in den Sinn: »Komm jetzt und nimm in Freude meinen Geist in dich auf, denn dies ist das neue Zeitalter.« Zwar vermochten sie auch nicht, meine Tränen zu trocknen, aber sie gaben mir die Kraft, den Schmerz zu ertragen.

Noch immer weinend verließ ich die Kapelle. Als ich unseren Gastgebern von meinem Erlebnis erzählte, sagten sie mir, daß in diesem Haus einer Legende zufolge Maria nach der Kreuzigung Jesu mit Johannes lebte. Da begriff ich. Ich war eins gewesen mit der Mutter, die ihren Sohn hatte sterben sehen, eins mit all denen in der Welt, die furchtbar gelitten hatten und im Lauf der Jahrhunderte Opfer der menschlichen Grausamkeit geworden waren. Nahebei fand ich eine kleine Quelle, die aus der Erde emporsprudelte, und wusch mir Gesicht und Hände in dem kühlen, klaren Wasser. Dann machte ich, ohne zu wissen, was mich dazu veranlaßt hatte, das Kreuzzeichen auf meiner Stirn, und die Last des Leides wurde mir von den Schultern genommen. Ich fühlte mich reingewaschen und geheilt.

Gegen Ende der Woche, kurz vor unserer Abreise, hatte ich das Gefühl, ich müßte Marimana noch einmal besuchen. Diesmal machte ich eine ganz andere Erfahrung. Als ich in der Kapelle saß, überkam mich tiefer Frieden und Ruhe, wie ein Wundbalsam. Ich öffnete die Augen und bemerkte jetzt erst die Statue einer schwarzen Madonna auf dem kleinen Altar. Sie war sehr alt, und die Hände und Füße waren abgebrochen, aber das Gesicht war wunderschön und klar. Mir war, als hörte ich sie sagen: »Geh jetzt und sei meine Hände und Füße.« Und da merkte ich, daß Kummer und Leid nicht allein von mir genommen worden waren, sondern auch von diesem Ort und dem Teil der Menschheit, den Maria repräsentierte. Ich wußte, daß mein Lebenswerk unter anderem darin bestand, den Kummer und das Leid der alten Welt in Freude zu verwandeln. Das war eine Riesenaufgabe, die jedoch all jene auf dem Marienstrahl zusammen bewältigen würden.

Strahlend trat ich aus der Kapelle und gab unseren türkischen Freunden mein Erlebnis wieder; ich übermittelte ihnen auch Weisungen, die ich drinnen für die Gruppe empfangen hatte. So tiefbewegt waren wir alle, daß uns Tränen der Freude in die Augen stiegen. Wir nahmen voller Liebe und mit einem Gefühl der Verbundenheit in gemeinsamer Arbeit voneinander Abschied.

Peter konnte mit meinen Marienerlebnissen nichts anfangen. Er wollte auch nicht einsehen, daß meine Versuche, das Männliche und Weibliche in mir auszugleichen, irgend etwas mit ihm zu tun hätten, obgleich er meines Erachtens sicherlich davon profitiert hätte, wenn er auch in dieser Weise an sich gearbeitet hätte. Die Entfremdung zwischen uns nahm zu. Daß ich in der Türkei so empfänglich für die Erfahrung des Leides und der Trauer gewesen war, lag wohl mit daran, daß sie meine eigenen Empfindungen widerspiegelte.

1975 gingen Peter und ich zum erstenmal gemeinsam auf Tour; wir fuhren in Europa herum und hielten in verschiedenen Städten Vorträge und Lichtbildabende ab. Ich kam mir dabei völlig nutzlos vor. Es machte mir Angst, auf einer Rednerbühne vor einem Meer von fremden Gesichtern zu stehen, und so überließ ich es mit Freuden Peter, die Dias vorzuführen und dabei die ganze Geschichte von der Entstehung der Gemeinschaft zu erzählen. Hinterher mit einzelnen zu reden machte mir nichts aus, da ich sie dann in Person vor mir hatte, wohingegen mich bei dem Gedanken, sie als ganzes Publikum ansprechen zu müssen, kalte Furcht befiel, und deshalb saß ich einfach nur dabei, um dazusein. Peter regte sich über meine Ängste auf, aber er trug gerne vor, und so ließ er mich in Ruhe. Ganz glücklich war ich allerdings nicht dabei, und darum beschloß ich, in Zukunft nach Möglichkeit zu Hause zu bleiben, wenn er auf Tour ging.

Nichts in meinem Leben wollte mir mehr recht gelingen. In meiner Niedergeschlagenheit suchte ich schließlich einen Arzt auf. Er verschrieb mir Antidepressiva, die es nur noch schlimmer machten, denn nun blieb ich wochenlang in meinem Wohnwagen, ohne eine Menschenseele zu sehen. Ich war so down, daß ich mich weigerte, ein Filmteam zu empfangen, das die Gemeinschaft filmen wollte. Peter überredete mich schließlich zu einem Gespräch. Er sagte, ein Film über die Findhorn-Gemeinschaft ohne mich sei unvollständig. Als ich mit dem Interviewer sprach, blickte ich auf meine Füße. Ich hatte zwei verschiedene Schuhe an! – ein deutlicher Hinweis auf meine schlechte Gemütsverfassung.

Selbst mein Verhältnis zu den Jungen verschlechterte sich. Der mittlere, Jonathan, war jetzt als Heranwachsender so trotzig und rebellisch wie ein junges Fohlen. Er stellte alles in Frage: die Art und Weise, wie ich im Glauben an die Weisungen Gottes zu leben versuchte, die Weisungen selbst, David Spangler und seine Arbeit und sogar die Existenz Gottes. Nur was er sehen, fühlen und wissenschaftlich erklären konnte, hatte Geltung für ihn. Er wollte Biologie und Ökologie studieren, weil es dabei um die Fakten der Natur und nicht um deren Geheimnisse ging. Daß ich seine Beziehung zu einem Mädchen der Gemeinschaft ablehnte, das älter war als er, war noch Wasser auf seine Mühle. Als ich mich weigerte, sie zusammenziehen zu lassen, kam es zum Krach, wobei ich den kürzeren zog – in mehr als einer Hinsicht. Unser bisher gutes Verhältnis ging in die Brüche. Ich fragte Gott um Rat, und Er gebot mir klar und deutlich, Jonathan vollkommen loszulassen, freizugeben und wachsen zu lassen. Er mußte selbst, auf seine Art, Lektionen lernen. Daran hielt ich mich auch, aber es dauerte Jahre, bis wir die Kluft zwischen uns wieder überbrücken konnten.

Als Christopher, der Älteste, von daheim zur Universität fortging, wurde mir das Herz schwer. Ich fürchtete, unrecht an ihm getan zu haben, weil ich ihm nicht die Art von formeller religiöser Erziehung mitgegeben hatte, die andere Kinder erhalten. Zum Beispiel hatte ich die Kinder keine Gebete gelehrt und nie die Bibel mit ihnen gelesen. Wir hatten die Jungen nie zu unserem spirituellen Leben gezwungen; ich hatte ihnen nicht einmal beigebracht, zu meditieren, sich ins eigene Innere zu versenken und auf die Stimme Gottes zu lauschen. Ich schrieb an Christopher und schüttete ihm mein Herz aus über meine vermeintliche Unterlassungssünde. Hier sein Antwortbrief:

Wie immer rühren mich deine Worte im Innersten an, Tränen treten mir in die Augen, und mein Herz ist dankesvoll. Nur wenige Kinder sind so gesegnet wie wir, und noch weniger sind unter direkter Weisung Gottes aufgewachsen. Wie kannst Du nur denken, Du hättest bei mir etwas versäumt? Es gibt viele Gründe dafür, daß ich ohne die Bibel erzogen worden bin. Die Bibel enthält zwar profunde Wahrheiten, ist jedoch durch fortwährende Neuinterpretationen korrumpiert worden. Für jemanden, der mit der Bibel aufgewachsen ist, kommt die Zeit, sich von dem zu lösen, was er gelernt hat, denn die Seele muß sich nach innen wenden. Das kann für einen starren, orthodoxen Menschen ein sehr schmerzhafter Prozeß sein. Du siehst also, geliebte Mam, daß Du meines Erachtens bei mir das Richtige getan und aus mir einen erwachsenen Menschen mit einem weiten Horizont und forschenden Geist gemacht hast. Statt mich von der Bibel abzuwenden, kann ich jetzt das Holz erkennen, aus dem sie gemacht ist, und mir die Wahrheit herausschälen. Mir ihren Inhalt einzutrichtern hätte mich nur gegen sie aufgebracht, statt lebendiges Interesse bei mir zu wecken. Wie wir den Guru im eigenen Innern finden müssen, so auch die Bibel.

Findhorn und die damit verbundene wundervolle Erfahrung, in einer spirituellen Gemeinschaft zu leben, hat eine tiefgreifende Wirkung auf mich gehabt, viel einschneidender, als Dir bewußt ist. Hättest Du mir Deine Arbeit je aufgezwungen, möchte ich fast behaupten, daß ich sie dann abgelehnt hätte und lieber in die Gesellschaft »eingestiegen« wäre. Ich habe eingesehen, wie gesegnet ich doch bin, und danke Gott immer dafür. Ja, Mam, ich danke Ihm besonders für

Dich und Dad und die Art und Weise, wie ich erzogen worden bin. Ich weiß, daß meinem Leben ein großes Ziel gesetzt ist, und werde nicht wanken. Aus ganzem Herzen sage ich Dank!

Als ich diesen Brief las, brach ich in Tränen aus und dankte Gott für ein solches Wunder, solche Weisheit. Mir wurde klar, daß Kinder wie Löschpapier sind: Sie nehmen in sich auf, was man tut, statt auf das zu hören, was man sagt. Zu wissen, daß ich etwas richtig gemacht hatte, war mir ein Trost in dieser Zeit ständiger Selbstzweifel.

Meine Selbstachtung war so weit gesunken, daß ich unbedingt Hilfe brauchte, und die wurde mir auch zuteil – in Gestalt eines Besuchers, der zur Gemeinschaft gekommen war, um mit mir zu sprechen. Wir redeten und redeten, über sein Leben und meins. Beim Abschied schaute er mir tief in die Augen und sagte ernst: »Eileen, meinst du nicht auch, es wäre an der Zeit, endlich dich selbst zu lieben? Du kannst andere nur in dem Maße lieben, wie du dich selbst liebst.«

Wovon zum Kuckuck sprach er? Mich selbst lieben? Das wäre egoistisch und widerspräche allem, was ich von Kindheit an gelernt hatte. »Du liebst dich selbst! Wo bleibt deine Bescheidenheit?« Diese spöttische Bemerkung aus meiner Schulzeit hallte mir in den Ohren wider. »Erst die anderen, dann du selbst«, hörte ich meine geliebte Tante sagen. »Wisch dir das Make-up vom Gesicht, Eileen! Daran zeigt sich deine Eitelkeit.« Andrew. »Alles zum Wohle des Ganzen. Nimm nichts für dich selbst.« Peter. »Eigennützige Liebe kann zum Chaos führen.« Gott.

O nein, Eigenliebe war nicht recht, durfte nicht sein. Ich mußte mich selbst und meine Wenigkeit vergessen, mich über alles erheben, durfte mich nicht in Selbstmitleid ergehen oder nachgiebig gegen mich sein.

Wenige Tage später saß ich an meinem Toilettentisch und richtete mein Haar, als ich mich plötzlich wie zum ersten Mal im Spiegel erblickte. Ich starrte diesen Menschen an. Liebe ich mich? *Kann* ich mich lieben? Eine Sekunde lang sah ich hinter diesem vertrauten Gesicht, dem Haar, den Augen das Göttliche in mir. »Ja, ich kann! Ich kann das Göttliche in mir lieben. Ich liebe Gott. Und Gott ist in mir.

Also kann ich gut sagen, daß ich mich liebe, wenn ich nicht nur die kleine Eileen bin, sondern *alles.*« Diese Offenbarung brachte mich in Hochstimmung, und ich tanzte innerlich vor Freude. Ich hatte den Schlüssel gefunden, um eine geheimnisvolle Tür zu öffnen, und war auf eine wundervolle Freiheit gestoßen. Ich konnte mich im Spiegel betrachten und ohne Zögern sagen: »Du bist eine wunderbare Frau.«

Dann ließ sich meine »Ja-aber«-Stimme vernehmen. Es ist leicht, angesichts des lauteren, schönen Göttlichen in mir zu sagen »ich liebe mich«. Aber wie ist es, wenn ich pessimistisch, ärgerlich, traurig bin, wie in letzter Zeit so häufig? Wenn ich meinem wahren Ich so wenig entspreche? Wie kann ich mich dann lieben? Ist das auch Gott?

Meine innere Stimme der Wahrheit sagte schlicht: »Keine Selbstverurteilung, keine Verdammung. Verzeih dir, und dann weiter, denn ich brauche dich. Verschwende keine Zeit und Energie daran, dich in Selbstmitleid und in dem Gefühl zu ergehen, ein Versager zu sein. Lern jede deiner Lektionen, und wende an, was du gelernt hast, weiter und weiter. Es ist so viel zu tun.«

Allmählich ging es mir besser, aber es galt noch immer, aus der verfahrenen Situation mit Peter herauszukommen. Wir wurden zu einer Tour durch die Vereinigten Staaten eingeladen, und ich beschloß mitzufahren, nicht zuletzt im Hinblick auf einen Besuch bei David Spangler und Myrtle Glines in Belmont, Kalifornien. Sie hatten mit Dorothy und ein paar anderen zusammen, die seinerzeit mit ihnen die Findhorn-Gemeinschaft verlassen hatten, die *Lorian Association* gebildet. David, Myrtle und die anderen *Lorians* dort bereiteten uns einen überaus herzlichen Empfang. Ich fühlte mich wie zu Hause inmitten all dieser lieben Menschen.

Peter und ich erzählten ihnen, was zwischen uns vorgefallen war, von seiner Freundschaft mit Alice und unseren Schwierigkeiten, eine neue, auf Unabhängigkeit gründende Beziehung aufzubauen. Bis in die Nacht hinein redeten wir über die Gemeinschaft und unterrichteten die Lorians von allem, was dort geschah, einschließlich der instabilen zwischenmenschlichen Beziehungen, die auf die Instabilität unserer eigenen Beziehung zurückzuführen waren oder zumindest zugleich damit auftraten.

Dann fragte uns David, ob wir Lust hätten, an einer Sitzung mit »John« teilzunehmen. Einer seiner medialen Kontakte zu den höheren Welten bestand – und besteht noch – in der Beziehung zu einem höheren Wesen, das sich selbst »John« nennt. Die Botschaften, die durch ihn übermittelt wurden, waren stets lauter und erhellend. Sie waren zudem völlig objektiv, und Peter akzeptierte sie voll und ganz, was ich als sehr tröstlich empfand, da er meinen eigenen Weisungen, die ihm galten, nicht mehr traute.

Im Lauf der Sitzung fragte ich: »Wie kommt es, daß zwei Menschen, die auf einer höheren Ebene so eng zusammengearbeitet haben, auseinandergehen und getrennte Wege beschreiten, obwohl mir so vieles über die Arbeit verheißen worden ist, die Peter und ich in Zukunft noch gemeinsam zu bewältigen hätten? Wenn ich weiß, daß es einen Grund dafür gibt, kann ich bestimmt da, wo ich gebraucht werde, mein Bestes tun. Sonst erscheint es mir vergeblich und hoffnungslos.«

Johns Erwiderung war komplex und sehr ausführlich, und ich mußte jahrelang nachsinnen, um sie zu verstehen. Unter anderm sagte er: »Gott ist wie ein Samenkorn in uns. In dieses Samenkorn ist die Zukunft eingeschlossen. Während es keimt, kommen andere Elemente hinzu, die den Weg für eine neue Wirklichkeit und eine neue Zukunft ebnen, für ein neues Samenkorn. Nach außen hin mag es so wirken, als wären die Verheißungen falsch gewesen, dabei findet in Wirklichkeit eine Neugeburt statt, die zwar in der alten Verheißung schon angelegt war, aber nicht vorausgesehen wurde. Gott bricht seine Versprechen nicht; nur erfüllen sich die Verheißungen Gottes, die in der Saat einer bestimmten Ebene angelegt sind, deshalb nicht, damit die Saat auf einer anderen Ebene aufgehen kann. Das Wesentliche bleibt erhalten.«

Er fuhr fort: »Die Stimme, die du hörst, entspringt der innigen Verbindung deines eigenen Bewußtseins mit dem Ursprung. Was du hörst, ist nicht der Ursprung, sondern sein Diener. Du selbst mußt jetzt so wachsen und dich weiterentwickeln, daß sich deine Beziehung zu deinem Ursprung, einer unaussprechlichen Lebenskraft, vertiefen kann. Aus dieser Beziehung wird eine neue Stimme hervorgehen oder vielleicht eine tiefere Kommunikation. Gott ist kein abstrakter Begriff, sondern eine Beziehung.

Der Stimme liegt demnach ein Ursprung zugrunde, und das ist deine wahre Natur, in die du immer mehr hineinzuwachsen suchst. Aus diesem Grund müssen die Strukturen zwischen dir und deinem Partner zerbrochen und die Kräfte zwischen euch aufgelöst werden. Diese Auflösung der Kräfte sehen wir nicht als Trennung an, sondern als einen notwendigen Wachstumsprozeß, durch den ihr beide zu einer tieferen Art des Einklangs finden könnt.«

Daraufhin folgte eine eingehende Schilderung des Marienprinzips, mit dem ich mich so stark identifizierte. Meine inneren Erlebnisse mit Maria wie auch meine Arbeit zum Ausgleich des Männlichen und Weiblichen hatten jetzt ihren Sinn und Zweck für meine persönliche Entfaltung und die Entwicklung meiner Beziehung zu Peter, außerdem auch für die der Gemeinschaft. Denn John erklärte, daß die elementare, zielgerichtete, tatkräftige Energie, aus der heraus die Fundamente der Gemeinschaft geschaffen worden waren, fortan nicht mehr so sehr ins Gewicht falle wie das Bedürfnis nach Ausgleich, Weisheit und Liebe. Jetzt, da die Grundform festlag, war es an der Zeit, sich auf die Menschen zu konzentrieren, Klarheit in die Gefühlsregungen zu bringen und einen Ausgleich zu schaffen zwischen dem menschlichen Bedürfnis, die praktische Arbeit getan zu bekommen, und dem Bedürfnis nach zwischenmenschlichen Beziehungen.

Zu diesem Zweck mußten Peter und ich ins Gleichgewicht kommen, indem wir uns in unserer Partnerschaft nicht länger als die zwei Hälften eines Ganzen verstanden, sondern als zwei vollständige Wesen, die zusammenarbeiteten. Trotz meiner Empfänglichkeit für das Marienprinzip und meiner Einstimmung darauf mußte ich doch auch daran arbeiten, Willen und Weisheit zu zeigen, mich effektiver in der Gemeinschaft zu engagieren und aus mir selbst heraus zu erstarken, um auf eigenen Füßen zu stehen. Ich mußte endlich aus Peters Schatten heraustreten.

Über Peter sagte John: »Peter hat die strukturierende Grundenergie festgemacht. Diese muß nun mit den anderen Aspekten seines

Wesens in Einklang gebracht und verschmolzen werden, die wir unter dem Begriff ‚Marienprinzip' zusammenfassen, womit die Liebe und der Bereich des gefühlsmäßigen, intuitiven Erfassens sowie die zwischenmenschlichen Beziehungen gemeint sind. Dadurch wird er seiner ordnenden Führungsposition enthoben. Seine persönliche Umwandlung ist wichtig für die Gemeinschaft, auch wenn er dazu die Gemeinschaft verlassen müßte. Tut er das, dann mit dem Segen und unter dem Schutz Gottes, und in diesem Fall braucht die Gemeinschaft deine Anwesenheit. Innerlich wirst du weiter mit ihm zusammenarbeiten, denn du kannst die in der Gemeinschaft waltenden Kräfte nicht beeinflussen, ohne auch auf die seinen einzuwirken, so eng sind sie miteinander verbunden. Gemeinsam – nicht im gleichen Sinne wie zuvor, sondern als zwei Ganzheiten, die sich zu einem größeren Ganzen zusammenfügen – könnt ihr der Gemeinschaft dabei helfen, mehr Festigkeit zu gewinnen.«

Ich hatte laut John eine erzieherische Funktion, aber nicht in der üblichen Bedeutung als Lehrerin in Klassen und Kursen, wozu spezielle Kenntnisse und Fähigkeiten gehören, sondern dadurch, daß ich einfach für die Leute da war und praktisch vorlebte, was meine Weisungen mir seit vielen Jahren offenbarten. Das entsprach genau dem, was meine eigene Stimme seit dem ersten Mal, als mir geboten wurde, der Gemeinschaft keine Weisungen mehr zu übermitteln, gesagt hatte. Es tat irgendwie gut, es aus anderer Quelle noch einmal zu hören.

John sprach ferner von einer Rolle, die ich außerhalb der Gemeinschaft in der Welt spielen sollte. Ihr kam ich zu diesem Zeitpunkt jedoch noch durch mein Bemühen nach, das Marienprinzip in der Gemeinschaft zu verankern, indem ich sie an meiner Erkenntnis teilnehmen ließ, daß sich die Geburt des Christus im Alltagsleben und in den Höhen und Tiefen der Menschheit vollzieht; aber auch, indem ich Klarheit über die menschlichen Gefühle schaffte und den Leuten half, tiefere Schichten ihrer selbst zu erkennen und zu verwirklichen.

Diese durch David Spangler empfangene Botschaft hatte einen tiefgreifenden Einfluß auf unser wie auch das Leben aller, die damals der Findhorn-Gemeinschaft angehörten. Sie betraf jeden, und wir gingen sie gemeinsam durch und diskutierten die Bedeutung der Veränderungen und ihre Form auf der Ebene des Sichtbaren. Peter und ich hatten die Möglichkeit, diese drastischen Veränderungen in uns selbst innerhalb unserer weiterbestehenden Ehe durchzumachen, und wenn es nach mir ging, sollte uns das auch gelingen. Ich war immer noch davon überzeugt, das sei Gottes Plan für uns, und wir würden schon irgendwie das Wunder vollbringen, das zu diesem Rollentausch offenbar nötig war. Und einmal abgesehen von allem Reden, Studieren und Diskutieren über archetypische Rollen bestand unsere Aufgabe letztlich wohl darin, das alles auch zu leben.

Ich kam mir wie ein kleines Kind vor, das laufen lernt, dabei immer hinfällt und sich unermüdlich wieder aufrichtet. Am liebsten hätte ich mein Herz verschlossen, insbesondere Peter gegenüber, um den Schmerz nicht mehr zu fühlen, aber Gott ermahnte mich stets, mein Herz offenzuhalten, die Liebe fließen zu lassen und mich nie aus Angst, verletzt zu werden, abzugrenzen.

Der Wachstumsprozeß, das Heranreifen zu ausgeglichenen Menschen, war wirklich sehr schmerzhaft. Ich war leicht reizbar, und Peter zu lieben kostete mich große Anstrengung. Er war immer häufiger unterwegs, und ich blieb meistens lieber zu Hause. Allerdings willigte ich ein, ihn 1978 auf einer Australientour zu begleiten, weil ich diese Reise mit einem Besuch bei meiner Tochter Mary Liz in Neuseeland verbinden konnte.

Als wir uns in Australien trafen, hatte Peter gerade einen Monat mit Vorträgen und Workshops in Hawaii hinter sich. Ich merkte gleich intuitiv, daß wieder irgend etwas vorgefallen war, und mein Herz krampfte sich zusammen. Bei der ersten Gelegenheit fragte ich ihn, ob er sich in jemanden verliebt hätte. Und so war es. All meine guten Vorsätze, Peter freizugeben, damit er zu sich selbst finden und ein liebevollerer Mensch werden könne, waren wie weggeblasen. Der Gedanke an eine attraktive, wahrscheinlich medial veranlagte junge Frau, die ihn fortlockte, um sich mit ihm an den Sonnenstränden von Hawaii zu aalen, war einfach unerträglich für mich – ich explodierte, und wie! Ich wußte gar nicht, daß ich so starke Besitzansprüche hatte. Eifersucht zerfraß mich. Leider konnte ich meinen Ärger nicht mehr zurückhalten, so daß es Peter mit voller Wucht traf. Es war alles andere als angenehm. Dabei ging die Tour weiter! Wir hatten sechs Wochen lang Termine in ganz Australien wahrzunehmen und mußten irgendwie miteinander zurechtkommen, um uns und die Findhorn-Gemeinschaft den Australiern vorzustellen.

In mein Tagebuch schrieb ich:

Ich bin wütend und betroffen, weil Peter in allem, was er tut, recht zu haben glaubt, und ich fest davon überzeugt bin, daß, »was Gott zusammengefügt hat, der Mensch nicht scheiden soll«. Ich weiß, daß Gott Peter und mich zusammengeführt hat, kann jedoch nicht hinnehmen, daß alles, was jetzt geschieht, recht ist und Gottes Segen hat. Ich mag in einer Beziehung nicht die zweite Geige spielen, denn meinem Empfinden nach ist das nicht im Sinne Gottes. Wenn Peter meint, eine andere Beziehung zu brauchen, um sein Herz öffnen zu können, wird er sie auch eingehen, ganz gleich, was ich tue oder fühle, und dabei komme ich mir vollkommen hilflos vor. Vielleicht wäre es das Beste, wenn wir ohne weiteren Streit getrennte Wege gingen. Peter sagt zwar, er fühle sich an unsere Beziehung gebunden, aber das kann ich nicht verstehen. Es erscheint mir unsinnig.

Peter haßte meine Wutausbrüche und suchte ihnen nach Möglichkeit auszuweichen. Aus seiner Beziehung mit der Frau in Hawaii wurde nichts, aber er zog sich trotzdem noch weiter von mir zurück und erzählte mir kein Wort mehr von dem, was in ihm und besonders in seinem Herzen vorging. Er wußte, daß ich es spüren würde, wenn er sich mit einer anderen Frau einließ, und dennoch fiel es ihm sehr schwer, es mir zu sagen, weil er meine Wut fürchtete. Ich war jedoch ohnehin wütend, um so mehr, wenn ich daran dachte, daß er mich vorsätzlich betrog. Meine innere Stimme sprach: »Sag Peter, wenn er das, was in seinen Beziehungen zu anderen Frauen passiert, darlegt und keine Heimlichkeiten mehr hat, dann wird es gewaltige Veränderungen in seinem Leben geben. Wenn diese Beziehungen sein Herz öffnen, so daß er dich, seine wahre Partnerin, aufrichtig lieben kann, wird er erkennen, daß die Richtung stimmt, die er einschlägt. Das ist es, was Meinem Wunsch gemäß geschehen soll. Ihr müßt beide das Eure dazutun, es zu vollbringen. Ich sage dir, du sollst ihn freigeben und ruhig sein in dem Wissen und Vertrauen, daß die Zeit kommen wird, da Peter dich so sehen wird, wie du wirklich bist. Wenn das geschieht, wird er dich so verstehen, wie er dich nach Meinem Willen verstehen soll; dann wird die Liebe frei fließen, und ihr werdet in wunderbarster Weise Seite an Seite arbeiten.«

In Melbourne wurden Peter und ich zum *William Rickett's Sanctuary* mitgenommen, einer Ausstellung von Skulpturen, die in einem tropischen Waldstück standen. Zwischen den Bäumen und Farnen fielen uns hier und da die feinempfundenen Skulpturen von australischen Eingeborenen, Männern, Kindern und Frauen, in die Augen. Die kraftvollen, erdhaften Schwingungen des herrlichen Ortes hatten eine starke Wirkung auf mich. Ich konnte nicht genau ausmachen, woran es lag, bis mir schlagartig bewußt wurde, daß ich die Elementarkräfte fühlte, auf die sich ROC und Peter bezogen hatten und die ich stets bekämpft hatte. Vor einer riesigen Statue der Mutter Erde mit ihren Kindern war mir, als würde ich eins mit ihr. Von Liebe und Hochachtung für die Natur erfüllt ging ich davon. Zum ersten Mal hatte ich das Gefühl, diese mächtigen Erdenergien mit der Christusenergie verschmelzen zu können, denn es bestand kein Unterschied zwischen ihnen. Außerdem wurde mir zu meinem Entzücken klar, daß ich jetzt nach Hawaii gehen konnte. Ich hatte mich zwar oft dorthin gesehnt, jedoch immer gespürt, daß ich mit den primitiven Elementarkräften nicht zurechtkam, auf die Peter so stark ansprach.

Nachdem ich die Elementarenergie selbst wahrgenommen hatte, war ich Peter einen großen Schritt nähergekommen, hatte mehr Verständnis für ihn und konnte ihn eher akzeptieren. Bei dem Gedanken, daß ich erst nach Australien reisen mußte, um etwas zu erkennen, von dem ich im Findhorn-Garten ständig umgeben war, mußte ich lächeln. Ich hatte einen neuen Teil meiner selbst entdeckt, und es war ein weiter Weg dahin gewesen.

Ich beschloß, meine Minderwertigkeitskomplexe zu unterdrücken und Peter öfter auf seinen Reisen zu begleiten. Meiner Überzeugung nach würden wir einander neu achten lernen und wieder ein gemeinsames Ziel verfolgen, wenn wir zusammenarbeiteten. Ich leitete fortan selbst Workshops, die sich auf meine Erfahrung des Ausgleichs von männlicher und weiblicher Energie im eigenen Innern gründeten. Peter hielt nicht viel von diesem Thema, aber unsere Workshops ergänzten sich vorteilhaft, denn in seinen ging es um die Gesetze der Manifestation und die Grundsätze für den Aufbau einer spirituellen Gemeinschaft. Er versäumte nie, meine Rolle bei der Entstehung der Findhorn-Gemeinschaft anzuerkennen. Meine Workshops liefen gut ab, obgleich ich mich durch manche Fragen von seiten der Teilnehmer in die Enge getrieben fühlte. Doch befand ich es als das beste, einfach ganz ich selbst zu sein, statt irgend etwas vorzuspiegeln, und das erwies sich als gut.

In Sydney hatte ich ein Erlebnis, das ich nie vergessen werde. An einem Wochenende kamen Hunderte von Leuten zu unseren Workshops an der Universität. Wir waren zu viert – Peter, ich selbst sowie die zwei Gemeinschaftsmitglieder Vance und Helen, die mit uns reisten – und hielten vier Kurse gleichzeitig ab. Zu mir kamen etwa 150 Leute. Ein Mann fiel mir auf, der zu spät kam und sich dann ganz nach hinten setzte. Von ihm gingen äußerst negative Schwingungen aus, deshalb umhüllte ich ihn mit Liebe, um dann die Gruppe weiter zur Visualisation des Männlichen und Weiblichen anzuleiten. Zum Schluß stand eben dieser Mann auf und brummte: »Ist ja alles großer Quatsch.« Er war groß und breitschultrig und sah aus, als wäre nicht gut Kirschen essen mit ihm, hatte ein sonnengegerbtes Gesicht und war insgesamt die typische Verkörperung dessen, was ich unter einem »Macho«-Australier verstand. Peters Einwände schossen mir durch den Kopf: »Du kannst den Workshop über das Männliche und Weibliche nicht in Australien geben. Die Männer dort werden dem, wovon du sprichst, nie zustimmen.«

Mir rutschte das Herz in die Hose. Vielleicht hatte Peter recht, dachte ich im stillen. Aber ich muß etwas tun, also frisch gewagt.

»Warum sind Sie ausgerechnet zu diesem Workshop gekommen, obwohl Sie unter vieren wählen konnten?« fragte ich ihn und strahlte dabei soviel Liebe auf ihn aus, wie ich aufzubringen vermochte.

»Nun ja, es war so ein Gefühl . . .«, erwiderte er verlegen.

»Ach wirklich? Was für ein ‚Gefühl'?«

»Ein – hm – weibliches.« Er schaute noch verlegener drein.

»Wissen Sie, warum Sie hiergeblieben sind?«

»Nein«, sagte er, »ich weiß nicht, warum ich geblieben bin, aber ich gehe ja schon.« Und mit diesen Worten ging er auf die Tür zu.

Eine Welle des Unmuts ging durch den Saal. Die Leute waren verstimmt, daß jemand Kritik übte. Ich strahlte weiterhin Liebe aus, und dann spürte ich, wie alle Anwesenden das gleiche taten.

Als der Mann gerade die Tür erreicht hatte, fragte ich ihn, ob er mit aufs Podium käme, um mit mir zu reden. Zu meiner Überraschung willigte er ein.

»Sind Ihnen bei der Meditation zufällig irgendwelche Symbole in den Sinn gekommen?« fragte ich ihn.

»Ja, doch«, war seine Antwort.

»Bitte sagen Sie mir doch, welche.« Ich war gespannt. »Was war das männliche Symbol?«

»King Kong.«

Ich lächelte ihm ermutigend zu. Die liebevolle Unterstützung der übrigen Leute im Saal war merklich spürbar.

»Das ist interessant. Und hatten Sie auch ein weibliches Symbol?«

»Eine kleine weiße Maus.«

Diesmal unterdrückte ich ein Lächeln. Die Symbolsprache war gar zu treffend!

»Und was ist passiert, als Sie King Kong und die kleine weiße Maus zusammengebracht haben?«

»Zu Anfang war das ziemlich schwierig. Sie machten überhaupt nichts. Aber dann rannte die Maus an seinem Bein hoch und setzte sich auf seine Schulter.«

»Das ist doch ein guter Anfang«, sagte ich. »Zumindest hat King Kong die kleine Maus nicht zertrampelt.«

Wir unterhielten uns noch ein Weilchen, und dann dankte ich ihm für seine Offenheit. Als ich ihm ins Gesicht schaute, bemerkte ich, daß seine Züge weicher geworden waren und seine Augen milder dreinblickten. Er umarmte mich wie ein tapsiger Bär und ging strahlend hinaus. Später traf ich ihn noch einmal, und da war er ein anderer Mensch, freundlich, entgegenkommend und herzlich. Ich aber war froh, meinen Workshop in Australien abgehalten zu haben, und sollte es auch nur für ihn gewesen sein.

Peter und Eileen Caddy 1978.

Peter und ich reisten in den folgenden Jahren zusammen nach Südafrika, in die Vereinigten Staaten, nach Kanada und noch einmal nach Australien und Neuseeland. Unser Verhältnis war zwar weiterhin angespannt, aber wir bildeten wenigstens eine recht gute Arbeitsgemeinschaft. Mir fiel es noch immer schwer, seinem starken Willen etwas entgegenzusetzen, und so überließ ich ihm alle Vorbereitungen und Terminfragen, besonders auf unseren Reisen. Ich war selbstsicherer als vorher und ging mehr aus mir heraus, stand jedoch noch immer in Peters Schatten. Wenn mich Leute fragten, warum denn bei unseren Vorträgen *ich* nichts von der Gründung der Gemeinschaft erzählte, sagte ich nur: »Ach, das kann Peter viel besser als ich!« und beließ es dabei.

1979 tat ich für mein Empfinden einen großen Schritt vorwärts. Ich fuhr ganz allein nach Hawaii. Dort blieb ich bei einer Freundin, genoß herrliche Zeiten am Strand in der Sonne und kam mit den kraftvollen Elementarenergien von Hawaii in Berührung: der Wärme, der üppigen Vegetation, den Vulkanen, die jederzeit ausbrechen können und glühende Lava aus dem Innern der Erde in die Luft schleudern. Sowohl die Eingeborenen Hawaiis als auch die Westler, deren zweite Heimat die Inseln geworden sind, führen in dieser mit Überfluß gesegneten Natur ein sorgloses, angenehmes Leben, und in ihrer Musik pulsieren die Rhythmen wie die gewaltigen Wellen, die sich am Sandstrand brechen. Dies alles wirkte auf mich wie das, was ROC und Peter als »Elementarkräfte« bezeichnet hatten. Endlich verstand ich, welche Erfahrungen Peter in Hawaii gemacht hatte, denn auch ich merkte, wie mir das Herz aufging und mein wahres Ich hervorkam, entspannt, offen und frei. Als ich am Kraterrand des Vulkans Haleakala stand, sagte ich: »Ich möchte von ganzem Herzen vorbehaltlos lieben lernen. Hilf mir bitte, Gott, und zeig mir, wie.«

Ein Schritt in diese Richtung war, mit meiner Eifersucht klarzukommen und die Frau kennenzulernen, die ein Verhältnis mit Peter gehabt hatte. Wie wir beide voller Überraschung feststellten, mochten wir einander sehr, und daraus hat sich eine jahrelange Freundschaft entwickelt.

Ich verließ Hawaii in bester Laune, gut erholt, schlank und braungebrannt, und war absolut obenauf. Insgeheim dachte ich: »Das ist die Art von Frau, für die Peter schwärmt, lebensvoll und vital.« Die nächste Zusammenkunft mit Peter konnte ich kaum erwarten; wir wollten uns in Edinburgh treffen, wo unser ältester Sohn Christopher gerade erfolgreich sein Medizinstudium abgeschlossen hatte. Zum ersten Mal seit langem würden wir beide einmal wieder mit unseren drei Söhnen vereint sein. Wie schön würde das sein, der glücklichste Tag unseres Lebens!

Wir trafen uns in der Wohnung der Jungen. Ich mußte einfach von meinem Aufenthalt in Hawaii erzählen und was er mir gebracht hatte. »Peter, endlich ist mir ein Licht aufgegangen. Jetzt weiß ich, was in dir vorgeht, und ich finde, wir sollten für ein paar Wochen zusammen hinfahren. Ich fühle mich als Frau wie neugeboren. Ich habe Penny versprochen, bei ihr zu bleiben, bis ihr Baby geboren und sie aus dem Krankenhaus entlassen ist, aber danach bin ich frei. Wir könnten also etwa im September nach Hawaii gehen.«

Peter war sehr still geworden. Er stand mit dem Rücken zu mir und sah aus dem Fenster. Dann drehte er sich um und sagte: »Ich fahre im Juli nach Hawaii.«

»Ach Peter«, sagte ich, »kannst du nicht bis September warten, so daß wir zusammen fahren können?«

»Ich fahre im Juli, Eileen, und diesmal mit einer neuen Partnerin, einer Frau, die ich in Kalifornien kennengelernt habe.«

Einen endlosen Augenblick lang war ich wie benommen und begriff gar nicht, was er da gesagt hatte. Dann überstürzten sich meine Gedanken förmlich. Aber wir wollten doch an diesem Morgen alle zusammen an Christophers Abschlußfeier teilnehmen! Warum sagte er das jetzt? Wie konnte ich damit den Tag überstehen? Wer ist sie? Wie konnte er nur! Noch dazu jetzt, wo ich bereit war, mich zu ändern und dem Frauenbild ähnlich zu werden, das ihm vor Augen stand?

Wir gingen zu der Feier und hielten danach im Botanischen Garten ein Picknick ab. Ich kochte innerlich. Ich war verletzt und wütend und fühlte mich vollkommen zurückgestoßen. Peter war nichts anzumerken, er zeigte keinerlei Gefühl und plauderte mit den Jungen, als sei nichts vorgefallen. Schließlich brach meine Wut aus mir hervor, ich riß meinen Ehering vom Finger und warf ihn Peter, der im Gras lag, an den Kopf.

»Die Scheidung kannst du sofort haben«, sagte ich bitter. »Ich werde sobald wie möglich einen Anwalt aufsuchen.« Und damit stürmte ich davon, um allein zu sein. Ich fand eine ruhige Bank unter einem ausladenden Baum und bat um Weisung. Alles, was ich vernahm, war: »Du kannst dich nicht im Zorn von Peter scheiden lassen.« Warum zum Teufel nicht? Und doch wußte ich, daß es wahr war.

Irgendwie schaffte ich es diesen Abend, mit Peter und den Jungen zu speisen. Ich schlief in einem eigenen Zimmer und sah Peter am nächsten Morgen nicht mehr, denn ich nahm den Frühzug nach Devon zu meiner Tochter. Ich dankte Gott, daß ich irgendwohin gehen konnte und viel zu tun hatte, was mich ablenkte, da ich im Augenblick nicht zur Gemeinschaft zurückzukehren vermochte.

Im Hause meiner Tochter war ich den ganzen Tag über mit den drei kleinen, lebhaften Enkelkindern beschäftigt, aber die Nacht war die reine Hölle. Ich konnte nicht einschlafen, weil ich mit all den negativen Empfindungen in meinem Innern zu kämpfen hatte. Ich wollte vernünftig sein und mich der Situation gewachsen zeigen, aber ich tappte völlig im Dunkeln einen endlosen Tunnel entlang. Als Frau und Gattin hatte ich offenbar total versagt. Meine Kinder brauchten mich auch nicht mehr, seit sie erwachsen waren und ihr eigenes Leben lebten. Und Peter hatte weder Verlangen nach mir noch Verwendung für mich. Nicht einmal in der Gemeinschaft hatte ich eine Funktion, da die Leute alles selbst regelten und mich als einen ihrer »Eltern« nicht mehr brauchten. Dahin wollte ich nicht zurück.

Meine Weisungen waren allerdings klar und deutlich. Gott sagte mir immer wieder, ich dürfe mich nicht von Peter trennen. Ich solle abwarten. So viel sei im Umbruch, daß ich mich in Geduld fassen müsse. Ich sollte zur Gemeinschaft zurückkehren, auch wenn ich nicht wollte. Ich sollte Peter vollkommen freien Lauf lassen. Was ich hörte, sagte mir keineswegs immer zu, aber die Zeiten des Stilleseins, in denen ich auf Gott lauschte, stellten eine Art Rettungsleine für mich dar, an die ich mich klammerte.

Seit meinem Treffen mit Peter in Edinburgh hatte ich niemandem zu Hause geschrieben, und es war fast wie ein Schlag ins Gesicht, als ich auf einmal viele Briefe von Leuten aus der Gemeinschaft erhielt, die wie Beileidsbekundungen klangen. Ich rief Peter an. Zu meinem Erstaunen erklärte er, der ganzen Gemeinschaft mitgeteilt zu haben, daß wir auseinandergingen, und die Gemeinschaft François Duquesne zu treuen Händen überantwortet zu haben, mit dem er seit Jahren zusammengearbeitet hatte und den er für hervorragend geeignet hielt, die Leitung zu übernehmen. Er selbst würde die Findhorn-Gemeinschaft endgültig verlassen.

Ich konnte es kaum glauben, daß Peter nicht auf meine Rückkehr gewartet hatte, ehe er diese Ankündigungen machte. Es klang so kurz und trocken. Jetzt konnte ich schon gar nicht zur Gemeinschaft zurück. Ich wollte nur allein sein, um mit mir selbst ins reine zu kommen.

Doch meine Weisungen blieben klipp und klar. Ich mußte zurück. Wenn ich es nicht sofort tat, mußte ich es später nachholen, und dann würde es noch schwieriger sein. Also bat ich Gott um die Gna-

Die Familie Weihnachten 1978.

de, mich in die Lage zu versetzen, zurückkehren, 200 netten, lieben Leuten gegenübertreten und deren Zuwendung und Liebe hinnehmen zu können. O Gott, was mochten sie bloß von mir denken? – nach all der Unterstützung, die sie uns gegeben hatten, um zu einer Lösung unserer Probleme zu kommen, all den in uns gesetzten Hoffnungen, daß wir den Durchbruch schaffen würden, all den Erwartungen, die diese Seelen daran knüpften, daß Peter und ich die Antwort auf eine Frage finden würden, die so alt war wie die Welt. Und ich hatte versagt.

Kapitel 11

In einer Vision sah ich mich selbst als Raupe. Ich fraß alles, was vor mir war, und die materiellen Dinge des Lebens bedeuteten ungemein viel. Dann begann sich tief in meinem Innern etwas zu regen. Ich fühlte eine göttliche Unzufriedenheit, die in mir den Wunsch nach Veränderung weckte. Da verpuppte ich mich, und in der inwendigen Stille betete und meditierte ich.

Nach einiger Zeit sehnte sich die Larve danach, mehr zu sein. Wieder wollte ich mich verwandeln, wollte aus meinem dunklen, engen Gehäuse ins Licht hinaus und ein Schmetterling werden. Die Zeit der Abgeschiedenheit ging zu Ende. Ich fing an, mich zu winden und zu krümmen, bis ich zur Sonne durchbrach. Zuerst klebten meine Flügel noch zusammen, doch in der warmen Sonne trockneten sie rasch. Ich schüttelte meine Flügel und flog los. Ich war frei! Das Leben war erfüllt von Harmonie, Liebe, Licht und geistiger Freude.

Ich fragte, wozu ich auf dieser Erde sei. Mir wurde gesagt, ich sei hier, um Gott und der Menschheit zu dienen, um überall auf der Welt Liebe, Freude und Frieden zu säen, wie Gott zu sein und andere ins eigene Innere zu führen, damit sie aus diesem göttlichen Zentrum heraus leben, sich entfalten und von dorther ihr Sein empfangen können.

Keine Sekunde lang hatte ich daran gedacht, Peter könnte mich verlassen. Bei allen Höhen und Tiefen war ich immer fest überzeugt gewesen, wir würden unsere Schwierigkeiten überwinden und daraus hervorgehen als starkes, ausgeglichenes Paar, das anderen dabei helfen konnte, einen ähnlichen Ausgleich in ihrer eigenen Beziehung zu schaffen.

Ich hatte aufrichtig darum gebetet, gezeigt zu bekommen, wie ich die ganze Menschheit vorbehaltlos lieben könne. In meinen Meditationen überantwortete ich mich dem Dienst Gottes und war willens, alles zu tun, um in dieser Art lieben zu lernen. Mir war allerdings nicht bewußt geworden, daß ich die Folgen tragen mußte, wenn ich so gewaltige Kräfte herabrief.

Als Peter mich verließ, protestierte ich Gott gegenüber: »Nein! Das habe ich nicht gewollt!« Aber meine innere Stimme sagte: »Du hast gesagt, du wolltest vorbehaltlos lieben lernen. Dies ist eine gute Gelegenheit, Peter lieben zu lernen, ohne Erwartungen oder Forderungen daran zu knüpfen.« Die Zeit war gekommen, mich aus meiner Abhängigkeit von Peter zu lösen und selbständig zu werden. Ich bat Gott, daß er sich meiner erbarmen und mir hierbei helfen möge.

Die erste Hürde, die ich zu bestehen hatte, war meine Rückkehr zur Gemeinschaft. Ich hätte mich am liebsten in eine dunkle Ecke verkrochen und meine Wunden geleckt, und noch mehr als die zu erwartende Verurteilung fürchtete ich die Woge des Mitleids, die mir womöglich entgegenschlagen würde. Meine Weisung gebot mir jedoch klar und deutlich, daß ich zurückkehren und allen offen entgegentreten müsse. Wie froh bin ich, daß ich das getan habe! Ich wurde liebevoll als Familienmitglied empfangen und so oft allein gelassen, wie es mir guttat. Jeder schien einzusehen, daß es wirklich Zeit für Peter war, zu gehen und die Gemeinschaft in eigener Verantwortung zurückzulassen. Der Abstand, den sie liebevoll hielten, ließ mich wieder zu Kräften kommen und zeigte mir den Unterschied zwischen

Mitgefühl und Mitleid: Das eine bietet Liebe und Kräftigung an, das andere eine Bestärkung in Selbstmitleid und Schwäche.

Entgegen meiner ersten Regung sah ich davon ab, mich sofort von Peter scheiden zu lassen. Meine Weisungen sagten mir eindeutig, ich dürfe mich nicht voller Ärger von ihm trennen. Es würde sicher lange dauern, bis ich ihm gegenüber keinen Groll mehr empfände, und da ich keinen Fehler machen wollte, tat ich lieber überhaupt nichts.

Kurz danach kam eine liebe Freundin, eine Therapeutin, eigens wegen mir nach Findhorn, um mir aus meinem Kummer herauszuhelfen. Tatsächlich hatte ich innerlich so vieles abzuklären. Ich war völlig erschöpft, aber sie kannte kein Pardon, denn die Zeit drängte, und es gab viel zu tun. Sie sagte, ich hätte eine offene Wunde im Ätherkörper, und bot mir an, mich zu einer Heilmeditation anzuleiten. Hier ist die Meditation, durch die Barbara mich führte:

Stell dir vor, auf einer Wiese zu sein – einer wunderschönen grünen Wiese, wo du glücklich bist und dich wie zu Hause fühlst . . . In der Ferne bemerkst du einen hohen Berg, und du gehst langsam darauf zu . . . Du siehst einen spiralig gewundenen Pfad, der zum Gipfel emporführt, und beginnst mit Leichtigkeit hinaufzusteigen . . .

Mühelos erreichst du den Gipfel des Berges, und dort findest du einen Tempel . . . Im Tempel ist ein Altar . . . Leg jetzt alles aus deinem Leben auf den Altar und übergib es Gott.

Im Geiste brachte ich Peter auf dem Altar dar, dazu all meine Wut, meine Eifersucht und Enttäuschung, meinen Kummer und meinen verletzten Stolz. Alles das übergab ich Gott.

Barbara fuhr fort:

Stell dir nun einen Engel vor, der neben dem Altar steht und eine goldene Schere in der Hand hält . . . Nimm die Schere und schneide aus eigenem Antrieb die psychische Nabelschnur durch, die Peter und dich über die Jahre miteinander verbunden hat.

Ich durchschnitt die Schnur mit der Schere, die mir der Engel gab, band sie zu einem Knoten und legte diesen in mein Sonnengeflecht.

Der Engel sagte mir, ich solle mich nicht um Peters Schnurende kümmern – dafür werde gesorgt. Dann kam ich aus dem Tempel heraus und versenkte mich in stiller Meditation.

Während der Meditation stand ich auf einmal vor einem silbernen Kuppelbau. Ich ging hinein und stellte mich in die Mitte unter die Kuppel. Auch das Innere war silbern. Als ich dort stand, hörte ich die Worte: »Nimm jetzt die Freiheit und die Freude des Geistes hin.« Dann war mir, als öffne sich meine Schädeldecke und als ströme das Silber der Kuppel in mich hinein und durchdringe mein ganzes Sein und Wesen. Es ergoß sich in jede Faser meines Wesens, bis nichts mehr von mir übrig war als lauteres Silber.

Nachdem Barbara wieder in die Vereinigten Staaten abgereist war, fragte ich Gott, was es mit dem Erlebnis an diesem Wochenende auf sich hätte. Mir wurde gesagt, seine gute Wirkung würde ich rechtzeitig zu spüren bekommen. Etwa zwei Tage später wurde mir bewußt, daß ich mich frei fühlte. Das vorherige Gefühl der Bindung an Peter war weg und ebenso die damit verbundene Qual. Noch wunderbarer aber war es, daß ich ihn auf einmal lieben und segnen konnte. Ich dankte Gott für diese herrliche Empfindung und hoffte nur, daß sie anhielt. Es sollte jedoch noch Jahre dauern, bis ich mit meinen Gefühlen bezüglich Peter ins reine kam. Jedesmal, wenn ich meinte, es geschafft zu haben, geschah etwas, das mich aus dem Gleichgewicht und wieder zu Fall brachte. Und dann merkte ich, daß ich immer noch mit kleinen Haken und Klammern an Peter festgemacht war, die ich erst lösen mußte, ehe ich wirklich von mir behaupten konnte, frei zu sein.

Manchmal war ich so sehr über mich selbst verärgert und von mir enttäuscht, daß ich mir immer wieder die Worte der Weisheit ins Gedächtnis zurückrufen mußte, die mir in einer Weisung zuteil geworden waren: »Keine Selbstverdammung, keine Selbstverurteilung. Verzeih dir, und dann weiter, denn Ich brauche dich. Es ist so viel zu tun.« Dann riß ich mich zusammen und versuchte erneut, ohne Vorbehalt zu lieben. Ich tat mein Bestes, die in dieser Situation verborgene Lektion zu erkennen, um sie zu lernen und dann weitergehen zu können, ohne Zeit und Kraft an mein Selbstmitleid und meine Versagergefühle zu verschwenden.

Ungefähr eine Woche nach Barbaras Abreise sprach Gott zu mir: »Jetzt möchte Ich, daß du Mir die Gemeinschaft auf dem Altar darbringst.« Es war mir unbegreiflich, warum ich das tun sollte. Ich fühlte mich nicht an die Gemeinschaft gekettet. Meine innere Stimme sagte: »Erst mußtest du deine Kinder aufgeben, dann Peter, und jetzt ist es Zeit, die Gemeinschaft aufzugeben, dein größtes Kind.« Ich muß gestehen, daß ich heiße Tränen vergoß. Aber dann brachte ich die Gemeinschaft auf dem Altar Gott dar, und als ich das tat, kam mir zu Bewußtsein, daß sie das Letzte war, das ich hatte. Jetzt konnte ich mich an nichts mehr klammern und war auf nichts mehr angewiesen. In Zukunft war Gott allein meine Zuflucht. Ich hatte Gott in meinem Leben den ersten Platz eingeräumt und akzeptierte nun die Freiheit des Geistes.

Es tat weh, von der Gemeinschaft zu lassen, nicht zuletzt deshalb, weil sie gerade einen Reifungsprozeß durchmachte und aufrührerisch jeden Rat einer Elternfigur wie etwa mir ablehnte. Ich hielt mich zurück und ließ vieles geschehen, was mir mißfiel; in meinen langen Stunden der Meditation wurde ich dazu ermutigt, eine starke Brücke der Liebe zur Gemeinschaft zu schlagen, die ich einst beschreiten könne.

Auch durfte ich die Gemeinschaft in einer Vision schauen. Sie war ein herrlicher, hochgewachsener, starker Baum. Ich vernahm die Worte: »Die Blätter wechseln mit den Jahreszeiten, wie die Leute kommen und gehen, und bei einem Sturm werden sogar manche Äste abbrechen, wie Peter davongegangen ist; aber der Stamm ist stark und wahr, und die Wurzeln reichen tief, tief hinab. Sie wurzeln in Mir, und der Saft kreist frei. Ich bin der Saft. Beunruhige dich nicht.«

Die Erinnerung an diese Vision half mir viele Male weiter, denn ich sah, daß die spirituellen Wurzeln wirklich in Gott begründet waren und daß die Gemeinschaft, auch wenn wir einige drastische Veränderungen durchzustehen hatten, stark bleiben würde, was immer auch geschehen mochte. Für diese tröstliche Zusicherung war ich zutiefst dankbar, als sich erwies, daß wir tatsächlich mit einschneidenden Veränderungen und Umwälzungen fertig werden mußten.

Ich wurde gezwungen, mich zu ändern. Mein ganzes Leben lang war ich Veränderungen unterworfen worden, gegen die ich mich stets bis zuletzt gewehrt habe. Einmal wurde mir das treffende Bild einer Topfpflanze vor Augen geführt: Der Topf ist zu klein für meine Wurzeln, die über den Rand hinausdrängen und verzweifelt eine Ausbreitungsmöglichkeit suchen, weil ich keinen Platz zum Wachsen habe. Aber ich fühle mich sicher in meinem kleinen Topf. Er ist trotz seiner Enge recht behaglich, und ich will mich gar nicht verändern.

Eine Pflanze, deren Topf zu klein geworden ist, muß in einen größeren Topf umgepflanzt werden, damit sie nicht abstirbt. Dazu muß ihr Topf auf den Kopf gestellt und der Erdballen durch einen kurzen, harten Schlag herausgelöst werden. Wenn die Pflanze jedoch zu fest sitzt, muß der Topf zerschlagen werden. Ist sie erst einmal in ihrem neuen, größeren Gefäß, gedeiht sie bald wieder gut. Meine Angst vor Veränderungen und vor dem Ungewissen hat mich oft in meinem sicheren kleinen Topf festgehalten, und manchmal war ein kräftiger Schlag nötig, um mich daraus zu befreien. Aber immer, wenn ich mich verändert habe, atme ich erleichtert auf, weil ich wieder wachsen kann. Schaue ich dann zurück auf die wichtigen Lektionen, die ich dadurch gelernt habe, fällt mir der nächste Schritt ein wenig leichter.

Meine Beziehung zu Peter mußte einfach anders werden, damit ich wachsen konnte. Mein Leben hatte sich nur um ihn gedreht, so ähnlich wie es meiner Mutter bei meinem Vater gegangen war. Ich lebte in Peters Welt und hing in allem von ihm ab. Ich liebte seine Vitalität, seine unerschöpfliche Energie und seinen Positivismus, obgleich ich damit nur schwer zurechtkam, wenn ich niedergeschlagen war. Ich fand unsere Team-Arbeit gut, die Art und Weise, in der wir stets in bester Harmonie zusammengearbeitet hatten, und seine Bitten um Weisung, die mir bisweilen lästig gewesen waren, hatten mir doch auch das Gefühl gegeben, innerhalb des großen Ganzen gebraucht zu werden und Gewicht zu haben. Und wiewohl nicht viel Zärtlichkeit zwischen uns zu spüren war, waren wir doch von Gott in einer bestimmten Absicht zusammengeführt worden; wir waren die zwei Hälften eines Ganzen.

In den ersten paar Monaten, nachdem Peter fort war, dachte ich viel nach und begann, verschiedene Erlebnisse zusammenzufügen, die mir miteinander verbunden zu sein schienen. Ich erinnerte mich wieder an eine Vision, die ich 1974 gehabt hatte, als meine Beziehung zu Peter die ersten Sprünge bekommen hatte: Ich war zum Anfang der Zeiten geführt worden, als die Menschen noch ätherische Wesen mit Lichtkörpern waren. Peter und ich bildeten zusammen einen Lichtkörper. Dann sah ich, wie wir uns teilten und ein jeder von uns seinen Weg ging. Mein Wesen verdichtete sich immer mehr, und ich durchlebte Leben um Leben voller unsäglicher Leiden, Schmerzen und Qualen. Ich wanderte umher und suchte nach etwas, das ich verloren hatte und von dem ich nicht wußte, was es war. Ich war eine verlorene Seele. Vielleicht wurden Peter und ich von Zeit zu Zeit zusammengebracht, aber wir erkannten einander nicht. Dann wurde mir dieses Leben geschenkt, und Gott sagte: »Jetzt ist die Zeit da. Ich habe euch zusammengeführt, damit ihr eine ganz bestimmte Arbeit für Mich verrichtet. Ihr sollt den vielen die allumfassende Liebe bringen. Wenn ihr eins seid, könnt ihr das. Ihr sollt helfen, die gewaltigen kosmischen Christusenergien zu binden, die in dieser Zeit freigesetzt werden.«

Dann wurde mir ein großer Lichtball am Himmel gezeigt, von dem viele Schnüre herabhingen. An jeder Schnur hing ein Wesen und half, diesen großen Lichtball fest zu verankern. Das Licht strömte durch die Schnüre in die Wesen hinein und verschmolz sie mit der Erde, und ich hörte die Worte: »Die Erlösung der Erde. Dies ist das Werk der Bruderschaft.«

Und ich sah unser höheres Selbst, das unglaublich schön war. Aber es waren zwei Selbste. Ich sah, wie sich die beiden begegneten, miteinander verschmolzen und wieder eins wurden, wie es am Anfang war. Und ich hörte die Worte: »Die Erlösung der Menschheit.«

Ich erinnerte mich daran, daß ich kurz nach diesem Visionserlebnis in dem Buch *New Age Tantra* von John Zitko Howard auf eine Schilderung der »kosmischen Schnüre« gestoßen war:

Kosmische Schnüre entstehen durch Dienen, sie können und werden wahrscheinlich zur Liebe hinführen, finden jedoch ihre höchste Erfüllung in einer bestimmten hierarchischen Arbeit, die nur von zwei

Personen oder Eingeweihten verschiedenen Geschlechts bei Aufrechterhaltung der Polarität verrichtet werden kann. Die Partner wählen einander nicht aus, sondern werden entsprechend ihrer verschiedenen Fähigkeiten und Eigenschaften im Hinblick auf die Bewältigung einer schwierigen spirituellen Aufgabe von erheblicher Bedeutung zueinander hingezogen. Die darin zum Ausdruck kommende Selbstlosigkeit ist auf einer höheren Ebene anzusiedeln als die Ehe zweier »Zwillingsseelen«, obwohl sie deren Werte mitumfaßt. Die kosmische Schnur beginnt auf der höchsten Ebene und arbeitet sich dann vor bis zur physischen Ebene, wo sich die Beziehung vollendet.

Etwas von dem, was hier beschrieben wurde, traf auf die Beziehung zwischen mir und Peter zu. Ich rief mir unser Gespräch auf der Veranda bei mir daheim in Habbanya vor vielen Jahren ins Gedächtnis zurück, wo er mir aufgeregt von seiner Entdeckung erzählt hatte, daß wir die »zwei Hälften eines Ganzen« wären. Mir kam wieder in den Sinn, wie bekümmert er war, als er zu mir kam, nachdem ich zu meinen Kindern zurückgekehrt war, wie er beharrlich behauptet hatte, ich schaffe zusätzliches »Karma« für uns beide und ohne mich könne er Gottes Plan nicht erfüllen. Wir hatten eigentlich nie eine klassische Liebesbeziehung. Peter hat immer gesagt, er habe sich nie in mich verliebt und sich bis zu dem Zeitpunkt, wo ich mit ihm fortging, nur ein einziges Mal ganz kurz emotional und physisch zu mir hingezogen gefühlt. Das hatte mich stets geärgert, da ich selbst mich Hals über Kopf in ihn verliebt hatte und Andrew und meine Kinder nie verlassen hätte, wenn mich nicht die leidenschaftliche Liebe zu Peter verzehrt hätte.

Es erschien mir einleuchtend, daß unsere Verbindung von höherer Ebene geplant worden war. Tatsächlich hatten wir die Arbeit, für die wir zusammengeführt worden waren, vollendet, und die Findhorn-Gemeinschaft stand auf eigenen Füßen, blühte und gedieh. Ich sah langsam ein, daß der nächste Schritt für jeden von uns dahinging, unser individuelles Selbst weiterzuentwickeln, in uns selbst das Gleichgewicht zu finden, zu dem bisher der andere nötig gewesen war. Und sosehr wir auch beide gewünscht haben mögen, diese Individualität schon in unserer Ehe zu verwirklichen, waren wohl letztlich unsere eigenen Muster doch zu stark und zu fest ineinander verzahnt, so daß wir getrennt werden mußten.

Ich hatte Gelegenheit, die Meditationsübung über das Männliche und Weibliche zu wiederholen, die mir so sehr geholfen hatte, als mir erstmalig bewußt wurde, daß ich diese beiden Aspekte meiner selbst zu einem Ausgleich bringen mußte. Wieder war mein männliches Symbol ein großer goldener Löwe und das weibliche ein reines weißes Einhorn. Diesmal machte mir Mary, das Gemeinschaftsmitglied, das mich durch die Meditation geleitete, den Vorschlag, ich solle noch ein drittes Symbol aufsteigen lassen. »Dieses dritte Sinnbild«, sagte sie, »wie immer es auch zustande kommen mag, ob durch Verschmelzung der beiden oder als etwas von ihnen Getrenntes, steht für die Vereinigung des Maskulinen und des Femininen in dir.«

Im Geiste sah ich eine voll erblühte rote Rose mit goldenem Innenkelch, das Symbol der reinen und vorbehaltlosen Liebe. Ganz unvermutet stieg eine Welle der Freude in mir auf. Zum ersten Mal in meinem Leben empfand ich absolute Liebe sowohl für meinen männlichen als auch für meinen weiblichen Aspekt. Jetzt verstand ich, warum es so wichtig für mich war, diese beiden Wesensseiten meiner selbst ins Gleichgewicht zu bringen. Nur bei solcher vollkommenen Harmonie konnte vorbehaltlose Liebe zum Ausdruck kommen.

Wie in aller Welt würde ich je lernen, Peter vorbehaltlos zu lieben? Obwohl es mir in der Meditation gelang, Peter loszulassen und vorübergehend zu geistiger Ruhe und Freiheit zu finden, fühlte ich mich meist weiterhin zurückgewiesen und bemitleidete mich selbst, schlimmer noch: Ich schäumte oft vor Wut, Eifersucht und Groll. Viele Male war ich versucht, mein Herz vor Peter zu verschließen, um mich durch Bitterkeit und Verschlossenheit unempfindlich gegen weitere Schmerzen zu machen. Aber ich hatte ja darum gebeten, vorbehaltlos lieben zu lernen, und deshalb mußte ich offen bleiben, mich wandeln und wachsen.

Peter lebte schon sechs Monate auf Hawaii, als mir meine innere Stimme gebot, ihm zu schreiben, den Kommunikationsfluß aufrechtzuerhalten und die Liebe weiter strömen zu lassen. Ich sträubte mich dagegen, vermochte jedoch meinen Stolz hinunterzuschlucken.

Fortan schrieben wir uns, und in einem seiner Briefe erwähnte er, jemanden kennengelernt zu haben, der eine geistige Botschaft von Kuan-yin empfangen hatte. Ich hatte keine Ahnung, wer oder was Kuan-yin war. Drei Tage später polierte ich gerade meinen Frisierspiegel, als eine Karte aus dem Rahmen rutschte. Es war das Bild einer ostasiatischen Frauenfigur. Ich drehte es um. Auf der Rückseite stand:

Kuan-yin ist das altchinesische Symbol der Weltenmutter und repräsentiert das weibliche Prinzip der Schöpfung, das Mütterliche im Göttlichen. Das weibliche Prinzip hat in der Geschichte die verschiedensten Namen . . . Mutter, Kundalini, Isis, Sophia, Jungfrau Maria. Der Grundgedanke des von den Propheten vorausgesagten anbrechenden »neuen Zeitalters« ist die bewußte Wiederherstellung des goldenen Gleichgewichts zwischen dem männlichen und weiblichen Prinzip. Dieses goldene Gleichgewicht ist im Herzen aller Menschen zu finden und ist nichts anderes als das wahre Selbst. Erkenne das Gleichgewicht, indem du seinen Ursprung ehrst, das wahre Selbst. Deine Urnatur ist die Liebe. Gott wohnt in dir, als dein Selbst.

Mein Gefühl drängte mich, diese Karte an Peter zu schicken, und so steckte ich sie in einen Umschlag und sandte sie noch am selben Tag los. Die Verbindung zwischen Kuan-yin und Maria, mit der ich schon so lange in Beziehung stand, faszinierte mich. Bald danach sah ich mich in einer Meditation einen Schrein oder eine Kapelle betreten. Drinnen war es ziemlich dunkel. Auf der anderen Seite des Raumes stand eine Statue von Kuan-yin. Als ich näher kam, sagte sie: »Ich habe auf dich gewartet.« Ich setzte mich mit gekreuzten Beinen vor ihr nieder und wurde mit Milch übergossen. Dann segnete mich Kuan-yin und sagte: »Geh hinaus auf alle Straßen und Märkte und wisse, daß du vollkommen geschützt bist.« Wieder segnete sie mich, und ich dankte ihr und ging davon. Seitdem habe ich mich auf all meinen Reisen absolut sicher gefühlt.

Ich wünschte mir, eine kleine Figur der Kuan-yin zu besitzen, die ich auf Reisen mitnehmen konnte. Eines Tages kam mein Enkel Jason ganz aufgeregt zu mir gerannt und zerrte mich in sein Zimmer. Er überreichte mir eine winzige Statue der Kuan-yin und sagte, die wäre für mich.

»Wo hast du die bloß gefunden, Jason?« fragte ich ihn entzückt.

»Ich habe sie in meiner Spielzeugkiste gefunden«, erwiderte er.

Ich fragte meine Schwiegertochter, aber sie behauptete, die Figur nie zuvor gesehen zu haben. Woher sie kommt, werde ich also nie erfahren, doch sie reist in meiner Handtasche überallhin mit mir.

Ich spürte, wie mich die Gegenwart von Kuan-yin und Maria mit Licht erfüllte und mir viel Kraft und Mut gab, meinen Weg des inneren Ausgleichs und der vorbehaltlosen Liebe weiterzugehen. Auf meinen Reisen in alle Welt sind sie mir in Visionen wie auch in greifbarer Form erschienen. Einmal war ich in New York bei einem Freund zu Besuch. Nach einer gemeinsamen Meditation spürte ich den übermächtigen Drang, in den kleinen, an die Wohnung grenzenden Dachgarten hinauszugehen. Als ich hinaustrat, sah ich draußen auf der Brüstung eine große Statue der Kuan-yin. Gleich dahinter war das Empire State Building. Mein Freund erzählte mir, daß er Kuan-yin seit vielen Jahren kenne und sie ihm viel bedeute.

In meiner Verwunderung über die Verbindung zwischen Kuan-yin und Maria erinnerte ich mich auf einmal an eine Vision, die ich 1960 gehabt hatte: Ich hatte mich selbst halb männlich, halb weiblich gesehen, halb östlich und halb westlich und mit gekreuzten Beinen auf dem Boden sitzend. Genau vor und über mir befanden sich zwei unglaubliche Wesen. Das eine nannte sich Konfuzius, und das andere behauptete, als der Alte des Ostens und des Fernen Ostens bekannt zu sein. Sie fingen an, mit großer Weisheit über die menschliche Gemeinschaft, die Einheit von Ost und West und viele andere Dinge zu diskutieren, die ich nicht verstand. Ich saß da und sog alles in mich auf. Dann zeigten sie mir eine mächtige Tür, die innen und außen verriegelt und verschlossen war. Sie gaben zu verstehen, daß sie aufgeschlossen werden sollte. Ich fragte, wie das bewerkstelligt werden könne. Der Alte des Ostens und des Fernen Ostens griff mit der Hand in mich hinein und zog mein Herz heraus. Ich sah es klopfend auf seiner Hand liegen. Dann sah ich, wie es wuchs und sich mit

Licht füllte. Ich dachte im stillen: »Wenn er es nicht bald an seinen Platz zurücksteckt, wird es nicht mehr hineinpassen!« Aber das hatte keine Wirkung. Jetzt beobachtete ich, wie ich selbst in das Herz gezogen wurde, bis ich nicht länger einfach ich war; ich war ganz Herz. Er bedeutete mir, dies sei die Art und Weise, in der Westen und Osten miteinander verbunden und die Gemeinschaft aller Menschen erreicht werden würde – durch Liebe.

Damals konnte ich die Bedeutung dieser Vision überhaupt nicht verstehen, aber jetzt hatte sie einen tiefen Sinn. Sie gab meiner Verbindung mit der Kuan-yin des Ostens und der Maria des Westens einen Sinngehalt und entfachte bei mir ein lebhaftes Interesse, vorbehaltlos lieben zu lernen. Ich sann über die Liebe in all ihren Formen nach. Die vorbehaltlose Liebe wurde zum zentralen Thema meines Lebens. Ich meditierte über die Liebe, las darüber und sprach davon mit jedem Menschen, dem ich begegnete. Wieder beschäftigte mich die Frage, die mir während meiner Busfahrt in den Sinn gekommen war, bevor Peter und ich uns getrennt hatten: Kann ich dir und kannst du mir sagen »Ich liebe dich«, ohne daß sich einer von uns dabei unbehaglich oder bedroht fühlt? Ich sehnte mich von ganzem Herzen danach, eines Tages sagen zu können: »Ja, Peter, ich liebe dich einfach so, wie du bist!«

Je mehr ich über die vorbehaltlose Liebe nachdachte, um so mehr Fragen stiegen auf. Manche bezogen sich auf Peter, andere auf meine Kinder, und wieder andere einfach auf Leute, die ich kannte. Eine jede stellte mich vor die Aufgabe, entweder zu vergeben oder loszulassen.

Kann ich zu allen Zeiten ich selbst sein? Können andere in meiner Gegenwart ganz sie selbst sein, ohne daß ich sie werte, verurteile oder kritisiere? Solange ich mich selbst verurteilte, würde ich auch andere verurteilen. Ohne mich selbst richtig zu würdigen und mit all meinen Schwächen und Stärken akzeptieren zu lernen, würde ich nicht einmal den Anfang des Weges zur vorbehaltlosen Liebe betreten können. Ich mußte bei mir selbst anfangen.

Kann ich lieben und weiterlieben, ohne eine Gegenleistung dafür zu erwarten? Das ist sehr schwer, wenn man nicht zum Märtyrer werden will. Und doch ist es leicht bei den Kindern.

Kann ich jemanden immer in dem gleichen Maße lieben, ob wir zusammen oder auseinander sind? In gewisser Hinsicht war es leichter, Peter aus der Ferne zu lieben, nur hatte diese Liebe nicht die gleiche Tiefe. Hingegen fiel es mir leicht, meinen guten Freund Sandy zu lieben, wo immer er war.

Vermag ich jemanden auch dann noch zu lieben, wenn mir irgend etwas mißfällt, was er oder sie gesagt oder getan hat? Das fiel mir besonders schwer! Lange Zeit konnte ich diese Frage nicht mit »Ja« beantworten. Ich hatte das Gefühl, daß der Mensch, den ich unter solchen Umständen liebte, womöglich dächte, ich hieße sein Tun und Lassen gut, und er würde damit fortfahren. Nach gründlicher Gewissenserforschung kam ich zu dem Schluß, daß ich sagen konnte: »Ich liebe dich, *und* ich finde nicht gut, was du gesagt oder getan hast.«

Kann ich jemandem so viel Liebe entgegenbringen, daß ich ihn gehenlasse, damit er wachsen und reifen kann? In bezug auf die Jungen konnte ich diese Frage zu meiner Freude wieder bejahen, aber bei Peter war ich mir da nicht so sicher.

Kann ich jemandem so viel Liebe entgegenbringen, daß ich aufhöre, ihm zu helfen, wenn ich weiß, daß ich ihn durch meine Hilfe in seiner Entwicklung hemme? Ich beobachtete ein Gemeinschaftsmitglied bei seinem Kampf mit dieser Frage. Es handelte sich um eine schützende und einengende Liebe, die eigentlich keine Liebe war. Das größte Liebeswerk war letztlich das Loslassen.

Die letzte Frage war damals die allerschwierigste für mich: Vermag ich jemandem – Peter – so viel Liebe entgegenzubringen, daß ich ohne Bitterkeit, Groll oder Eifersucht zusehen kann, wie er mich um eines anderen Menschen willen verläßt? Natürlich nicht. Zumindest nicht ohne Gottes Hilfe.

Meine Gefühle waren mir immer wieder im Wege. Als ich fragte, wie ich darüber hinwegkommen könnte, wurde mir gesagt, mir jede Empfindung vorzunehmen und mich selbst und das Gefühl lieben zu lernen. Dadurch würde ich das Negative in Positives umwandeln. Es war sehr schwer, mich selbst zu lieben, wenn ich eifersüchtig, wütend oder gereizt war. Am liebsten hätte ich all diese unangenehmen Seiten meiner selbst unter den Teppich gekehrt und sie vergessen.

Aber mir war bewußt, daß ich alle Aspekte meines Wesens akzeptieren mußte, um vollständig zu sein.

Was ich kaum zu überwinden vermochte, war das Gefühl des Zurückgestoßenwerdens. Ich fühlte mich zutiefst zurückgewiesen als Frau und als Gattin. Ich arbeitete mit Hilfe von Affirmationen an mir, um mein Selbstwertgefühl wiederherzustellen. Ich hielt nach dem Guten in mir Ausschau und konzentrierte mich darauf, und je mehr ich mich allmählich zu lieben begann, um so mehr schwand mein Groll gegen Peter. Ich konnte seine Haltung besser verstehen, ohne meiner eigenen Unzulänglichkeit die Schuld daran zu geben.

Es ergaben sich viele Gelegenheiten, bei denen ich meine Fähigkeit, Peter vorbehaltlos zu lieben, auf die Probe stellen konnte. Als er mir 1982 schrieb, er wolle wieder heiraten, reagierte ich mit tiefem Mißfallen. Paula war erst 33! Doch nachdem ich Gott in der Meditation um Hilfe gebeten hatte, vermochte ich Peter in seinem neuen Leben in aller Aufrichtigkeit zu segnen. Ich war froh, mich nicht im Streit von ihm getrennt zu haben, wie ich ursprünglich vorgehabt hatte; nun wurden wir doch wenigstens in relativ gutem Einvernehmen voneinander geschieden.

Als mich Peter allerdings davon in Kenntnis setzte, daß Paula ein Kind von ihm erwartete, mußte ich schlucken. »Du hast schon drei Söhne«, grollte ich in mich hinein, »und hast dir nie die Zeit genommen, sie richtig kennenzulernen. Warum brauchst du also noch mehr?« Zu meiner Überraschung lud Peter unsere beiden jüngsten Söhne für die Ferien zu sich nach Kalifornien ein. Das besänftigte mich zwar etwas, aber die Eifersucht blieb. Das Grollen ging weiter: »All die Jahre, in denen sie herangewachsen sind, hat er die Kinder mir überlassen, und jetzt, wo sie groß sind, denkt er, er kann sich ihre Liebe mit einem exotischen Urlaub erkaufen!« Diese Gedanken lieferten mir eine Menge Stoff, an dem ich auf meinem Weg zur vorbehaltlosen Liebe arbeiten mußte. Nach einiger Zeit vergab ich Peter und freute mich, daß er sich einmal Zeit für seine Söhne nahm, ehe er wieder Vater wurde.

Als ihr Kind geboren war, schrieb ich an Paula. Ich habe gelernt, schwierige Situationen geradewegs anzugehen, und Berge sinken dabei meist zu Maulwurfshügeln zusammen. Ich wollte auf eine USA-

Tour gehen und fragte deshalb an, ob ich sie in Mount Shasta, ihrem Wohnort, besuchen dürfe. Sie waren hocherfreut. Peter, seiner neuen Frau und dem Baby gegenüberzutreten war eine große Hürde, die es zu überwinden galt. Ich betete viel und umgab sie jeden Tag mit Liebe, und zu meinem Erstaunen verlief mein Aufenthalt dort ungewöhnlich harmonisch. Ich war ganz losgelöst von dem Leben, das Peter jetzt führte, und merkte, daß ich Paula und den kleinen Daniel ohne Schwierigkeiten lieben konnte. Eigentlich war ich sogar entzückt, Großmama spielen zu dürfen, und geradezu erleichtert, daß es Peter war und nicht ich, der sich auf das Abenteuer eingelassen hatte, eine neue Familie zu gründen. Hinten im Auto, mit Daniel auf dem Schoß, der ein Jahr jünger war als unser erster Enkel Jason, mußte ich mich doch wundern über die Ironie des Schicksals – mit 65 Jahren reiste *ich* nun um die Welt und hielt Vorträge und Workshops ab, während Peter zu Hause Windeln wechselte und um drei Uhr morgens aufstand, um das Baby zu versorgen!

Noch einmal mußte ich unter Beweis stellen, daß ich Peter und sein neues Leben akzeptierte. Das war 1983 zum 21. Geburtstag der Gemeinschaft. Alle meinten, Peter müsse eingeladen werden, und ich freute mich sehr darüber. Als er jedoch schrieb, er wolle Weib und Kind mitbringen, reagierte ich wie eine aufgebrachte Vogelmutter, die ihr Nest verteidigt. Peter sollte ruhig kommen – das wünschte ich sogar –, aber *nicht* alle drei. Dies war *mein* Hoheitsgebiet! Aber in der Meditation wurde mir klipp und klar gesagt, sie müßten alle drei kommen, und so bat ich um beständigen Beistand.

Voller Nervosität erwartete ich ihre Ankunft und meditierte jede freie Minute des Tages über die vorbehaltlose Liebe. Ich stellte mir vor, wie sie ins Gemeinschaftszentrum hereinkamen, und umgab sie einzeln mit Liebe und dem Gefühl, willkommen zu sein. Als sie schließlich eintrafen, war ich überrascht, überhaupt nichts Besonderes zu empfinden. Die alten Gefühle, die jahrelang an mir genagt hatten, waren wunderbarerweise verflogen, und ich vermochte alle drei recht vorbehaltlos zu lieben. Und mit dieser Liebe überkam mich die Freude und Freiheit des Geistes. Jetzt kam mir zum ersten Mal zu Bewußtsein, daß Peters Fortgang nur Gutes gebracht hatte.

Lange Zeit hatte ich mich gefragt, warum Peter und ich getrennt werden mußten, um unsere Lektionen lernen zu können, aber ganz allmählich dämmerte es mir, daß ich mich spirituell nicht hätte entfalten können, wenn wir nicht endlich auseinandergegangen wären. Ich mußte lernen, in meinem eigenen Licht zu stehen. All die Jahre, in denen Peter und ich zusammen waren, war ich damit zufrieden gewesen, in seinem Schatten zu stehen. Ich hatte keine eigene Identität. Ich diente Gott als Kanal, war Peters Frau und die Mutter seiner Kinder sowie der Gemeinschaft.

Mir eine neue Identität zu schaffen bedeutete mehr, als nur zu lernen, Peter auf eine neue Art zu lieben. Ich mußte auch bereit sein zu wachsen und lernen, unabhängig zu sein und auf eigenen Füßen zu stehen. Ich mußte Möglichkeiten finden, mit all den Herausforderungen fertig zu werden, die diese Veränderungen mit sich bringen würden. Da war zum Beispiel eine ganze Reihe von Einladungen an mich, hier und im Ausland Vorträge zu halten und Workshops zu leiten. Jetzt hatte ich keinen Peter mehr, um mich abzuschirmen, jetzt mußte ich selbst an die Arbeit.

1975 hatte ich eine Vision, die mir half, draußen in der Welt ich selbst zu bleiben: Ich sah, wie ich einen Ledersack voll winziger Samenkörner an der Hüfte trug. Ich hörte die Worte: »Gehe hin in alle Welt und säe Meine Saat der Liebe, des Friedens und der Freude. Wenn der Boden vorbereitet ist, will Ich dir den Weg ebnen.« Daraufhin fragte ich: »Hinauszugehen unter die Leute heißt doch sicher, ihnen von Findhorn zu erzählen und davon, was hier passiert?« Da vernahm ich ganz deutlich die Worte: »Was ist Findhorn? Es ist ein Bewußtseinszustand, das Bewußtsein der Liebe, des Friedens und der Freude. Das ist die Saat, die überall auf der Erde gelegt werden soll, und die Ernte wird gewaltig sein. Sei, was Ich bin. Lebe Mein Leben. Das ist alles, was du zu tun hast. Sei vollkommen ruhig. Alles entfaltet sich.«

1980, in dem Jahr, nachdem Peter fortgegangen war, wurde ich zu einer Tour durch Großbritannien eingeladen, zu der auch ein Fernsehinterview gehörte. Ich glaube, niemand kann sich wirklich vorstellen, wie groß meine Angst war, an die Öffentlichkeit zu treten, obwohl mich jemand von der Findhorn-Gemeinschaft begleitete und Fragen beantworten half. Ich stand im Rampenlicht, und das war entsetzlich. Es nützte auch nichts, wenn mir Leute, die mich im Fernsehen gesehen hatten, erzählten, ich hätte ruhig und gelassen gewirkt wie die echte Verkörperung der inneren Stille, die ich repräsentieren sollte. Ich war einfach starr vor Angst! Vor einem Publikums- oder Fernsehauftritt Gott um Hilfe anzuflehen war tatsächlich die einzige Möglichkeit für mich, die Sache überhaupt heil zu überstehen.

Bis 1985 hatte ich die ganze Welt bereist – mehrere Male die Vereinigten Staaten und Kanada, Neuseeland und Australien, Südafrika, verschiedene europäische Länder einschließlich Skandinaviens und sogar den Yukon und Alaska.

Trotz meiner Angst taten sich Wunder und Zeichen bei mir – eine Bestätigung dafür, daß Gott mir half, auf eigenen Füßen zu stehen. Ich sah allmählich die Hand Gottes in allem und merkte, daß ich in so enger Verbindung mit Gott die wunderbarsten, schönsten Erfahrungen machte.

Einmal, ich war auf der Rückreise nach Schottland und noch in den Vereinigten Staaten, hatten sich all meine Flüge durch ein Startverbot verschoben, so daß ich nur bis Chikago kam und dort stundenlang festsaß. Ich mußte aber unbedingt rechtzeitig nach Washington, DC, kommen, um meinen Flug nach London pünktlich anzutreten, da sonst das Ticket verfiel. Ich bewahrte irgendwie die Ruhe und vertraute ganz auf Gott, bis ich endlich in einem Flugzeug nach Washington saß, nach dessen Ankunft mir genau noch die Zeit zum Umsteigen blieb. Man stelle sich mein Entsetzen vor, als ich feststellte, daß wir auf einem anderen Flugplatz in Washington landeten! Mir blieb kaum noch Zeit zum Umsteigen, und zudem besaß ich nur noch ganze fünf Dollar, viel zu wenig für eine Taxifahrt! Jemand wies mir den Weg zum Greyhound-Busdepot, meinte aber, ich würde wohl kaum noch rechtzeitig zu dem anderen Flughafen hinkommen und mein Flugzeug erwischen. Ich rannte zu einem Bus hinüber, stieg ein und betete wie nie zuvor: »Gott, du kennst meine Lage. Du weißt, daß ich es mir einfach nicht leisten kann, das Flugzeug zu verpassen. Bitte hilf mir.«

Der schwarze Busfahrer steckte den Kopf zur Tür herein. »Was machen Sie in diesem Bus, Ma'am?« fragte er mit dem starken, schleppenden Akzent des Südstaatlers.

Wie aus der Pistole geschossen antwortete ich: »Ich bete, daß Sie mich rechtzeitig zum Dulles Airport bringen, damit ich meinen Fünf-Uhr-Flug nach London noch bekomme.«

»Tut mir leid, Ma'am«, sagte er da, »ich nehme auf dieser Tour keine Passagiere mit, und außerdem können sie sowieso nicht mehr rechtzeitig dort sein.« Dann sah er mich seltsam an. »Was, sagten Sie, haben Sie gerade gemacht?«

«Gebetet«, sagte ich.

»Wissen Sie, Ma'am, Sie haben eine gute Ausstrahlung. Ich nehm' Sie mit.« Und er sprang auf seinen Sitz, warf den Motor an und rauschte mit Spitzengeschwindigkeit den Highway hinab. Auf der Fahrt erzählte er mir, daß er das vor wenigen Jahren bestimmt nicht getan hätte, aber vor kurzem hätte er sein Leben Gott überantwortet, und als ich sagte, daß ich betete, hätte er gewußt, daß er mich zum Flughafen fahren müßte. Noch besser: Gott hatte ihm durch seine innere Stimme gesagt, er müsse mich rechtzeitig für meinen Flug dorthin bringen und er solle deshalb jede nur erdenkliche Abkürzung nehmen!

Da saß ich nun als einziger Fahrgast in einem Greyhound-Bus mit 52 Sitzplätzen auf rasender Fahrt zum Dulles Airport, und der Fahrer sang die ganze Zeit über die schönsten Spirituals! Ich war in heiterster Stimmung und wurde immer fröhlicher. Es spielte wirklich keine Rolle mehr, ob ich das Flugzeug noch erwischte oder nicht.

Gerade zum richtigen Zeitpunkt trafen wir am Flughafen ein. »Das war echt eine herrliche Fahrt, Ma'am«, sagte der Fahrer strahlend. »Es war ein reines Vergnügen, so mit jemandem über Gott reden zu können.«

Das war nur eines der vielen Erlebnisse, bei denen so gut für mich gesorgt wurde. Voller Demut nahm ich Gottes Walten wahr. Als ich in dem Flugzeug saß und heimflog, dankte ich ihm von ganzem Herzen.

Nicht immer empfand ich Dankbarkeit gegenüber Gott. Als Peter fortging, fühlte ich mich nicht nur von ihm, sondern auch von Gott verlassen. Da ich so lange schon »Dein Wille geschehe« gelebt hatte, war kein Raum mehr für meinen eigenen Willen. Peter erwartete stets, daß ich meine Gefühle dem Werk Gottes unterordnete. Sobald ich eine Abweichung zwischen dem Willen Gottes und meinem eigenen spürte, übte ich mich in der Affirmation »Gottes Wille und meiner sind eins – es gibt keine Trennung.« Daran glaubte ich zwar, aber ich erlebte Gott noch nicht als *alles* von mir, sondern nur als meinen »höheren« Teil.

Kurz nachdem ich mit diesen Affirmations-Übungen begonnen hatte, fuhr ich nach London, um dort an einem Workshop mit dem Thema »Transformation« teilzunehmen. Normalerweise lasse ich die Finger von solchen Workshops, aber diesmal hatte meine innere Stimme darauf bestanden, ich solle diesen mitmachen. Ich hatte keine Ahnung, worauf ich mich einließ.

Während einer der Übungen überkam mich zu meinem Erstaunen heftigste Wut. Es gelang mir nicht, mich zu beherrschen und die Wut zu unterdrücken, und so brach der ganze tiefe Groll aus mir heraus, den ich lange Jahre gegen Peter wie auch gegen Gott gehegt hatte, der mich benutzte.

»Sei Meine Hände und Füße. Du bist Mein Werkzeug. Ich brauche dich.« Wie wütend mich diese Worte mit einem Mal machten!

»Wie kannst du es wagen, mich in dieser Weise zu benutzen!« schrie ich. »Und was ist mit mir? Ich spiele wohl überhaupt keine Rolle, wie?«

Mein häßlicher Gefühlsausbruch war mir so peinlich, daß ich den Teilnehmern des Workshops am nächsten Tag kaum in die Augen blicken konnte. Meinem Gefühl nach hatte ich mich gehen lassen und mich selbst, Gott und Peter verraten. In Wirklichkeit jedoch hatte ich dadurch, daß ich meinem Ärger Luft gemacht hatte, die emotionalen Spannungen gelöst, die sich in meinem Innern angestaut hatten, und mich befreit. Zum ersten Mal konnte ich jetzt wirklich akzeptieren, daß ich als Kanal für Gottes Wort gebraucht wurde, daß Peter mich ebenfalls dazu brauchte und daß der Wille Gottes und mein eigener Wille ein und derselbe waren.

Warum hatte ich mich dann mein Leben lang Peter und Gott widersetzt? Da ich so vollkommen von Peter abhing, war mir nie bewußt geworden, wie böse ich ihm war, daß er mich auf den Pfad geleitet hatte, den wir zusammen gegangen waren und den nur er, nicht ich, gewählt hatte. Als es Schwierigkeiten zwischen uns gab, wünschte ich mir tief innerlich, er möge mich verlassen, weil ich frei sein wollte. Und dennoch hatte mich der Gedanke daran, die Sicherheit unseres gemeinsamen Lebens zu verlieren, zutiefst erschreckt, so daß ich nur noch mehr an Peter festhielt.

Ich hatte auch gemeint, mich selbst verleugnen zu müssen, um den Willen Gottes zu erfüllen. Wenn ich das nicht täte, würde ich bestraft werden – durch den Verlust von Peter, Christopher oder irgend etwas anderem, das mir damals gerade wichtig war. Ich hatte mich damit abgefunden, Gott in meinem Leben den Vorrang geben zu müssen.

Nach dem Workshop fühlte ich mich nicht länger von außen zu etwas gedrängt, und ganz allmählich begann ich zu spüren und zu akzeptieren, daß Gott und ich in Wahrheit eins sind. Ich merkte, daß es nichts gab, wogegen ich mich hätte sträuben können. Natürlich wollte ich den Willen Gottes tun!

Sowie ich akzeptiert hatte, daß mein »kleiner Wille« Teil des Gotteswillens war, erkannte ich auch, daß mein »kleines Selbst« Teil meines »Gottes-Selbst« war. Die Erkenntnis, daß die Gefühle der Wut, Trauer und Eifersucht alle Teil meines ganzen Ichs sind, verhalf mir zu dem Verständnis dessen, was es bedeuten mochte, mich selbst zu lieben. Dadurch, daß ich meinen Ärger einfach akzeptierte, hatte ich ihn umgewandelt, und schon war er verschwunden. Vorher hatte ich ihn jahrelang unterdrückt und in mir angestaut, wo er unter der Oberfläche an mir fraß und unnötigen Widerstand und Schmerz heraufbeschwor. Die Kunst besteht darin, zu erkennen, daß alles einem bestimmten Zweck dient, und es herumzudrehen, um das Gute zu sehen, das ihm innewohnt.

Ich begann, die negativen Gefühle umzuwenden, um dahinter das Positive zu finden. Hinter der Zurückweisung sah ich das Selbstwertgefühl, hinter der Eifersucht das Loslassen, hinter dem Zorn die Kraft. Diese Betrachtungsweise der Emotionen bewirkte offenbar etwas in mir, so daß ich mir und anderen Mitgefühl entgegenbringen konnte. Mir kam zu Bewußsein, wie hart wir alle mit uns selbst umgehen und wie gut uns ein wenig Mitgefühl täte, nicht zuletzt auch uns selbst gegenüber.

Sobald ich die Verantwortung für alles übernahm, das mit mir geschah, wurden Gott und ich wirklich eins. Von da an konnte ich in aller Offenheit voller Freude jeden Tag aufs neue sagen: »Hier bin ich. Gebrauche mich!«

Wann immer ich in meinem Leben eine Veränderung herabbeschworen habe, mußte ich auch bereit sein, die Folgen zu tragen. Mich bereitwillig in den Dienst Gottes zu stellen hieß auch, aus meinem sicheren kleinen Schneckenhaus herauszukommen. Ich mußte mich verändern. Sobald ich nach Veränderung verlangte, wurde ich auf die Probe gestellt. Nachdem ich mich dem Dienst an Gott verschrieben hatte, wurde ich gleich zur Friedenskonferenz nach Indien eingeladen – noch nie zuvor war ich gebeten worden, auf einer Veranstaltung dieser Größenordung zu reden. Und ich merkte, daß ich nur meinen Widerstand aufzugeben brauchte, und alles ging gut. Es war eine wundervolle Erfahrung, im Licht Gottes zu stehen. Ich bekannte mich zu der Aufgabe, mich entfalten zu müssen, und wurde reichlich dafür belohnt.

Ich kann nur über das sprechen, was ich weiß, und deshalb erarbeitete ich einen Workshop über die bedingungslose Liebe und einen anderen über die Herausforderung des Wandels. Aber ich sollte wieder auf die Probe gestellt werden. Ich ging in der Begleitung Lizas auf eine sechswöchige Tour nach Südafrika, wo wir diese Workshops abhalten wollten. Da ich gerade zwei Monate in den USA herumgereist war und meine Workshops gut ausgearbeitet hatte, fühlte ich mich brüskiert, als Liza eigene Ideen für »unseren« Workshop vorbrachte. Ich schwieg jedoch still.

In der Nacht vor unserem ersten Workshop wurde ich um 3 Uhr früh von meiner inneren Stimme geweckt, die mir gebot, die folgenden Worte aufzuschreiben: »Hier stehst du endlich vor einer möglichen Veränderung und sträubst dich dagegen wie ein störrischer Esel. Nun hör aber mal! Bleibe im Fluß und hör auf, dich der Veränderung zu widersetzen. Du hast deine Workshops in den USA nach deinen Vorstellungen angelegt und bist gut damit gefahren. Jetzt siehst du, daß du daran etwas ändern und Liza in alles, was du tust, einbeziehen mußt, und dagegen wehrt sich ein Teil von dir. Dabei wäre das eine wunderbare Gelegenheit, das in die Tat umzusetzen, wovon du redest!

Mach dir zuerst einmal die Situation klar. Dann erkennst du, wo in dir der Widerstand sitzt. Sei dankbar, daß du rechtzeitig wachgerüttelt worden bist. Laß dir diesen Vorfall eine Lehre sein, die dir hilft, dich weiterzuentwickeln und zu verändern, und die darüber hinaus auch anderen hilft, den Wert einer Veränderung klar zu erkennen. Rede nicht nur von Veränderung, lebe sie! Genauso ist es mit der bedingungslosen Liebe. Du sträubst dich dagegen, mit Liza zusammenzuarbeiten, und hast ihr deshalb dein Herz verschlossen. Öffne dein Herz und laß die Liebe frei zu ihr hinströmen. Mach wieder am praktischen Beispiel anschaulich, wovon du redest, und tu es jetzt. Veränderungen kommen im Nu. Ich bin immer bei dir; Meine Hilfe ist dir in jeder Lebenssituation gewiß.«

Noch am selben Morgen beim Frühstück erzählte ich Liza von dieser Weisung und bekannte ihr meine Abneigung gegen ihre Mitarbeit bei meinem Workshop. Dadurch vertiefte sich unsere Beziehung erheblich, und wir benutzten diese Geschichte gleich als Anschauungsmaterial in unseren Workshops.

Die Arbeit mit Affirmationen war mir eine große Hilfe dabei, meine Einstellung zu mir selbst und zu anderen Menschen zu ändern. Von dem ersten Mal an, wo ich in den Spiegel geschaut und mich zu sagen getraut hatte: »Ja, ich bin eine wunderbare Frau; ich sehe das Göttliche in mir und liebe mich«, war ich von meiner inneren Schönheit überzeugt und konnte so allmählich meine zerrüttete Selbstachtung zurückgewinnen.

Ich bediene mich positiver Affirmationen, um höher hinaufzureichen – zum Beispiel Feststellungen wie »Ich genieße vollkommenen Frieden und fühle mich wohl« oder »Gott gewährt mir die innere Gelassenheit, mit der ich Dinge hinnehmen kann, die nicht zu ändern sind.« Zuerst halte ich eine solche Behauptung für absolut unglaubwürdig, doch mit Hilfe weiterer Affirmationen komme ich schließlich an den Punkt, wo ich es *bin*.

Die Feststellungen sind keineswegs irrige, alberne Selbstkomplimente. Sie sind absolut wahr, ob ich sie glaube oder nicht; sie betreffen mein ganzes Selbst und nicht nur meine Persönlichkeit.

Ich kann mein Selbst voll und ganz verwirklichen. Ich kann die Vollendung Gottes in meinem Leben zum Ausdruck bringen. Ich kann die fröhliche, glückliche, in einem schöpferischen Sinne wunderbare Frau sein, wie Gott mich haben will. Natürlich ist das alles Jahr für Jahr immer wieder in meinen Weisungen wiederholt worden, und es ist mir oft genug schwergefallen, aufrichtig daran zu glauben. Aber ich habe mit den Affirmationen weitergemacht und allmählich gemerkt, daß sie auf meine Einstellung mir selbst und interessanterweise auch anderen Menschen gegenüber eine Wirkung hatten.

Als mir zum ersten Mal innerlich geboten wurde, zu mir selbst zu sagen: »Ich bin ein schönes, christerfülltes Wesen«, war ich ziemlich schockiert. Aber ich machte diese Vorstellung zum Gegenstand meiner Meditation und übte die Affirmation täglich, bis mir bewußt wurde, daß ich ja Gott in meinem Innern akzeptierte, warum also nicht auch den inneren Christus? Zu Anfang waren es nur Worte, die mir nicht viel sagten. Dann merkte ich, daß die Worte zu leben begannen, daß ich selbst die Worte wurde und schließlich über jeden Zweifel erhaben wußte, daß ich ein schönes, christerfülltes Wesen *bin*. Wir *alle* sind es.

Für mich ist Christus eine machtvolle Umwandlungskraft, die in und um einen jeden von uns ist. Wenn ich mich als christerfülltes Wesen sehe, kann ich die lebendige Kraft in mir spüren, die mich verwandelt. Ich kann sehen und fühlen, wie jeder negative Gedanke, jede Handlung in etwas Erhabenes, absolut Positives umgewandelt wird. Das führt dazu, daß ich in allem und jedem immer das Beste sehe.

Ein christerfülltes Wesen zu sein und mich ganz zu meinem Christsein zu bekennen heißt, in jedem Augenblick eines jeden Tages das Negative in Positives umzuwandeln. Einmal am Tag ist nicht genug. Ich muß meine Augen und mein Herz öffnen und immer nur das Beste sehen. Ich muß stets ein wachsames Auge auf meine Gedanken haben, nur dadurch werde ich mir der Christusenergie bewußt, die in mir arbeitet wie Hefe in einem Teig und alles Dunkle und

Schwere an mir ins Licht hebt. Mich zu meinem Christsein zu bekennen heißt, willens zu sein, alles mit ganz neuen Augen zu betrachten.

Christus ist die lautere Liebe, deren verwandelnde Kraft in jedem von uns existiert. Wir müssen sie nur erkennen, annehmen und zur Erhöhung des Ganzen benutzen. Meiner Überzeugung nach ist mit der Wiederkehr Christi nicht das Erscheinen eines einzigen Messias gemeint, sondern die Erkenntnis und Bewahrung des Christusgeistes durch alle Menschen auf der ganzen Welt.

Meine Aufgabe sehe ich jetzt darin, immer mehr Menschen auf der Erde zu dieser Erkenntnis zu führen und das ohne Angst zu tun. Zu wissen, daß das wahr ist, macht mich frei, und deshalb rate ich anderen Menschen, sich, sooft sie können, dieser Affirmation zu bedienen, wie auch ich es tue, und sich jetzt gleich zu ihrem Christsein zu bekennen. Du akzeptierst den Gedanken, daß du ein christerfülltes Wesen bist, und daraus erwächst dir lauter Gutes wie Freude, Liebe, Vertrauen, Verständnis, Weisheit, Versöhnlichkeit und Frieden. Und dann siehst du allmählich Christus in jedem Menschen in deiner Umgebung.

Bei einem meiner Workshops stichelte eine Teilnehmerin dauernd gegen mich. Das ging mir auf die Nerven, und ich ärgerte mich, auch wenn ich es nicht zeigte, und dachte im stillen, wie angenehm doch das Leben ohne diese Person in meiner Gruppe sein könnte. Dann beschloß ich, ein Experiment zu machen. Jedesmal, wenn ich sie anblickte oder spürte, daß sie wieder sticheln wollte, sagte ich innerlich: »Ich liebe dich. Ich segne dich. Ich sehe Christus in dir.« Zuerst schien mir alles unverändert, höchstens, daß es noch schlimmer wurde. Aber als ich damit fortfuhr, merkte ich, wie sich meine Einstellung ihr gegenüber veränderte und ich sie leichter segnen konnte. Allmählich entwickelte sich aufrichtige Liebe zwischen uns. Dabei versuchte ich gar nicht, sie zu ändern. Ich änderte einfach meine eigenen Gedanken über sie und ließ dadurch ihre besten Seiten aufscheinen, ohne daß sie es überhaupt merkte. Sie gestand mir später, anfänglich sei sie eifersüchtig auf mich gewesen, aber dieses Gefühl war bei Workshopende verflogen.

Als ich mir den Film *The Day After* über den atomaren Holocaust angesehen hatte, sann ich darüber nach, was ich da eigentlich gesehen und gefühlt hatte. Die Angst, Hoffnungslosigkeit und Ohnmacht hatten mich tief getroffen. Ich dachte an die verwandelnde Kraft der Liebe. Wie, wenn immer mehr Menschen diese Kraft nutzten, um die Welt zu verändern? Damals fanden gerade russisch-amerikanische Abrüstungsgespräche zwischen Gromyko und George Shultz statt, und so visualisierte ich die Christuskraft in diesen beiden Vertretern der Weltmächte. Ich sah sie von Grund auf verändert, mit freudestrahlenden, glücklichen Gesichtern, und sah auch, daß sie diesen Sinneswandel mit nach Hause in ihre jeweiligen Länder trugen. Vor meinem geistigen Auge verwandelten sich die zerstörerischen in positive, konstruktive Energien, und ein wunderbarer Heilungsprozeß erfaßte die Erde und erfüllte sie mit Licht, Liebe und Freude.

Viele, viele Menschen in aller Welt erkennen allmählich die verwandelnde Kraft der Liebe. Manche nennen sie Christus, manche gebrauchen eine andere Bezeichnung. Wichtig ist allein, daß sich immer mehr Leute der Macht dieser inneren Kraft bewußt werden und daß wir dadurch gemeinsam die Schwingungen dieses Planeten anheben.

Christus in mein Leben hineinzunehmen brachte mich ganz von selbst dazu, über die Vergebung nachzudenken. Sieben Jahre, nachdem Peter mich verlassen hatte, las ich in *The Daily Word* ein paar Sätze über die Vergebung, aus denen mir die Bedeutung von Freiheit klar wurde. Da hieß es:

Wenn ich meine, jemandem vergeben zu haben, von dem ich glaube, daß er mir unrecht getan hat, und wenn dieser Mensch mir jetzt gleichgültig ist, dann habe ich nicht wirklich vergeben. Wenn ich meine, jemandem vergeben zu haben, der meine Gefühle verletzt hat, und ich meide diesen Menschen jetzt, dann habe ich nicht wirklich vergeben. Wahre Vergebung zeigt sich darin, daß ich für den betreffenden Menschen genauso empfinde wie vor dem Zwischenfall.

Ich dachte an Peter, und da wurde mir bewußt, wie weit ich schon gegangen war, um ihm zu vergeben, und wie sehr ich ihn auf eine mitfühlende und doch losgelöste Art liebte. Ich dachte an alles, was ich in den Jahren, die wir auseinander waren, gelernt hatte. Ich war eine völlig neue Frau geworden! Aus tiefstem Herzen war ich Peter nun aufrichtig dankbar, daß er fortgegangen war und mir dadurch die Freiheit gegeben hatte, mich selbst zu finden. Auch sein Weg war nicht leicht gewesen. Er hatte in den USA von Grund auf neu anfangen müssen, und um seine Beziehung mit Paula war es nicht eben gut bestellt.

Ein Traum kam mir in Erinnerung, den ich geträumt hatte, ehe Peter mich verließ. Damals hatte ich ihn nicht verstanden, aber jetzt war er auf einmal sinnerfüllt. Im Traum sah ich, wie Peter in einen Sarg gelegt wurde. Dann wurde ich über ihn in den Sarg gelegt. Ich wollte schreien, brachte aber keinen Ton heraus. Ich versuchte, herauszuklettern, konnte jedoch kein Glied rühren. Der Sargdeckel wurde zugemacht, und ich versank in das Vergessen. Es war ein gräßlicher Alptraum. Doch dann verwandelte sich das Bild auf einmal in einen tropischen Garten voller Blumen, Bäumen und Sträuchern. Zwei Schmetterlinge mit regenbogenfarbenen Flügeln gaukelten durch den Garten. Sie flatterten von Blume zu Blume und schlürften Nektar. Ab und zu waren sie beieinander und saßen zusammen auf einer prachtvollen Lilie in der Mitte des Gartens. Dann trennten sich ihre Wege wieder. Ein hauchdünner Schleier wurde über den Garten gebreitet, aber die Schmetterlinge merkten gar nicht, was geschah. Dann vernahm ich die Worte: »Eure Aura wird vollkommen verändert. Die alte muß sterben, ehe sich die neue bilden kann.«

Einer plötzlichen Eingebung gehorchend setzte ich mich hin und schrieb an Peter:

Ich habe gerade im Daily Word *ein paar wundervolle Sätze über die Vergebung gelesen, die ich Dir beilege. Als ich sie las, kam ich auf mancherlei Gedanken, an denen Du teilhaben sollst.*

Hast Du je daran gedacht, was für ein herrlicher Beweis der vorbehaltlosen Liebe es wäre, wenn wir beide uns zusammentäten und wieder gemeinsam arbeiten würden, aber in ganz anderer Art? Nicht als Mann und Frau, sondern als Partner auf dem spirituellen Weg, die in vollkommener Liebe und Harmonie zusammenwirken.

Als ich bei Dir und Paula war, habe ich gemerkt, daß ich Euch beide lieben, beide Seiten der Situation sehen kann, ohne Partei zu ergreifen, und da fühlte ich mich wirklich frei und gut bei Euch. Es war eine erstaunliche Erfahrung, und ich bin noch immer dankbar für dieses Wunder. Vor ein paar Jahren noch hätte ich das nie für möglich gehalten, aber ich erkenne immer klarer, daß bei Gott nichts unmöglich ist. So viele Male habe ich entsprechende Weisungen empfangen und immer leise »ja« vor mich hin gemurmelt, ohne wirklich daran zu glauben. Doch jetzt ist etwas mit mir geschehen, das mich zu der Einsicht gebracht hat, daß ich selbst die Weisung bin. *Endlich weiß ich, daß Gott und ich eins sind, daß ich Gottes Mitschöpfer bin. All das hat mir geholfen, mein Bewußtsein anzuheben und mich zu meinem Christsein zu bekennen, so daß ich jetzt mit Überzeugung sagen kann: »Ich bin ein christerfülltes Wesen.« Zu Anfang hatte ich damit Schwierigkeiten, aber durch tägliche Affirmation ist mir bewußt geworden, daß ich es* bin.

Vor einigen Jahren hatte ich einen Traum. Ob Du Dich wohl daran erinnerst?

Ich schilderte ihm meinen Traum in allen Einzelheiten und erinnerte ihn daran, daß ich damals vor Aufregung hochschreckte und ihn weckte, er jedoch nur etwas vor sich hin murmelte, sich auf die Seite drehte und weiterschlief.

Seitdem ist viel Wasser den Bach hinabgeflossen. Oft habe ich an den Traum denken müssen und uns zwei als Schmetterlinge gesehen, die ihre eigenen Wege gehen, ab und zu jedoch an der herrlichen Lilie inmitten des Gartens zusammentreffen, dem »Christusbewußtsein«. Wir sitzen Seite an Seite und schlürfen den Nektar Christi, um uns dann wieder zu trennen. In der Zwischenzeit ist der Schleier des Nicht-Wissens um uns herum ausgebreitet worden, und wir sind blind für alles, was geschieht . . . während unsere Aura verwandelt wird und die alte abstirbt, damit sich die neue bilden kann.

Hat der Traum heute irgendeine Bedeutung für Dich, Peter? Werden wir im Christusbewußtsein zusammenkommen und wieder gemeinsam arbeiten? Ich lasse Dich das alles wissen, weil ich weiß, daß ich frei bin und mich den Kräften überlassen will, was immer das sein mag. Jetzt fühle ich mich endlich als ganzer Mensch, und Gott, das Göttliche in meinem Innern, ist mein ein und alles; darum brauche ich niemanden mehr, der mich ergänzen oder vervollständigen würde. Ich frage mich, ob Du verstehst, was ich meine. Es klingt so selbstgefällig. Ich würde es aber lieber gottgefällig nennen.

Ich bin nicht sicher, wie wir beide von jetzt an zusammenarbeiten könnten. Ich weiß, daß ich in meinem eigenen Licht stehen und niemals mehr von jemandem beschattet werden soll. Vielleicht haben wir eine vollkommen verschiedene Auffassung von der vorbehaltlosen Liebe, der Herausforderung, die in der Veränderung liegt, und dem Gleichgewicht der inneren männlichen und weiblichen Kräfte. Unter Umständen sehen wir, daß unsere Vorstellungen so voneinander abweichen, daß wir nicht harmonisch zusammenwirken könnten. Aber dennoch: Bei Gott ist nichts unmöglich. Warum sollte es also nicht gehen? Erwarte ein Wunder – und akzeptiere ein Wunder!

Hiermit will ich nun schließen, Peter, und den Brief gleich abschicken. Ich bin nicht verrückt – nur frei, alles zu tun, was der göttliche Plan mit mir vorhat.

Zu meiner Freude und meinem Erstaunen war Peter begeistert über meinen Brief, und wir vereinbarten, bei der nächsten sich bietenden Gelegenheit wieder zusammenzuarbeiten. 1987, im darauffolgenden Jahr, kam Peter für drei Monate zur Gemeinschaft. Wir konnten uns zusammensetzen und miteinander reden, und ich empfand eine tiefe, vorbehaltlose Liebe für ihn. Meinem Gefühl nach war alles möglich, waren wir gute Freunde. Ich merkte allerdings auch, daß meine alte Ungeduld mit Peter und seinen Eigenarten wiederkehrte, sobald ich die innere Verbindung zu Christus verlor, und dann mußte ich mir ins Gedächtnis zurückrufen, daß wir nur dann erfolgreich zusammenarbeiten konnten, wenn wir wie die beiden Schmetterlinge in meinem Traum von der Lilie des Christusbewußtseins naschten.

Ohne Glauben, Gebet und Meditation wäre es mir nicht möglich, dieses sprituelle Leben zu führen. Sie erfrischen mich und erinnern mich an das, was wichtig ist. Vor kurzem forschte ich in meinem Innern nach, warum ich zu dieser Zeit auf der Erde weile, was ich tun soll und was ich zu geben habe. Als ich darüber meditierte, wurde mir sehr klar gesagt, daß ich hier bin, um Gott und der Menschheit zu dienen. Ich fragte, wie ich Gott am besten dienen könne. Ich solle Gott in allem den Vorrang geben, hieß es, und das Göttliche in meinem Innern loben und preisen. Und wie konnte ich der Menschheit am besten dienen? Mir wurde gesagt, das größte Geschenk, das ich jemandem machen könne, sei, ihn nach innen zu weisen, so daß er seine eigene Göttlichkeit erkenne und aus dieser seiner göttlichen Mitte heraus leben, sich entwickeln und frei sein könne.

Daran halte ich mich: Ich erzähle anderen von meinem Leben und meinen Erfahrungen, um sie zu ermutigen, in ihr eigenes Inneres zu schauen und Gott darin zu finden, sich eigene Formen der Weisung zu erschließen und danach zu leben. Mein Herz fließt über vor Dankbarkeit, daß ich dieses unschätzbare Geschenk machen kann.

Während Peter und ich zu unserer ersten gemeinsamen Tour aufbrechen, fällt mir wieder ein Traum ein, den ich vor vielen Jahren einmal hatte. Über seine Bedeutung sollt ihr, ebenso wie ich, selbst nachsinnen . . .

In dem Traum kamen Peter und ich nicht wie gewöhnliche Sterbliche zusammen; wir sollten als Königspaar gekrönt werden.

Wir befanden uns in einem sehr weitläufigen, herrlichen Garten. Die Bäume waren uralt, und doch sahen sie aus, als wären sie eben erst gepflanzt worden. Rehe und Hirsche waren alt, aber dennoch so springlebendig wie junge. Blumen und Sträucher waren atemberaubend schön, dabei schienen auch sie schon Hunderte von Jahren dort zu wachsen.

Ganz langsam gingen wir durch diesen lieblichen Park und betrachteten jeden Baum, jeden Busch und jede Blume, ja selbst jeden einzelnen Grashalm. Alles war so neu und doch so alt und schön.

Wir wurden für unsere Krönung angekleidet, aber es interessierte uns nicht sonderlich. Peter wurde in dunklen Purpur gehüllt und sah uralt, gleichzeitig jedoch auch ganz jung aus. Ich wurde in ein schlichtes, überaus schönes altes, aber neu wirkendes cremefarbenes

Gewand aus Atlasseide gekleidet. Auch ich war uralt und doch jung. Ich trug Perlen um den Hals und an den Ohren, und mein weißes Haar war hochaufgesteckt. Peters Haar war ebenfalls schneeweiß.

Wie mir schien, gingen wir außerordentlich lange spazieren und sogen die lautere Schönheit der Natur in ihrem Alt- und Neusein in uns hinein. Schließlich kamen wir an einen Platz und wurden in den Speisesaal geleitet, denn ausgerechnet dort sollten wir gekrönt werden.

Als sie Peter die Krone aufsetzten, sagte er, sie sei viel zu groß und zu schwer, also gebot ich ihnen, aus der Rückseite, wo niemand es sehen konnte, einige Edelsteine herauszunehmen, und dann befestigte ich an ihrer Stelle ein Gummiband. Meine Krone saß wie ein Handschuh.

Unsere drei Söhne Christopher, Jonathan und David waren da und sahen großartig aus. Außerdem war auch unser Enkel Jason da. Ich hielt überall nach Paula und Daniel Ausschau, aber ein alter Mann sagte mir augenzwinkernd, sie wären anderswo glücklich.

Während wir miteinander sprachen, ging mir auf einmal auf, was geschehen war. »O nein, nein«, dachte ich, »will ich das wirklich tun?« Ich wollte davonlaufen, um der ganzen Situation zu entkommen. Ich wollte nicht noch einmal an Peter gebunden sein, auch nicht mit ihm zusammenarbeiten, und doch wurden wir hier als Königspaar gekrönt. Eine überaus wichtige Arbeit lag vor uns, und wir mußten sie gemeinsam tun.

Alles, was ich hörte, waren die Worte: »Kein Widerstand; fließe mit den Energien.«

VORANKÜNDIGUNGEN IM GREUTH HOF VERLAG

Eileen Caddy

HERZENSTÜREN ÖFFNEN

„Laß das Gestern zurück und widme dich ganz dem neuen Tag, der, wie du weißt, nur das Beste für dich bereithält, und erwarte auch nur das Beste von ihm. Sieh meine Hand in allem, was geschieht, und erkenne die Geburt eines neuen Himmels und einer neuen Erde."

Diese Tagebucheintragungen sind eine weitere inspirierende Sammlung der Weisungen, die Eileen Caddy, Mitbegründerin der Findhorn-Gemeinschaft, empfangen hat.

Was Eileen Caddy innerlich erfuhr, wurde in ihrem Leben sichtbar, wurde lebendig, um in ihr und durch sie Gestalt anzunehmen.

Wer sich täglich mit diesen einfachen Lehren voller spiritueller Wahrheit und visionärer Kraft befaßt, dem können sie dabei helfen, sich geistig zu erneuern und Kraft zu gewinnen.

Vor über 35 Jahren erhielt Eileen Caddy zum ersten Mal persönliche Weisungen, deren Ursprung sie den Gott im Innern nennt. Seitdem hat diese leise innere Stimme nicht nur ihre eigene spirituelle Entwicklung gefördert, sondern war auch eine ständige Quelle der Inspiration für die Gründung und Entwicklung der internationalen spirituellen Gemeinschaft, die heute als „Findhorn-Foundation" bekannt ist und in der Eileen Caddy nach wie vor lebt. Sie ist für viele eine Freundin und Ratgeberin, die ihnen auf dem geistigen Weg zur Seite steht.

Erscheinungstermin: Sommer 1989

VORANKÜNDIGUNGEN IM GREUTH HOF VERLAG

Michael Lindfield

TANZ DER WANDLUNG

Ein ökologisch-spiritueller Ansatz zur Transformation

Alle in Entwicklung befindlichen Organismen – seien sie menschliche Wesen, Institutionen oder Nationen – sind der Veränderung unterworfen. Gegenwärtig befindet sich unsere Gesellschaft an einem kritischen Punkt der Umwandlung – viele Formen der Regierung, Wirtschaft, Erziehung und des Sozialwesens sowie deren Institutionen sind vom Zusammenbruch bedroht. Die Erschütterungen, mit denen sich die Verwandlung ankündigt, werden immer stärker in unserem eigenen Leben fühlbar.

Um eine Zukunft zu gestalten, die alles Leben auf der Erde nährt und erhält, müssen wir uns einem individuellen und kollektiven Lernprozeß unterziehen, in dem die uns innewohnenden kreativen Fähigkeiten gefördert und in unser praxisbezogenes Alltagsleben übertragen werden.

Tanz der Wandlung vertieft unser Verständnis für die zyklische Natur der Zeit und hilft uns, zu bewußten Teilnehmern des anstehenden Umwandlungsprozesses zu werden.

Michael Lindfield war im biologischen Gartenbau sowie in holistischer Psychologie und Friedensforschung engagiert. Geboren in England, lebte und arbeitete er 10 Jahre lang in Schweden und reiste dann rund um die Welt. 1973 wurde er Mitglied der Findhorn-Foundation, einer spirituellen Gemeinschaft in Nordschottland, wo er Konferenzen und Ausbildungsprogramme organisierte.

Erscheinungstermin: Anfang 1989

EIN KURS IN WUNDERN

Der *Kurs in Wundern* – aus höchster Schau inspiriert – lehrt uns, im Einklang mit der wahren Wirklichkeit zu denken und mit den geistigen Gesetzen zu arbeiten. Vieles scheint zunächst ungewöhnlich und stößt traditionelle Denk- und Verhaltensweisen um. Der Kurs erinnert uns an die unwandelbare Wahrheit im eigenen Herzen, die uns befähigt, Wunder zu wirken. Er hilft Schuldgefühle, Haß, Ängste und Angriffe als unwirkliche Konzepte zu erkennen und dem Licht in uns zu übergeben. So trägt er zur Transformation bei, zeigt Wege, emotionale Konflikte aufzulösen und uns zu öffnen für wahren Frieden, Liebe und Glück. Vergebung ist der Schlüssel zur Erlösung aus Depression und Krankheit, zur Heilung aus dem Inneren.

Erscheinungstermin: voraussichtlich 1990

Sir George Trevelyan

UNTERNEHMEN ERLÖSUNG

„Wir leben in einer Zeit dramatischer, ja sensationeller Veränderungen. Das große Thema lautet, daß es keine Erneuerung ohne Sterben geben kann und keinen Tod ohne Auferstehung. So dürfte das Geschehen in den nächsten beiden Jahrzehnten von apokalyptischer Art sein – damit umfaßt es, was ich Unternehmen Erlösung genannt habe, eine hohe Hoffnung, daß Heimsuchung und läuternde Wandlung das Vorspiel einer kommenden Morgendämmerung sind."

Aus dem Inhalt:
Das holistische (ganzheitliche) Weltbild
Das geistige Erwachen
Der Kosmische Christus im Neuen Zeitalter
Gedanken zur Wiederkunft
Der Buddha und der Christus
Die Suche nach dem Inneren Lehrer
Erforschung des Inneren Raumes
Der Mensch und sein Verhältnis zum Tierreich
Alternativer Lebensstil und holistische Weltsicht

Erscheinungstermin: Frühjahr 1989

WEITERE BÜCHER IM GREUTH HOF VERLAG

David Spangler

DER GEIST DER SYNTHESE

Zusammenarbeit mit dem Geist –
Licht auf den Weg in die 90er Jahre

In *Zusammenarbeit mit dem Geist* erfahren wir Näheres über Struktur und Bestimmung der Erde und der geistigen Welt, und wie diese beiden Reiche schöpferisch zusammenarbeiten können zur gegenseitigen Stärkung und zum Wohle unseres Planeten. *Licht auf den Weg in die 90er Jahre* behandelt ausführlich weltpolitische Fragen unserer Gegenwart, u.a. die Aufgabe und karmische Bestimmung der Vereinigten Staaten, der Sowjetunion und Chinas, ihre Verantwortung für die Erde und die kommenden Veränderungen, die Rolle des Islam, wie der einzelne angemessen und verantwortungsvoll handeln kann.

Hier wird aufgezeigt, welch unerschütterliches Vertrauen die geistigen Kräfte in die menschliche Zukunft haben. Das einzige Buch, das die gerade stattfindende Öffnung der Sowjetunion (Glasnost) aus geistiger Sicht beleuchtet. Ein Buch voller Zuversicht.

128 Seiten

Eileen Caddy

SPUREN AUF DEM WEG ZUM LICHT

„Ich schaute einen Pfad mit Fußspuren und hörte die Worte: ‚Folge mir nach'." Eileen Caddy, Mitbegründerin der Findhorn-Gemeinschaft, lauschte viele Jahre hindurch auf die Stimme Gottes in ihrem Inneren, die sie führte, belehrte und in schwierigen Zeiten ermutigte. Die Botschaften, die sie täglich erhielt, offenbarten ihr den göttlichen Plan für ihr Leben.

Das Buch enthält eine Auswahl der inspirierenden Weisungen und bietet dem Leser eine Art zu leben an, die bedeutungs- und sinnvoller ist als sein bisheriges Leben und voller Friede und unzerstörbarer Freude. Die Botschaften sind eine Art Spiegel, in dem wir uns selbst erkennen. Liest man die Weisungen als Einstimmung zur eigenen Meditation, helfen sie dem Suchenden, seinen eigenen Weg zu finden, Gott im Inneren zu erkennen.

Mit anderen Worten: Die Botschaften können wahrhaft Spuren auf dem Weg sein, die uns zum Zweck und Ziel unseres Lebens führen.

188 Seiten, 4. Auflage 1988

Eileen Caddy

MORGEN DER VERÄNDERUNG

Dies ist der weiterführende Meditationsband für die vielen Leser, denen Eileen Caddy mit ihrem ersten Buch *Spuren auf dem Weg zum Licht* geholfen hat, auf die „leise Stimme in ihrem Inneren" zu lauschen und Kraft zu schöpfen. Sie erhellt unseren Alltag mit dem Licht einfacher, klarer und einleuchtender Ratschläge: Im Jetzt zu leben; offen für Veränderung zu sein; bei allem, was wir tun, mit dem Herzen dabeizusein; alles mit Liebe zu tun; mit den Augen des Geistes sehen zu lernen...

Die Einfachheit, Schönheit und Tiefe der Texte ermutigen und begleiten uns auf unserem Weg ins Neue Zeitalter. Der *Morgen der Veränderung* ist bereits angebrochen.

256 Seiten

WEITERE BÜCHER IM GREUTH HOF VERLAG

Eileen Caddy

GOTT SPRACH ZU MIR

„Nimm diesen Tag als einen besonderen Tag an, einen Tag der Wiedergeburt. Dies ist Mein Geschenk an dich. Du wirst im Geist und in der Wahrheit wiedergeboren. Dies ist der größte Wendepunkt in deinem Leben – von diesem Tag an ist alles neu."

Eileen Caddy, die Mitbegründerin der Findhorn-Gemeinschaft, teilt mit uns in diesem Buch eine Auswahl der Botschaften aus der frühen Findhorn-Zeit, die sie während ihrer Meditationen empfangen hat; Worte, die sowohl herausfordern als auch Hoffnung und Vertrauen geben, die zeigen, wie real und greifbar das erwachende Bewußtsein der Menschheit und auch die Schönheit und Göttlichkeit der ganzen Schöpfung sind.

Nach *Spuren auf dem Weg zum Licht* und *Morgen der Veränderung* ist dies der dritte Band unserer Meditationsreihe, die schon vielen zum Wegweiser geworden ist.

Die Gründung und Entwicklung von Findhorn war eine direkte Folge des Vertrauens und Gehorsams, die Eileen und Peter Caddy der inneren Stimme entgegenbrachten, der Stimme Gottes, die Eileen in stiller Meditation vernahm. Die Inspiration und Vision, die Findhorn entstehen ließen, glühen in diesen Texten.

216 Seiten

Walter Stanietz

DER VOLLENDETE

Ein Buch der strömenden Liebe, die jeder auf sich einwirken lassen kann. Es führt zu mehr Klarheit und Einblick in die geistigen Werte des Wassermann-Zeitalters. Es ist die Wahrheit des Christus-Erlebens, wie Walter Stanietz sie gesehen und verstanden hat; jede Zeile strahlt das Licht jener geistigen Inspiration aus.

Der Autor, der zehn Jahre in die Stille ging, sagt in aller Bescheidenheit: „Mir ist es, als hätte ich dieses Buch niemals geschrieben. Ich verdanke es der geistigen Zustrahlung des Einen Ewigen ICH BIN…"

186 Seiten

KIRTAN – GESÄNGE VON LOB UND FREUDE

Eine Sammlung traditioneller indischer Kirtana (Noten und Texte zum Nachsingen und -spielen) sowie einige englischsprachige Chants (Gebetslieder). Kirtan ist die Sanskrit-Bezeichnung für einfache, sich ständig wiederholende Gesänge, die Gott in seinen verschiedenen Aspekten anrufen. Das Buch ist mit liebevollen Zeichnungen versehen. (Siehe auch unsere Kirtan-Kassetten.)

72 Seiten, handgeschrieben und illustriert

WEITERE BÜCHER IM GREUTH HOF VERLAG

Lee Coit

NACH INNEN HÖREN

Anleitung zum Wahrnehmen der inneren Stimme

Wir alle haben eine innere Stimme, einen Führer, der uns beisteht, wann immer wir ihn brauchen. Eine Stimme, die ein Quell der Wahrheit ist und Antwort auf unsere Fragen geben kann.

Wenn wir uns unserer inneren Stimme bewußt werden und auf sie hören, wird daraus eine große Ruhe und Zufriedenheit entstehen.

Lee Coit bezieht sich auf den *Kurs in Wundern* und beschreibt Wege, um die innere Stimme zu finden. Er zeigt auf, daß sie ganz nahe ist, näher als unsere eigenen Gedanken. Wir lernen, wie wir auf diese Stimme hören können und wie sie unserem Leben eine Ausrichtung geben und dabei helfen kann, Entscheidungen zu treffen.

Auf unsere innere Stimme hören können wir jederzeit und überall – daraus erwachsen uns innere Sicherheit und Ausgewogenheit.

132 Seiten

Gerne senden wir Ihnen unser aktuelles Gesamtverzeichnis zu. Auf Wunsch erhalten Sie auch das laufende Findhorn-Programm von uns.

Greuth Hof

Verlag und Vertrieb

D 8966 Kimratshofen Tel. 08373-8369
